UTB

Eine Arbeitsgemeinschaft der Verlage

Böhlau Verlag · Wien · Köln · Weimar
Verlag Barbara Budrich · Opladen · Toronto
facultas.wuv · Wien
Wilhelm Fink · München
A. Francke Verlag · Tübingen und Basel
Haupt Verlag · Bern · Stuttgart · Wien
Julius Klinkhardt Verlagsbuchhandlung · Bad Heilbrunn
Mohr Siebeck · Tübingen
Nomos Verlagsgesellschaft · Baden-Baden
Ernst Reinhardt Verlag · München · Basel
Ferdinand Schöningh · Paderborn · München · Wien · Zürich
Eugen Ulmer Verlag · Stuttgart
UVK Verlagsgesellschaft · Konstanz, mit UVK/Lucius · München
Vandenhoeck & Ruprecht · Göttingen · Bristol
vdf Hochschulverlag AG an der ETH Zürich

Henning Lobin

Die wissenschaftliche Präsentation

Konzept –Visualisierung – Durchführung

Ferdinand Schöningh

Der Autor:
Henning Lobin, *1964, seit 1999 Professor für Angewandte Sprachwissenschaft und Computerlinguistik an der Justus-Liebig-Universität Gießen, Leiter des Zentrums für Medien und Interaktivität. Promotion 1991 an der Universität Bonn, Habilitation 1996 an der Universität Bielefeld. Letzte Buchveröffentlichungen: „Inszeniertes Reden auf der Medienbühne" (2009), „Computerlinguistik und Texttechnologie" (2010, UTB 3282) und „Kulturwissenschaften digital" (2012, hrsg. mit J. Klawitter und T. Schmidt). Forschungsschwerpunkte: Dependenzgrammatik, Texttechnologie, Wissenschaftskommunikation, Lesen und Schreiben in der Digitalkultur.

Online-Angebote oder elektronische Ausgaben sind erhältlich unter **www.utb-shop.de**

Bibliografische Information der Deutschen Nationalbibliothek

Die Deutsche Nationalbibliothek verzeichnet diese Publikation in der Deutschen Nationalbibliografie; detaillierte bibliografische Daten sind im Internet über
http://dnb.d-nb.de abrufbar.

Internet: www.schoeningh.de

Printed in Germany.
Herstellung: Ferdinand Schöningh, Paderborn
Einbandgestaltung: Atelier Reichert, Stuttgart

UTB-Band-Nr: 3770
ISBN 978-3-8252-3770-7

Inhalt

Exkurse

Vorwort

An jedem Tag, in jeder Stunde werden überall auf der Welt Hunderttausende von Präsentationen abgehalten, und viele davon an Hochschulen und Akademien, auf wissenschaftlichen Konferenzen, Tagungen, Workshops und Meetings. Nicht ganz so groß, aber doch in die Dutzende gehend ist die Menge der Ratgeber, wie denn Präsentationen zu halten seien, allein im deutschsprachigen Raum. Warum also noch ein Buch zu diesem Thema?

Wissenschaftliche Präsentationen funktionieren anders als Präsentationen in anderen Bereichen, es werden andere Anforderungen an sie gestellt und es gelten andere Gestaltungskonventionen. Die meisten Ratgeber orientieren sich jedoch an Präsentationen in der Wirtschaft. Von Studierenden und jungen Wissenschaftlerinnen und Wissenschaftlern wird heute erwartet, die Vermittlungsform der Präsentation zu beherrschen. Nur selten jedoch wird reflektiert, was eigentlich eine gute Präsentation im wissenschaftlichen Kontext ausmacht und wie eine Methode aussehen könnte, Präsentationskompetenz Schritt für Schritt zu erwerben.

Ein zweiter wichtiger Grund liegt in der Fundierung der Empfehlungen zur Abhaltung guter Präsentationen. In den letzten Jahren hat sich international eine breit gefächerte Forschung zu Struktur, Produktion und Rezeption von Präsentationen entwickelt, weil diese als eine neuartige Kommunikationsform interessante Fragen in vielen Disziplinen aufwerfen. Dadurch ist es heute möglich, Empfehlungen auf eine wissenschaftliche Basis zu stellen und sie nicht, wie es bislang sehr oft geschehen ist, auf Geschmacksurteilen und einseitigen Erfahrungen zu gründen. Das vorliegende Buch ist der erste Ratgeber, der diese Forschungen in seine Empfehlungen systematisch einbezieht.

Modularisierung und die Einführung der Bachelor- und Master-Studiengänge haben an vielen Hochschulen dazu geführt, dass Lehrveranstaltungen für außerfachliche Kompetenzen ins Curriculum integriert worden sind. Kurse zur Abhaltung von Präsentationen gehören eigentlich immer dazu. Das vorliegende Buch richtet sich deshalb nicht nur an diejenigen, die in Eigenregie ihre Präsentationskompetenz verbessern möchten, sondern auch an Dozentinnen und Dozenten, die für solche Kurse verantwortlich sind, und deren Teilnehmer. Anders als die meisten Ratgeber zur Abhaltung von Präsentationen werden die Hauptkapitel in diesem Buch jeweils mit einem Aufgabenteil abgeschlossen, der insbesondere auch dafür geeignet ist, im Seminarverband bearbeitet und als Grundlage für weiterführende Diskussionen verwendet zu werden. Der Verwendbarkeit in einem Seminar kommt auch entgegen, dass als die zentrale Perspektive auf Präsentationen hier die des Schauspiels eingenommen wird, das verschiedene Entwicklungsphasen durchlaufen muss, bis es auf die Bühne gebracht werden kann.

Das vorliegende Buch fasst damit Ideen zusammen, die aus meiner Lehrtätigkeit und Doktoranden-Fortbildungen an der Justus-Liebig-Universität Gießen hervorgegangen sind, basiert aber auch auf eigenen Forschungsarbeiten zur wissenschaftlichen Präsentation, die seit 2008 mit Unterstützung der Volkswagen-Stiftung im Forschungsverbund „Interactive Science“ am Zentrum für Medien und Interaktivität der Universität Gießen durchgeführt werden konnten. Viele Anregungen auch für die praktische Umsetzung sind für mich aus diesem Forschungsverbund hervorgegangen, weshalb ich allen Kolleginnen und Kollegen, die daran beteiligt waren, sehr dafür danke. Mein besonderer Dank gilt meinen Mitarbeiterinnen in diesem Projekt, Dr. Malgorzata Dynkowska, Dr. Betül Özsarigöl und Vera Ermakova. Sandra Volkmann danke ich für die Unterstützung bei der Zusammenstellung der Übersichten zu Präsentationssoftware und Online-Ressourcen im Anhang.

Die in diesem Buch dargestellten Powerpoint-Folien können auf www.utb-mehr-wissen.de heruntergeladen werden.

Henning Lobin
Frankfurt am Main, im August 2012

1 Warum eigentlich präsentieren?

„Die ‚Powerpoint'-Kultur hat die Kunst der Rede zerstört", behauptete Thomas Steinfeld, Feuilleton-Chef der Süddeutschen Zeitung, im November 2009 in einem Artikel. Präsentationen seien überflüssig, ein guter Vortrag kann auf Bilder und Visualisierungen verzichten. Hat er recht damit? Fächern wir Steinfelds Behauptung in acht Fragen auf:

Was unterscheidet eine Präsentation von einem Vortrag?

Präsentationen sind nicht Vorträge oder Reden in neuem Gewand, Präsentationen sind etwas anderes. Man kann das daran sehen, wo Präsentationen gehalten werden und wo es noch immer Vorträge und Reden gibt.

Entstehung von Präsentationen

Präsentationen waren ursprünglich dafür gedacht, Materialien wie Karten oder Tabellen einer Gruppe von Leuten zu zeigen, um diese erläutern und miteinander darüber diskutieren zu können. Entscheidend dafür war die Erfindung des Overhead-Projektors: Der Präsentator konnte sich dem Publikum zuwenden, während er etwas auf die Folie schrieb oder dort etwas zeigte, anstatt den Zuhörern den Rücken zuzuwenden wie bei Verwendung einer Wandtafel. Die ersten, die das Potenzial dieser neuen medienunterstützten Kommunikationsform erkannten, waren das amerikanische Militär, das im zweiten Weltkrieg in Besprechungen begannen, den gerade erfundenen Overhead-Projektor zu nutzen[1]. Aus der Präsentation mittels Overhead-Projektor und Folien ist die Präsentation mittels Beamer und Präsentationsprogramm auf einem Laptop hervorgegangen. Aber in all den Situationen, in denen heute präsentiert wird, hat zuvor kaum jemand eine „Rede" gehalten: nicht der Schüler in der Schule, nicht der Architekt in der Bürgerversammlung, nicht der Abteilungsleiter im Geschäftsmeeting, nicht der Student im Seminar und erst recht nicht der Vorarbeiter im Besprechungsraum einer Fertigungshalle. In all diesen Situationen geht es um Informationen, die präsentiert, erläutert, gedeutet und bewertet werden sollen, oft um Zahlen oder Grafiken, und die Präsentatoren sind oftmals Menschen, die dafür keinen Rhetorikkurs absolviert haben. Die

Präsentationen sind eine eigenständige Kommunikationsform

[1] In Pias (2009) werden die Frühgeschichte und die technischen Voraussetzungen von Präsentationen erläutert.

Berliner Soziologen Hubert Knoblauch und Bernt Schnettler sprechen deshalb davon, dass Powerpoint-Präsentationen „das vereinfachte Basisidiom globalisierter Wissensgesellschaften" geworden seien[2]. Die Rede, der Vortrag im klassischen Sinne ist dabei keineswegs ausgestorben. Kein Abgeordneter hält im Bundestag eine Präsentation, kein Politiker lässt im Wahlkampf den Beamer aufbauen. Auch Festvorträge und Ehrungen werden so gut wie nie mit Powerpoint-Unterstützung durchgeführt.

Was wird von einer Präsentation erwartet?

Ordnen, bewerten und erklären

Vordergründig geht es in einer Präsentation also darum zu informieren. Rede und Vortrag gehen darüber hinaus, sie sollen etwas bewerten oder eine Meinung deutlich machen. Aber das ist nicht die ganze Geschichte: Auch in einer Präsentation müssen Sachverhalte geordnet und bewertet, Erklärungen angeboten oder Entscheidungen herbeigeführt werden. Dies soll, so erwartet es das Publikum, auf eine „natürlich" wirkende Art erfolgen, fast improvisiert, und das Sprachliche und das Visuelle sollen dabei ungezwungen ineinandergreifen. Die Präsentation entspricht deshalb mehr einem Theaterstück als einem Vortragstext, und das Publikum erwartet, dass in einer Präsentation dieser Unterschied beherzigt wird.

Was wird vom Präsentator erwartet?

Authentizität

Die wichtigste Erwartung ist die, dass der Präsentator *authentisch* wirkt. Aus diesem Grund tragen die meisten Präsentatoren frei vor. Bei guten Präsentatoren wirkt das so, als ob die Gedanken erst im Moment der Rede entstehen oder zumindest erneut gedacht werden. Diese Unmittelbarkeit des Eindrucks bedeutet aber auch, dass der Präsentator seine Rede und sein Verhalten nicht als einstudiert erscheinen lassen darf. Dadurch verbietet sich für ihn der offensichtliche Gebrauch von den typischen Überzeugungsmitteln eines Redners. Die ganze Rhetorik des Präsentators muss sich unauffällig hinter der Fassade der Authentizität und Unmittelbarkeit entfalten. Dafür wird aber vom Publikum für die visuelle Gestaltung eine umso ansprechendere Form erwartet.

2 Vgl. Knoblauch/Schnettler (2007, 279).

Was ist die Rolle von Präsentationen in der Wissenschaft?

Formalisierung der wissenschaftlichen Kommunikation

Präsentationen spielen inzwischen eine wichtige Rolle im Konzert der wissenschaftlichen Kommunikationsformen. Die wissenschaftliche Kommunikation ist durch starke Formalisierung geprägt, durch die der Inhalt in den Vordergrund gerückt und die Qualitätssicherung unterstützt werden soll. Man kann dies bei wissenschaftlichen Zeitschriften beobachten: Beiträge müssen schriftlich in einer ganz bestimmten Form eingereicht werden, bei der Konventionen der Gliederung, des Zitierens, ja sogar der sprachlichen Gestaltung strikt einzuhalten sind. Auch auf Tagungen war diese Formalisierung lange vorherrschend: Die meisten Vortragenden lasen ihr Manuskript ab, lediglich in der Diskussionsphase kam ansatzweise Spontaneität zum Tragen.

Präsentationen als Gegentendenz

Das Aufkommen von Präsentationen in der Wissenschaft war auch eine Lösung des Problems, dass vor lauter Formalisierung der Kommunikation die Person des Wissenschaftlers mit seiner Begeisterung für das Thema, seiner Art zu reden und der Überzeugungskraft, die durch Authentizität verliehen wird, fast unsichtbar geworden war. Mit einer guten Präsentation wird wieder der Wissenschaftler in den Mittelpunkt gerückt, die Art und Weise, wie projizierte Materialien erläutert und kommentiert werden, eröffnet „Spielräume" im wörtlichen Sinn: Der Präsentator kann auf einer Bühne agieren und sich dabei als Person in Szene setzen. In guten wissenschaftlichen Präsentationen überzeugt der Inhalt genauso wie der Präsentator, und beides verstärkt sich gegenseitig.

Worin unterscheiden sich davon Präsentationen in der Wirtschaft?

Andere Ziele

Eine Präsentation ist nicht gleich eine Präsentation. Je nachdem, in welcher Situation mit welchen Beteiligten und mit welcher Zielsetzung eine Präsentation gehalten wird, unterscheiden sie sich stark, und die Erwartung des Publikums spiegelt das wider. In der Wirtschaft verfolgen Präsentationen meistens andere Ziele als in der Wissenschaft. Innerhalb von Unternehmen bestehen für Präsentationen weniger formale Vorgaben als bei wissenschaftlichen Präsentationen – Tabellen, Grafiken und Bilder werden gezeigt und Vorschläge zu ihrer Bewertung gemacht. Eine besondere Gattung stellen die Präsentationen von Unternehmensberatern dar: Bei ihnen steht die Visualisierung von Unternehmensprozessen oder -strukturen im Mittelpunkt, so dass diese Präsentationen zugleich als Reports dienen, die elektronisch oder in Papierform verteilt und „gelesen“ werden. In der Unternehmenskommunikation nach außen schließlich spielen Image und Design eine große Rolle. Bei Präsentationen auf Hauptversammlungen großer Aktien-Gesellschaften oder auf Bilanz-Pressekonferenzen geht es neben dem Informationsziel vor allem darum, ein Unternehmen als erfolgreichen Marktteilnehmer darzustellen, das für unverwechselbare Produkte, oft sogar für eine besondere „Philosophie“ steht, ein Unternehmen, in das es sich zu investieren lohnt und das seine Kunden und Teilhaber nicht enttäuschen wird. Um ein solches Kommunikationsziel zu erreichen, müssen auch emotionale und politische Strategien aktiviert werden – etwas, was bei wissenschaftlichen Präsentationen verpönt ist, zumindest, wenn dies zu offensichtlich geschieht.

Darstellung von Potenzial und Erfolg

Warum sind viele Präsentationen so langweilig?

Auch wenn man Präsentationen insgesamt für eine sinnvolle Kommunikationsform hält, muss man leider sagen, dass sehr viele von ihnen langweilig sind, mindestens uninspiriert wirken, im schlimmsten Fall sogar ein Ärgernis darstellen. Die Ablehnung von Präsentationen, wie man sie immer mal wieder in der Presse findet, speist sich aus dieser Erfahrung. Woran liegt das?

Häufigkeit von Präsentationen überhaupt

Zunächst ist festzustellen, dass der Effekt einer „optischen Täuschung“ zu berücksichtigen ist. Seitdem Präsentationen überall und so häufig gehalten werden, werden eben auch viele schlechte Präsentationen gehalten. Es gibt auch viele schlechte Reden und Vorträge, doch waren diese Kommunikationsformen bei Weitem nicht so präsent im Alltag, wie es heute mit Präsentationen der Fall ist.

Schnelle Erstellung

Viele Menschen müssen heute im Beruf Präsentationen halten, und das recht häufig. Auch für Schule, Studium und Wissenschaft gilt dies. Wie bei allen anderen Dingen erfordert es Zeit, eine in jeder Hinsicht überzeugende Präsentation zu entwickeln. Diese Zeit nehmen sich viele Präsentatoren nicht, weil Präsentationsprogramme wie Powerpoint und die Kommunikationsform insgesamt dazu verleiten, sich schon nach einer geringeren Vorbereitungszeit für die Aufführung gewappnet zu fühlen. Präsentationsprogramme erlauben es, aus früheren

Präsentationsdateien Folien herauszukopieren und neu zusammenzustellen. Mit ein oder zwei Folien am Anfang und am Ende, in denen auf den spezifischen Anlass Bezug genommen wird, einer Aktualisierung hier und eine kleinen Verbesserung da kann in kurzer Zeit ein Foliensatz für eine Präsentation zusammengestellt werden. Aber auf diese Weise entstandene Präsentationen gehören oftmals nicht zu den besten.

Unüberlegte Aufführung

Auch bei der Vorbereitung der Aufführung selbst wird von vielen Präsentatoren Zeit gespart, manchmal offenbar mit so viel Erfolg, dass dafür überhaupt nichts mehr übrig geblieben ist. In solchen Fällen wird der Präsentator komplett von seinen eigenen Folien gesteuert – jede Folie bildet eine kleine Überraschung für ihn, und das, was auf der Folie zu lesen und zu sehen ist, wird von ihm lediglich paraphrasiert und kommentiert. Auf eine eigene rhetorische Ausgestaltung der Präsentation verzichtet ein solcher Präsentator komplett, und wenn die Erläuterungen zu dem Evidenten noch monoton und mit einer Intonation gegeben werden, als ob eine Ersatzteilliste verlesen wird, dann kann dies für das Publikum zu einer recht quälenden Angelegenheit werden.

Mangelnder Bezug zum Publikum

Das Publikum möchte nämlich einen Menschen erleben und nicht eine Lesemaschine. Langweilige Präsentatoren jedoch treten vollständig in den Hintergrund, blicken nur auf das Display ihres Laptops oder wenden sich sogar ganz von ihrem Publikum ab, wenn sie auf die Leinwand blicken. Die Präsentation bildet aufgrund ihrer geringeren Formalität nicht nur die Gelegenheit, durch Blicke, Fragen, und Verhalten in Interaktion mit dem Publikum zu treten, sie erfordert dies sogar. Interaktion mit dem Publikum heißt, sich dessen Erwartungen vorzustellen und darauf mit Spannungsaufbau und Überraschungen zu reagieren, auch in wissenschaftlichen Präsentationen.

Was ist die Funktion des Visuellen in der Präsentation?

Visualisierung von Abstraktem

Präsentationen sind ja nicht ohne Grund so erfolgreich geworden: Es gibt etwas zu sehen. Angefangen bei der Tafel über die Overhead-Folie bis zu Powerpoint und Co. wurde es immer einfacher, Texte, Grafiken, Fotos und sogar Videos als „Material" einem Vortrag oder einer Vorlesung beizugeben. In einer Präsentation sollen die Rede des Präsentators, sein Verhalten auf der „Bühne" und die Projektion eine Einheit bilden, weshalb die visuellen Informationen nicht einfach nur eine Erläuterung der Rede oder das Material bilden, das kommentiert wird. Dies kann auch geschehen, aber in den besten Präsentationen trägt die visuelle Ebene etwas bei, was allein auf sprachlicher Ebene nicht oder nur sehr schwer ausgedrückt werden könnte: Es wird etwas Abstraktes visualisiert. Auf visuellem Wege kann der Mensch nämlich viel mehr Information aufnehmen und miteinander in Beziehung setzen als auf sprachlichem Wege. Diese Fähigkeit wird bei Visualisierungen genutzt. Allerdings ist zu bedenken, dass die Wahl der visuellen Mittel immer auch eine Interpretation des Visualisierten umfasst. Deshalb gibt es auch eine Rhetorik des Visuellen, die in Präsentationen mit der Rhetorik des Sprachlichen zu verbinden ist. Die sprachliche Ebene konzentriert sich dabei auf das, was in Texten besser geleistet werden kann als in Bildern: Argumente anführen, Erklärungen vornehmen, Bewertungen abgeben.

Was kann eine Präsentation im besten Fall leisten?

Verstehen durch Visualität

Gute Präsentationen sprechen selbst bei abstrakten Themen auch den Sehsinn an und entfalten damit eine ganzheitliche Bedeutungsszenerie, in der der Präsentator redet und agiert. Dabei geht es im Fall von wissenschaftlichen Präsentationen immer um Verständnis und Überzeugung. Komplizierte Sachverhalte sollen dem Publikum verständlich gemacht werden, und zugleich soll es von der eigenen Fragestellung, der eigenen Methode und den eigenen Untersuchungsergebnissen überzeugt werden. Dies darf vordergründig nur mit wissenschaftlich akzeptierten Mitteln geschehen, also etwa anhand nachprüfbarer Daten oder nachlesbarer Publikationen anderer Wissenschaftler. Auf einer unsichtbaren zweiten Ebene trägt aber auch die Person des Präsentators und sein Auftreten und Verhalten zu dieser Überzeugungsleistung bei.

Persönliche Wirkung des Präsentators

Niemals darf das Publikum bei einer wissenschaftlichen Präsentation das Gefühl bekommen, dass ihm wissenschaftliche Erkenntnisse auf unwissenschaftliche Weise vermittelt werden. Es gehört zu den Lebenslügen der Wissenschaft, dass trotz der Persönlichkeit eines Wissenschaftlers, seiner Stimme, seiner Rhetorik oder seiner äußeren Erscheinung die Bewertung seiner Aussagen ausschließlich nach logisch-rationalen Kriterien erfolgt. Wenn eine wissenschaftliche Präsentation diese Lebenslüge nicht in Frage stellt und sich der Präsentator trotzdem der möglichen Wirkung „irrationaler“ Faktoren bewusst ist, dann kann auch eine wissenschaftliche Präsentation zu einem Erlebnis von Brillanz und Faszination werden, bei dem ein charismatischer Präsentator wissenschaftlichen Inhalten besondere Geltung verleiht.

1.1 Präsentationen und klassische Rhetorik

Klassische Rhetorik als Erfahrungsschatz

Wenn es um öffentliches Reden geht, ist die klassische Rhetorik immer ein guter Bezugsrahmen. Die klassische Rhetorik ist das Kondensat über Jahrhunderte angesammelten Erfahrungswissens, das noch in der Antike in eine systematische Form gebracht und bis in die Moderne verwendet und angepasst worden ist. Natürlich sind in der klassischen Rhetorik noch keine Aussagen über Präsentationen zu finden, und auch der wissenschaftliche Vortrag war noch ein weißer Fleck auf ihrer Landkarte. Doch einige grundsätzliche Aspekte der klassischen Rhetorik sind bis heute relevant und können auch auf wissenschaftliche Präsentationen übertragen werden. Dies gilt vor allem für die fünf Produktionsstadien der Rede:

Produktionsstadien der Rede

- *inventio*, die genaue Bestimmung des Gegenstandes und die Materialrecherche
- *dispositio*, das Gliedern des Stoffes, die Bestimmung zentraler Begriffe und die Festlegung von Teilzielen in der Rede
- *elocutio*, das Ausformulieren der Rede, wobei eine ganze Reihe kommunikativer Prinzipien zu berücksichtigen ist
- *memoria*, das Auswendiglernen der ausformulierten Rede
- *pronuntiatio* und *actio*, das eigentliche Vortragen der Rede in sprachlicher und performativer Hinsicht

Inhaltsentwicklung und Vermittlung

Die Aufzählung dieser fünf Redestadien macht deutlich, dass eine gute Rede vor allem das Produkt guter Vorbereitung ist, und diese Vorbereitung setzt bereits mit der Bestimmung des Redegegenstands ein. Anders als es bei wissenschaftlichen Präsentationen oft gesehen wird, gibt es also keine Trennung zwischen dem Inhalt und seiner kommunikativen Vermittlung, der Präsentation der Inhalte, Inhalt und Vermittlung sind vielmehr untrennbar miteinander verwoben. Und dies muss natürlich auch für Präsentationen gelten.

Auch eine zweite Festlegung der klassischen Rhetorik ist von grundsätzlicher Bedeutung – die vier Teile, aus denen sich eine Rede zusammensetzt:

Redeteile

- *exordium*, die Einleitung
- *narratio*, die Erzählung

- *argumentatio,* die Beweisführung
- *peroratio,* der Redeschluss

Wenn man den zweiten und den dritten Teil etwas allgemeiner fasst und unter der „Erzählung" auch die Darstellung des Standes der Forschung und unter „Beweisführung" die Darlegung der Methode und der eigenen Forschungsergebnisse versteht, dann erhält man auch den üblichen Aufbau wissenschaftlicher Vorträge und Präsentationen.

Grenzen der klassischen Rhetorik

Auf viele Fragen zu wissenschaftlichen Präsentationen kann die klassische Rhetorik allerdings keine befriedigenden Antworten geben – dies betrifft vor allem die Visualisierung von Inhalten und die performative Verzahnung von visuellen und sprachlichen Informationen in Gestalt eines „Schauspiels".

1.2 Präsentationen in der aktuellen Forschung

Interesse in verschiedenen Disziplinen

Inzwischen interessiert man sich auch in der Forschung für Präsentationen im Allgemeinen und für wissenschaftliche Präsentationen im Besonderen. Dabei wird etwa nach dem Verhältnis zur klassischen Rhetorik gefragt[3], die Kommunikationsform Präsentation historisch, politik- oder theaterwissenschaftlich analysiert[4] oder in ihrem sozialen Kontext betrachtet[5]. Für dieses Buch sind solche Studien besonders interessant, die sich mit der Wirkung von Präsentationen auf das Publikum befassen. Ich selbst war beteiligt an Untersuchungen, die dazu verschiedene Ansätze verfolgten:

Untersuchungsmethoden

- *Aufzeichnung von realen Präsentationen* per Video, Zusammenstellung zu einem sogenannten Korpus und Analyse der Präsentationen in diesem Korpus nach wiederkehrenden Strukturmerkmalen
- *Aufzeichnung und Analyse von Blickbewegungen* von Versuchspersonen während realer Präsentationen auf Tagungen
- *Durchführung von Fragebogenerhebungen* unter Tagungsteilnehmern zu realen Präsentationen auf Tagungen

---

3 Vgl. Knape (2007), Lobin (2009), Pflüger (2009).

4 Vgl. Pias (2009), Bieber (2009), Peters (2011).

5 Vgl. die in Schnettler/Knoblauch (2007) dargestellten soziologischen Studien.

- *Durchführung von Experimental-Präsentationen*, bei denen bei gleichbleibendem Thema unterschiedliche Präsentationsarten auf ihre kommunikative und kognitive Wirkung hin untersucht werden

Durch derartige Untersuchungen kann für Präsentationen die Lücke geschlossen werden, die sich durch die Abwesenheit eines langen Erfahrungswissens wie in der klassischen Rhetorik ergibt. Die folgenden Kapitel beruhen deshalb auf den Erkenntnissen aus diesen Forschungen, in Exkursen (Kästen) wird an verschiedenen Stellen genauer auf die Hintergründe derartiger Untersuchungen eingegangen.

Präsentationen als Event

Präsentationen werden mittlerweile nicht mehr nur an Unis und in Firmen gehalten, sie können auch Eventcharakter oder künstlerisches Potenzial besitzen.
Recht etabliert sind mittlerweile *Pecha-Kucha-Abende* (sprich: „Petscha Kutscha“, Japanisch für ‚Geplauder‘), bei denen kurze, unterhaltsame Präsentationen zu allen möglichen Themen gehalten werden. Der Clou bei Pecha-Kucha besteht darin, dass alle Präsentationen aus genau 20 Folien bestehen und von einer Folie zur nächsten automatisch nach 20 Sekunden übergegangen wird. Dadurch stehen jedem Präsentator exakt 6 Minuten und 40 Sekunden zur Verfügung, in denen er das Publikum von seinen Überlegungen überzeugen muss. Die Idee dazu wurde in Japan geboren als Gelegenheit für junge Designer, ihre Arbeiten einem größeren Kreis zu präsentieren. Inzwischen gibt es auch in Europa kaum eine Universitätsstadt, in der nicht *Pecha Kucha Nights* abgehalten werden (s. www.pecha-kucha.org). *Science Slams* sind ähnliche Veranstaltungen, bei denen allerdings die feste zeitliche Taktung entfällt und beliebige Präsentationsformen genutzt werden können.
Eine eher komödiantische Variante stellt das *Powerpoint-Karaoke* dar. Wie beim richtigen Karaoke müssen dazu Freiwillige Präsentationen halten, allerdings nicht solche, die sie kennen, sondern zu per Zufall aus dem Netz gefischten Powerpoint-Dateien, die sie noch nie zuvor gesehen haben. Dabei kann man seine Geistesgegenwart oder seine komische Ader unter Beweis stellen. Unter Beweis gestellt wird allerdings oftmals zugleich auch, wie kurios oder schlichtweg schlecht viele Powerpoint-Präsentationen sind. „Erfunden“ wurde Powerpoint-Karaoke von der Berliner Autorengruppe „Zentrale Intelligenz Agentur“.
Powerpoint eignet sich auch als künstlerische Ausdrucksform. Der Pop-Musiker *David Byrne* beschreibt in einem Artikel für die Zeitschrift *Wired*, wie er nach und nach das künstlerische Potenzial von Powerpoint zu nutzen gelernt hat, woran sich eine Reihe von Vorträgen und Installationen angeschlossen hat, in denen Powerpoint als künstlerisches Medium angewendet wird (dokumentiert unter www.davidbyrne.com/art/eeei/). Aus dieser zwischen 2001 und 2004 realisierten Serie ist dann

ein Buch plus DVD mit dem programmatischen Titel „Envisioning Emotional Epistemological Information" hervorgegangen.[6]
Auch in der neuen performativen Gattung der *Lecture Performance* finden Präsentationsprogramme Anwendung und werden zuweilen präsentationsartige Vermittlungssituationen erzeugt. Bei dem im Oktober 2007 und im September 2011 an der Justus-Liebig-Universität in Gießen durchgeführten Wettbewerb „Performing Science" wurden verschiedene Performances gezeigt, die alle eine wissenschaftliche Kommunikationssituation mit einer künstlerischen Darstellungsintention verbinden und dafür zum Teil Präsentationen einsetzen (siehe www.performingscience. de).

1.3 Auf einen Blick

- Präsentationen sind keine Vorträge, sie stellen eine andere Vermittlungsform dar und kommen in anderen Situationen als Vorträge zum Einsatz.
- Durch Präsentationen sollen auf natürlich wirkende Weise Informationen vermittelt werden.
- Ein Präsentator soll authentisch wirken, insbesondere in der Wissenschaft.
- Wissenschaftliche Präsentationen funktionieren anders als Präsentationen in der Wirtschaft.
- Präsentationen, die sehr textorientiert und Anlass und Situation nicht angepasst sind, werden als langweilig empfunden.
- Eine Stärke von Präsentationen ist die Visualisierung von Abstraktem.
- Die Präsentationsrhetorik kann sich an der klassischen Rhetorik hinsichtlich der Produktionsstadien und des Aufbaus der Rede orientieren.
- Seit einigen Jahren werden Präsentationen auch wissenschaftlich erforscht. Ergebnisse dieser Forschungen sollten in die Präsentationsrhetorik einfließen.
- Präsentationen werden auch in Events und als künstlerische Ausdrucksform eingesetzt. Von derartigen Verwendungen können auch wissenschaftliche Präsentationen profitieren.

[6] Vgl. Byrne (2003a) und (2003b).

2 Eine Präsentation ist ein Schauspiel!

Präsentationen werden – das haben wir im vorhergehenden Kapitel gesehen – gern mit Vorträgen und Reden verglichen. Kritiker sagen, dass die Präsentation einem Vortrag überflüssige visuelle Elemente hinzufügt. Wenn man die Visualisierungen jedoch ernst nimmt und sie als konstituierende Bestandteile von Präsentationen versteht, dann funktioniert dieser Vergleich nicht mehr besonders gut.

Präsentationssituation

Was geschieht also bei einer Präsentation? Ein Präsentator befindet sich auf einer Art Bühne oder zumindest in einem Raumbereich, der vom Publikum als eine Bühne, auf der etwas stattfindet, wahrgenommen wird. Manchmal ist auf dieser Bühne ein Rednerpult platziert, manchmal aber auch nicht, oder der Präsentator benutzt es nicht. Im Hintergrund der Bühne befindet sich eine Leinwand oder eine für Projektionszwecke geeignete Wand, auf der Texte, Bilder, Grafiken, Videos usw. zu sehen sind. Während der Präsentation redet der Präsentator nicht nur, sondern wendet sich der Projektion zu, führt Zeigegesten oder andere Gesten aus, durch die das Gezeigte weitergehend erläutert wird. Manche Präsentatoren bewegen sich sogar vor der Projektion hin und her oder gehen zum Publikum an den Rand der Bühne, nutzen diese also vollständig aus.

Präsentationen als Theaterstücke

Woran erinnert all das? – Natürlich, an Ein-Personen-Theaterstücke. Es gibt eine Bühne, einen Darsteller – der Präsentator – und eine Szenerie, den Bühnenhintergrund mit der Projektion. Der Präsentator spielt dem Publikum zwar nicht etwas Erfundenes vor, doch agiert er auf der Bühne, setzt seinen Körper, seine Sprache und seine Blicke ein.

Präsentationen vollziehen sich wie Theaterstücke also auf drei verschiedenen Ebenen gleichzeitig:

Vermittlungsebenen

- auf der Ebene des Sprachlichen (bzw. des Akustischen)
- auf der Ebene des Visuellen
- auf der Ebene des Handelns

Alle drei Ebenen folgen ihren eigenen Gesetzmäßigkeiten, und für alle drei Ebenen hat das Publikum bestimmte Erwartungen. Das bedeutet aber auch, dass auf jeder dieser drei Ebenen Fehler gemacht werden können, die die Wirkung der Präsentation insgesamt negativ beeinflussen.

In diesem Buch wird die Sichtweise von Präsentationen als Schauspielen konsequent als Grundannahme verfolgt. Wenn man dies tut, ergeben sich einige wichtige Konsequenzen: Erstens können die Produktionsphasen einer Präsentation an die Produktionsschritte für eine Theateraufführung angelehnt werden. Und zweitens können wir die Anforderungen an den Präsentator besser aufschlüsseln und transparent machen. In den zwei folgenden Abschnitten wird das näher erläutert.

2.1 Die fünf Phasen der Produktion

Im Zentrum einer Präsentation steht das Präsentationsereignis, die Aufführung der Präsentation. Vor dieser zentralen Phase liegen drei vorbereitende und eine nachbereitende Phase:

Produktionsphasen

- Phase 1: Konzeption
- Phase 2: Visuelle Gestaltung
- Phase 3: Inszenierung und sprachliche Gestaltung
- Phase 4: Aufführung
- Phase 5: Dokumentation

Sehen wir uns diese fünf Phasen etwas genauer an:

Phase 1: *Konzeption*

Inhalt und Struktur

In dieser Phase geht es um Inhalt, Struktur und technische Voraussetzungen. Das Thema ist zunächst genau zu bestimmen und die zu verwendenden Materialien zusammenzustellen. Möglichst frühzeitig wird in dieser Phase dann die Grobstruktur der Präsentation festgelegt, also aus welchen drei, vier oder fünf Teilen sie bestehen soll und welchen Inhalt und welche Funktion diese Teile haben sollen. Für diese Teile werden erste Ideen zur Visualisierung gesammelt und Kernaussagen zusammengestellt – damit beginnt dann auch die Arbeit am schriftlichen Präsentationskonzept, das die Basis für die Präsentationsnotizen bildet.

Technische Voraussetzungen

In technischer Hinsicht ist zu klären, welche Präsentationssoftware verwendet wird, welche Hardware genutzt werden soll und während der Aufführung zur Verfügung steht und welche sonstigen Medien eingesetzt werden können oder sollen.

Phase 2: *Visuelle Gestaltung*

Visuelles Konzept

In dieser Phase wird zunächst das visuelle Rahmenkonzept festgelegt und nach verwendbarem visuellem Material recherchiert.

Das Rahmenkonzept umfasst nicht nur die Gestaltung von Folien in Hinsicht auf Schrifttyp, Layout und Farbskala, sondern auch den visuellen Stil insgesamt: In welchem Maße sollen Visualisierungen, Texte und Bilder eingesetzt werden? Wie soll das Verhältnis von Rede und Visualisierungen sein?

Zentrale Visualisierungen

Ist dies so gut es geht geklärt, werden zentrale Visualisierungen entwickelt, Visualisierungen, durch die in der Präsentation besonders wichtige Überlegungen, Erkenntnisse oder Ergebnisse dargestellt werden. Bei der Erarbeitung dieser Visualisierungen werden in hohem Maße inhaltliche und darstellerische Überlegungen miteinander kombiniert.

Phase 3: *Inszenierung und sprachliche Gestaltung*

„Storyboard"

In Phase 3 wird die Präsentation als Schauspiel entwickelt. Dazu wird ein „Storyboard" erstellt, das die Abfolge der visuell dargestellten Materialien festlegt und parallel dazu das schriftliche Präsentationskonzept weiter ausgearbeitet. In der Phase der Inszenierung wird grundsätzlich und für einzelne Folien festgelegt, wie das Verhältnis von Rede zu Visualisierung aussehen soll und was das für die sprachliche Gestaltung zur Folge hat.

Feinplanung

Die Inszenierung umfasst ebenfalls sämtliche „Feinheiten" der Präsentation, etwa Titel-, Struktur- und Gliederungsfolien, die Entwicklung von Animationen und auch die Festlegung von Abschnitten, in denen der Präsentator mit dem Publikum in Kontakt treten oder gänzlich auf die visuelle Ebene verzichten möchte.

Formulierungen

In diese Phase gehört auch die sprachliche Ausgestaltung der Präsentation: Diese kann von einzelnen Formulierungen im Konzept oder auf den Folien bis hin zu einem ausformulierten Manuskript reichen.

Phase 4: *Aufführung*

Vorbereitung

Auch in der Phase der Aufführung der Präsentation sind verschiedene weitere Teilaufgaben zu lösen, weshalb sie mehr umfasst als nur das Präsentationsereignis selbst. Der Präsentator richtet sich seine Bühne ein, positioniert, wenn möglich, alle Geräte an dem von ihm gewünschten Platz und überprüft das Bühnensetting in seinem Gesamtzusammenhang.

Vortragsnotizen

Zur Vorbereitung der Aufführung gehört es auch, aus dem schriftlichen Präsentationskonzept mit teilweise ausformulierten

Redeteilen die Vortragsnotizen abzuleiten, die auf Übersichtlichkeit und leichte Lesbarkeit in der Aufführungssituation hin optimiert sein müssen. Auch das Memorieren einzelner Redeabschnitte, zum Beispiel am Anfang, am Ende oder bei einzelnen Übergängen, ist hier vorzunehmen. Der Aufführung sollten außerdem Proben vorangehen, ein Test der Präsentationstechnik und wenn möglich mehrere Durchlaufproben, in denen das Zusammenspiel aller Ebenen trainiert wird.

Proben

Aufführung

So ist der Präsentator dann für die eigentliche Aufführung gewappnet. Die zentrale Aufgabe besteht hier darin, sich in einen mentalen Zustand zu begeben, der Konzentration und Gelassenheit gleichzeitig ermöglicht, dabei die eigene Sprache und Performanz unter Kontrolle und die Zeit im Auge behält.

Diskussion

Zur Aufführungsphase gehört auch die Diskussion, die sich bei wissenschaftlichen Präsentationen gewöhnlich anschließt und vom Präsentator ebenfalls vorbereitet werden sollte.

Phase 5: *Dokumentation*

Überarbeitung der Präsentation

Oft übersehen wird die letzte Phase einer Präsentation: ihre Dokumentation. Gerade bei wissenschaftlichen Veranstaltungen werden die Präsentatoren häufig darum gebeten, „die Präsentation" hinterher als Datei zur Verfügung zu stellen, damit diese im Nachgang an die Teilnehmer verschickt werden kann. Dies setzt allerdings voraus, dass die Präsentationsdatei, also die Ebene des Visuellen, sämtliche Informationen enthält, die der Präsentator vermitteln will. Da dies jedoch gerade bei besseren Präsentationen nicht der Fall ist, muss die Präsentation für die Dokumentation oder gar Publikation überarbeitet werden.

2.2 Die fünf Rollen des Präsentators

In diesen Phasen werden vom Präsentator schwerpunktmäßig ganz bestimmte Fähigkeiten gefordert. Diese kann man anhand von fünf Rollen charakterisieren, die alle im Präsentator zusammenfallen, die allerdings auch, wird eine Präsentation von einer Gruppe erstellt, durchaus auf mehrere reale Personen verteilt werden können. Es handelt sich um die Rollen

Rollen des Präsentators

- des Autors
- des Grafikers und Bühnenbildners

- des Regisseurs
- des Darstellers
- des Dokumentaristen

Welche Aufgaben sich damit verbinden, soll nun kurz erläutert werden.

Der Autor

Zuständig für Inhalt

In der Rolle des Autors ist der Präsentator dafür verantwortlich, die von ihm ausgewählten wissenschaftlichen Fakten vollständig, zusammenhängend und korrekt darzustellen. Der Autor ist der Anwalt des Inhalts und als solcher für die Konzeption des Inhalts verantwortlich. In den drei vorbereitenden Phasen strukturiert und entwirft er die auf den drei Ebenen vorgesehenen inhaltlichen Darstellungen – vor allem auf der Ebene des Sprachlichen durch die Erstellung der inhaltlichen Grundstruktur und auf der Ebene des Visuellen durch die globale Strukturierung der Folien-Sequenz sowie den Entwurf einzelner Folien.

Kontrolliert die Umsetzung

In der Phase der Dokumentation muss sich der Autor hingegen auf die Kontrolle der Produkte beschränken, die in vorangegangenen Phasen entstehen: In der Dokumentationsphase ist zu kontrollieren, dass die ursprüngliche Darstellungsintention durch die für Dokumentationszwecke erfolgende Umarbeitung der Aufführungsprodukte nicht verfälscht wird. Während der Aufführung ist der Autor nur dann als solcher gefordert, wenn die Darstellung der Inhalte zu modifizieren ist. Dies kann zum Beispiel der Fall sein, wenn er aufgrund einer Interaktion als darstellender Präsentator mit dem Publikum eine Argumentation zu erweitern oder zu revidieren hat.

Der Grafiker und Bühnenbildner

Entwickelt das visuelle Konzept

In der Rolle des Grafikers entwickelt der Präsentator das visuelle Konzept der Präsentation. Und weil die Projektion den zentralen Bestandteil der Bühne bildet, ist er damit zugleich auch Bühnenbildner, der auf die „Bühnentauglichkeit" des grafischen Konzepts zu achten hat. Schon in der Phase der Konzeption ist diese Rolle einzunehmen, in den Phasen der visuellen Gestaltung dominiert sie dann und muss in der Phase der Inszenierung eng mit dem Regisseur zusammenwirken. Während der Aufführung kann der Bühnenbildner kaum Einfluss nehmen, es sei denn, auch währenddessen sollen Grafiken oder Text ergänzt werden. Eine wichtige Funktion besitzt diese Rolle wieder in der Dokumentationsphase, wenn es darum geht, die visuelle Bühnenwirkung auf andere Medien zu übertragen, was etwa die Abwandlung von Farb- zu Schwarz-Weiß-Abbildungen umfassen kann oder Veränderungen von Größe und Position von Textelementen.

Kontrolliert Veränderungen

Der Regisseur

Sprachliche Umsetzung

In der Inszenierungsphase ist der Regisseur verantwortlich für die sprachlich-terminologische Umsetzung der inhaltlichen Struktur, die partiell – durch die Vorbereitung von Redenotizen oder eines Redekonzepts – oder komplett – durch die Erstellung eines Redemanuskripts – ausformuliert wird. Die Formulierungstätigkeit verbindet sich dabei mit der Ebene des Visuellen, weil Rede und Projektion in einer Wechselbeziehung zueinander stehen und auf der Ebene des Visuellen die Aufmerksamkeit des Publikums sprachlich, durch Gesten oder durch Gestaltungselemente gezielt gesteuert werden kann. Der Regisseur ist auch verantwortlich für die Herrichtung der Bühne für die Aufführung, die Planung der Bühnenaktivitäten und die Zusammenstellung und Ausarbeitung derjenigen Unterlagen und Materialien, die die Zuschauer bei der Aufführung erhalten werden.

Dynamik der Präsentation

Kontrolliert Wirkung

Während der Aufführung kann der Regisseur Modifikationen vornehmen, wenn aufgrund des Zusammenspiels von Darsteller und Publikum deutlich wird, dass eine Differenz zwischen beabsichtigter und realisierter Wirkung in Erscheinung tritt. In der Dokumentationsphase muss der Regisseur kontrollieren, ob die beabsichtigte Wirkung auch jenseits der konkreten Aufführungssituation realisiert wird.

Der Darsteller

Umsetzung in Aufführung

Der Darsteller setzt die Inszenierung in der Aufführung performativ um und hat deshalb die Aufgabe, die Aufführungssituation auf den drei Ebenen konkret auszugestalten. Auf der sprachlichen Ebene ist die Rede auszuformulieren und konkret, d.h. phonetisch-intonatorisch zu produzieren, ausgehend von Redenotizen oder einem Manuskript. Auf der visuellen Ebene hat der Darsteller die Foliensequenz inklusive der darin enthaltenen dynamischen Elemente wie Animationen, Ton- und Videosequenzen in den zeitlichen Verlauf der Aufführung zu integrieren. Das Gerüst dieser Integration bildet die Synchronisierung von Rede und Folien-Projektion, die der Darsteller durch die Steuerung des Präsentationsprogramms bewirkt. Bezüglich der Handlungsebene hat der Darsteller solche Handlungen auszuführen, die die sprachliche und die visuelle Ebene miteinander verknüpfen, sie in den situativen Kontext einbinden und interaktive Prozesse mit dem Publikum ermöglichen. Da in dieser Phase auch die technischen Herausforderungen einer Präsentation zu bewältigen sind, übernimmt der Darsteller damit gewissermaßen auch die Funktion des „Bühnentechnikers".

Verknüpfung der Ebenen

Technische Umsetzung

Während der Autor sich am Inhalt orientiert und der Regisseur am Publikum, erhält die Präsentation durch den Darsteller in der Aufführungsphase auch eine Ausdrucksseite. Der Darsteller agiert als Person sichtbar auf einer Bühne und bietet damit dem Publikum über den Inhalt und die vorbereitete Inszenierung hinausgehende Wahrnehmungsmöglichkeiten. Dies betrifft das Aussehen und Verhalten des Darstellers ebenso wie die sich mit dem Publikum ergebenden kommunikativen Prozesse, die der Geistesgegenwart und Schlagfertigkeit des Darstellers Ausdruck verleihen können.

Persönliche Wirkung

Der Darsteller hat vor der Aufführung die Aufgabe, die mit der Inszenierung verbundenen Festlegungen zu memorisieren und hinsichtlich ihrer Konsequenzen für die Aufführungsphase zu durchdringen. Dies kann beispielsweise die Setzung von Pausen oder Betonungen betreffen. Die Wirkung der Inszenierung wird maßgeblich durch die Art der Performanz durch den Darsteller beeinflusst. In der Dokumentationsphase muss der Darsteller kontrollieren, ob die von ihm beabsichtigte Wirkung in erkennbarer Weise umgesetzt ist und nicht beabsichtigte Wirkungen ausgeschlossen sind.

Kontrolliert Umsetzung

Der Dokumentarist

Der Dokumentarist hat die Aufführung für den Zweck der zeitunabhängigen Dokumentation aufzuarbeiten. Dieses kann im einfachsten Fall durch die Erstellung und Ablage eines Video-Films geschehen, kann aber auch komplexere Bearbeitungsformen umfassen, etwa die Verschriftlichung der Rede und die statische Aufbereitung der Folien für eine Publikation.

Erstellung von Dokumentationsformaten

Konservierung des Präsentationsereignisses

Die Tätigkeit des Dokumentaristen ist generell als produktorientiert zu bezeichnen. Ihm geht es darum, dass in der Aufführung manifestierte Ereignis möglichst authentisch zu konservieren. In sprachlicher Hinsicht ergibt sich dabei die Aufgabe, die Rede zu verschriftlichen und gegenüber der Aufführung gegebenenfalls zu korrigieren und zu ergänzen. Auf visueller Ebene müssen unter Umständen Anpassungen an die Bedingungen der Archivierung vorgenommen werden. Auf der Ebene des Handelns kann während der Aufführung einiges geschehen, was schwer oder gar nicht archivierbar ist. Der Dokumentarist hat hier also die Aufgabe, die Präsentation für die Dokumentation von den Darstellungsspezifika der Aufführung zu befreien, wenn diese nicht darstellbar sein sollten. So können redebegleitende Zeigegesten auf bestimmte Folienelemente in der verschriftlichten Form der Rede nicht wiedergegeben werden und müssen deshalb durch präzisierende Formulierungen ersetzt werden.

kontrolliert die Dokumentierbarkeit

Neben diesen Tätigkeiten in der eigentlichen Dokumentationsphase müssen auch bereits in den davor liegenden Phasen die spezifischen Anforderungen der Dokumentation einer wissenschaftlichen Präsentation berücksichtigt werden. Konkret kann dies beispielsweise bei der Aufführung bedeuten, dass der Präsentator seinen Bewegungsbereich bewusst einschränkt, um nicht aus dem Aufnahmebereich einer Videokamera herauszufallen. Auch die Inszenierung kann durch eine beabsichtigte Archivierung beeinflusst werden: Weiß der Präsentator etwa, dass zur Dokumentation seiner Präsentation den Zuschauern die Folien in ausgedruckter Form zur Verfügung gestellt werden sollen, wird er von vornherein darauf achten müssen, dass diese selbsterklärend gestaltet sind. Bei einer angekündigten Dokumentation durch eine Videoaufzeichnung hingegen kann von vornherein die darstellerische Ebene bei der Vermittlung der Inhalte stärker eingeplant werden.

2.3 Möglichkeiten der Ebenenverknüpfung

Wir haben uns nun die fünf Phasen einer Präsentation und die fünf Rollen des Präsentators angesehen. Entscheidend ist allerdings bei alldem, dass die verschiedenen Ebenen der Präsentation, die Ebenen des Sprachlichen, des Visuellen und des Handelns, zu einer Einheit verschmelzen. Welche Möglichkeiten gibt es dafür? Bei Korpusanalysen haben wir sechs verschiedene Methoden der Verknüpfung identifiziert. Diese bestimmen eine

Präsentation nicht komplett, sondern können von Folie zu Folie variieren.

Verknüpfungsmethode *Kommentieren*

Präsentator entlastet Gedächtnis

Der Präsentator benutzt Textfolien wie öffentlich einsehbare Notizzettel. Er paraphrasiert und kommentiert den Text, der in der Projektion zu lesen ist. Häufig werden dafür die sogenannten Bulletpoint-Listen (Listen mit einem Aufzählungszeichen vor jedem neuen Element) eingesetzt. Diese Methode wird oft als langweilig und wenig inspiriert empfunden. Der Präsentator nutzt die Folien vor allem dazu, sein eigenes Gedächtnis zu entlasten.

Verknüpfungsmethode *Orientieren*

Präsentator unterstützt Zuschauer

Der Präsentator nutzt Textfolien dazu, das Publikum über seine Inhalte zu orientieren. Die Folien beinhalten zentrale Begriffe oder Sätze oder fassen das Wichtigste knapp zusammen. Bei dieser Methode nutzt der Präsentator also die Projektion, um das Gedächtnis der Zuschauer zu entlasten und Verstehensprozesse zu unterstützen.

Verknüpfungsmethode *Integrieren*

Präsentator verbindet Vermittlungsebenen

Bei dieser Methode gehen Text und Bild oder Grafik eine enge Beziehung ein, und zusätzlich verknüpft der Präsentator seine Rede mit der visuellen Ebene durch verweisende Ausdrücke und zielgenaue Zeigegesten. Diese Methode kann als die besonders wünschenswerte Vorgehensweise bei einer Präsentation verstanden werden, weil alle drei Ebenen wirklich integriert erscheinen. Oftmals werden bei der integrierten Methode schematische Darstellungen abstrakter Inhalte gezeigt.

Verknüpfungsmethode *Beschreiben*

Präsentator parallelisiert Vermittlungsebenen

Auch diese Methode kommt gerade in guten Präsentation vor: In der Projektion wird ein Bild, eine Tabelle oder eine Grafik gezeigt, und der Präsentator erläutert diese, in dem er auf bestimmte Stellen der Projektion mit Zeigegesten, Pointer oder grafischen

Hervorhebungen hinweist. Dabei werden die verschiedenen Präsentationsebenen zwar nicht integriert, aber zumindest parallelisiert.

Verknüpfungsmethode *Illustrieren*

Präsentator ergänzt Rede durch Visuelles

Die Methode des Illustrierens stellt einen loseren Zusammenhang zwischen der visuellen und der sprachlichen Ebene in der Präsentation her, weshalb die Verknüpfung durch Zeigegesten eher unspezifisch und global erfolgt. Die Darstellung einer Person in der Rede wird dabei zum Beispiel durch ein Portraitbild illustriert. Der Präsentator weist gewöhnlich nicht auf bestimmte Merkmale des Portraitbildes hin.

Verknüpfungsmethode *Assoziieren*

Präsentator lässt Zusammenhang offen

Die Methode wird nur recht selten in wissenschaftlichen Präsentationen bewusst eingesetzt, oft geschieht sie eher als „Unfall". Auf visueller Ebene werden Bilder oder Grafiken gezeigt, die in keinem unmittelbar nachvollziehbaren Zusammenhang mit dem auf sprachlicher Ebene vermittelten Inhalt stehen. Der Präsentator nimmt auch keine Verknüpfung durch Zeigegesten oder explizite sprachliche Bezugnahmen auf die Abbildung vor. Das Publikum versucht in einem solchen Fall auf eigenen Faust den Zusammenhang zu erschließen. In Präsentation mit künstlerischem oder literarischem Anspruch wird diese Methode angewendet, um eine zusätzliche Deutungsebene des Inhalts zu gewinnen.

Kohäsion und Kohärenz

In der Linguistik wird seit geraumer Zeit untersucht, welche Eigenschaften es sind, die eine Kette von Sätzen zu einem sinnvollen Text machen. Im Mittelpunkt stehen dabei zwei Eigenschaften, die Kohäsion und die Kohärenz. *Kohäsion* bezeichnet dabei den Zusammenhang, den konkrete Verknüpfungsmittel herstellen. In einem Text geschieht dies durch die Wiederaufnahme von Wörtern, durch Pronomina oder durch verbindende Wörter wie „und dann", „nämlich", „erstens" – „zweitens" usw. Mit *Kohärenz* ist der Sinnzusammenhang gemeint, der in einem Text aufgebaut wird und der sich aus den Bedeutungen der einzelnen Sätze ergibt. Die Kohäsionsmittel tragen demnach zum Aufbau der Kohärenz bei, reichen aber allein nicht aus, um einen übergreifenden Textsinn aufzubauen.

Wissenschaftliche Präsentationen kann man auch als Texte auffassen, allerdings als eine besondere Art von Texten. Präsentationen besitzen ja nicht nur die sprachliche Ebene, sondern auch die Ebenen des Visuellen und der Handlungen. Diese Ebenen werden auch als *Modalitäten* bezeichnet, weshalb eine Präsentation als *multimodaler Text* verstanden werden kann. Die Kohäsion zwischen den verschiedenen Ebenen einer Präsentation kann durch verschiedene Mittel herbeigeführt werden: die sprachlichen Ebene kann mit verweisenden Wörtern wie *hier* oder *auf der rechten Seite* mit der visuellen Ebene verknüpft werden, oder es werden auf beiden Ebenen die gleichen Wörter oder Formulierungen verwendet (der Präsentator sagt zum Beispiel „Ich komme zur Einleitung" und auf der Folie ist gleichzeitig als Überschrift „Einleitung" zu lesen). Eine zentrale Rolle bei der Kohäsionsherstellung nimmt jedoch die Ebene des Handelns ein, auf der die Aufmerksamkeit des Publikums gezielt gesteuert werden kann. Wenn sich der Präsentator zur Projektion hinwendet, dann ist klar, dass er mit dem, was er sagt, darauf Bezug nimmt. Mit Zeigegesten kann die Aufmerksamkeit synchron zu gerade geäußerten Wörtern auf bestimmte Bereiche der Projektion gelenkt werden. Dies kann auch durch die zeitlich passende Einblendung von grafischen Hervorhebungen geschehen.
Ziel ist es auch bei Präsentationen, einen übergreifenden Sinnzusammenhang aufzubauen, also die Kohärenz aller Informationen zu gewährleisten. Die Informationen, ob sie nun auf sprachlicher oder auf visueller Ebene gegeben werden, müssen einander ergänzen, ohne dass die einen nur eine Hilfsfunktion für die anderen haben. Eine gute Präsentation ist ein kohärenter Text in dem Sinne, dass sprachliche und visuelle Informationen ohne Doppelungen miteinander verbunden und ihren jeweiligen Stärken entsprechend eingesetzt werden.

2.4 Auf einen Blick

- Präsentationen können als ein Schauspiel verstanden werden, das sich in fünf Phasen vollzieht.
- In der Phase der Konzeption werden Inhalt, Struktur und technische Voraussetzungen erarbeitet.
- In der Phase der visuellen Gestaltung geht es um das visuelle Konzept und die zentralen Visualisierungen.
- In der Phase der Inszenierung wird die Präsentation als Schauspiel entwickelt. Dabei wird das Verhältnis von Rede zu Visualisierung festgelegt.
- Die Phase der Aufführung umfasst verschiedene Proben und die eigentliche Durchführung der Präsentation.
- In der abschließenden Dokumentationsphase geht es darum, die Präsentation für eine längerfristige Archivierung aufzubereiten.

- Der Präsentator nimmt in diesen Phasen die Rollen des Autors, des Grafikers und Bühnenbildners, des Regisseurs, des Darstellers und des Dokumentaristen ein.
- Die verschiedenen Rollen des Präsentators dominieren in jeweils einer Phase, müssen aber auch zu Kontrollzwecken in den anderen Phasen eingenommen werden.
- Die zentrale Frage, die ein Präsentator zu beantworten hat, ist die, wie er die Ebene des Sprachlichen, des Visuellen und des Handelns miteinander verknüpft.
- Es gibt sechs Verknüpfungsmethoden: Kommentieren, Orientieren, Integrieren, Beschreiben, Illustrieren und Assoziieren.

3 Konzeption

Überlegen Sie sich einmal, welches Sachbuch Ihnen in letzter Zeit am besten gefallen hat. Vermutlich handelt es sich nicht um ein wissenschaftliches Lehrbuch oder einen Ratgeber. Ich nehme an, dass es ein Buch war, in dem Ihnen etwas erzählt wurde. Ja, auch in Sachbüchern kann erzählt werden. Die Welt ist voller Geschichten, und gerade *die* Geschichte ist ein zuverlässiger Gegenstand für Bestseller auf dem Sachbuchmarkt. Aber auch jedes andere Thema kann erzählerisch – narrativ – vermittelt werden: Der Autor schildert, wie er das Thema für sich entdeckt hat, wie sein Lern- oder Erkenntnisweg gewesen ist. Er kann von Experten erzählen, von besonderen Ereignissen und Erfahrungen anhand der Erlebnisse von Personen. Und natürlich kann zu jedem Gegenstand auch seine Geschichte erzählt werden. Wir Menschen gieren nach Erzählungen, und wenn es nichts über Menschen und deren Erlebnisse zu erzählen gibt, dann soll uns ein abstraktes Thema zumindest in einem narrativen Verlauf vermittelt werden.

Erzählen: narrative Vermittlung von Inhalten

3.1 Eine Präsentation erzählen

All das gilt unvermindert auch für wissenschaftliche Präsentationen. Wenn Sie meinen, dass in einer solchen Präsentation allein das Thema die Vermittlungsstruktur vorgibt, dann sitzen Sie einem weit verbreiteten Irrtum auf. Auch ein Präsentator muss erzählen, und eine Präsentation ist umso interessanter und kurzweiliger, je besser es dem Präsentator gelingt, abstrakte wissenschaftliche Inhalte in eine narrative Form zu bringen. Natürlich sind die meisten wissenschaftlichen Gegenstände ihrer Natur nach nicht narrativ verfasst. Doch es gibt verschiedene Möglichkeiten, auch dann zu erzählen:

Erzählen auch in der Wissenschaft

- Stellen Sie einen *Situationsbezug* her.
- Erzählen Sie darüber, wie *Themenfindung und -entwicklung* verlaufen sind.
- Stellen Sie nicht nur das Ergebnis ihrer Untersuchungen dar, sondern berichten Sie von ihrem *Erkenntnisprozess*.
- Nutzen Sie die *narrativen Elemente des Themas* aus: Erzählen Sie Anekdoten, historische Begebenheiten oder biografische Details beteiligter Personen.
- Am wichtigsten: Bauen Sie die *Präsentation als Erzählung* auf.

Erzählanlässe

Spannungsaufbau durch Gliederung

Der letzte Punkt wird dieses ganze Buch durchziehen. Schon in der Antike ähnelten sich der Aufbau der klassischen Tragödie und der der Rede. Die Einteilung in die Abfolge von einer Einleitung, der thematischen Entfaltung, der Zuspitzung, dem Höhepunkt und dem Schluss dient vor allem dazu, einen Spannungsbogen aufzubauen. Jeder, der schon einmal im Theater war, weiß, dass bis heute die meisten Stücke nach diesem Muster aufgebaut sind. Und auch ein wissenschaftlicher Vortrag funktioniert so: Nach der Einleitung, in der es um den Gegenstand des Vortrags geht, wird das Thema dadurch entfaltet, dass der Forschungskontext dargestellt und die wichtigsten bisherigen Erkenntnisse genannt werden. In der dritten Phase, der Zuspitzung, werden die Defizite herausgearbeitet und ein Bedarf oder eine Forschungslücke identifiziert. Den Höhepunkt bildet dann die eigene Theorie, das Experiment oder die Analyse, wodurch neue Erkenntnisse zum Thema hervorgebracht werden. Im Schlussteil wird diese neue Forschungssituation dann wieder in ihrem Zusammenhang betrachtet, bewertet und denkbare nächste Schritte bestimmt.

Ergebnisse als Höhepunkt

Nicht anders sollte es in einer Präsentation aussehen. Auch wenn viele Präsentatoren ihre Aufgabe eher darin zu sehen scheinen, Moderator einer Art Dia-Schau zu sein, wird auch in einer guten Präsentation ein Spannungsbogen aufgebaut. Den Höhepunkt können in Tabellenform dargestellte Ergebnisse eines Experiments, ein Modell oder eine zentrale Aussage bilden. Wichtig ist nur, dass der Präsentator überhaupt einen Höhepunkt in seiner Präsentation setzen kann. An diesem orientiert sich dann der gesamte Aufbau.

3.2 Titel und Thema

Wahl des Titels

Als erstes sollte man entscheiden, was überhaupt das Thema der Präsentation sein soll. Nichts leichter als das! Das Thema ist ja oftmals vorgegeben oder ist gleichbedeutend mit einem schon länger bearbeiteten Gegenstandsbereich. Trotzdem ist es wichtig, sich darüber Gedanken zu machen, denn auch bei einer wissenschaftlichen Präsentation muss das Thema nicht unbedingt identisch sein mit ihrem Titel. Mit einer Unterteilung in Titel und Untertitel lassen sich zwei Fliegen mit einer Klappe schlagen: Der Titel kann, geschickt gewählt, Interesse am Thema wecken, der Untertitel den Gegenstandsbereich eingrenzen oder näher beschreiben. Für den Titel kommen dabei die folgenden Möglichkeiten in Frage:

Möglichkeiten für Titelgebung

1. Der Titel besteht aus einer interessanten, knappen, vielleicht auf den ersten Blick teilweise unklaren *Wortgruppe.*
2. Der Titel ist eine provokante *These* in Satzform oder in einer satzartigen Konstruktion.
3. Der Klassiker: eine *Frage* als Titel.
4. Der Titel besteht aus einem irgendwie passenden, vielleicht kuriosen *Zitat.*

Nehmen wir als Beispiel an, Sie wollen eine Präsentation zu Leben und Werk des österreichisch-britischen Philosophen Ludwig Wittgenstein (1889-1951) erstellen. Das Werk des Sprachphilosophen Wittgenstein zeichnet sich dadurch aus, dass er mit den Grenzen der Ausdrucksmöglichkeiten der Sprache den Bereich des Metaphysischen und Ethischen ausloten wollte. Damit ließen sich beispielsweise die folgenden vier Titel bilden:

Beispieltitel

1. *Wortgruppe:* „Jenseits der Sprache"
2. *These:* „Sprachphilosophie als Grundlage der Ethik"
3. *Frage:* „Sprachphilosophie oder Ethik?"
4. *Zitat:* „‚Worüber man nicht sprechen kann, darüber muss man schweigen.'"

Untertitel

Der Untertitel müsste dann einen konkreteren Hinweis auf den Gegenstand der Präsentation enthalten, etwa „Ludwig Wittgensteins Werk zwischen Sprachphilosophie und Ethik".

Der Titel ist aber noch nicht das Thema, er beschreibt es nur. Die Konzeption des Themas bildet die Brücke zwischen dem Titel und der Konzeption der gesamten Präsentation. Wie sollte nun also das Thema einer guten Präsentation generell aussehen?

Thema muss auf Präsentation abgestimmt sein

Die Wahl des Themas ist eng verbunden mit dem Ziel, einen kohärenten Spannungsbogen über eine Präsentation zu legen. Das Thema sollte demzufolge nicht aus mehreren gleichrangigen Teilthemen zusammengesetzt sein, sondern einen Schwerpunkt besitzen, der die Präsentation von A bis Z durchzieht und im Höhepunkt zu einer klaren Aussage führt. Der „Umfang" eines Themas spielt dabei keine Rolle –Themen haben keine „Ausdehnung" *per se,* sondern sie werden im gewählten Medium umgesetzt. Die Geschichte des Römischen Reichs kann genauso in 25 umfangreichen Bänden erzählt werden wie in einer 15-minütigen Präsentation. Nur die Auswahl des Materials und die Darstellungsweisen variieren dabei – und natürlich die Informationsmenge.

Funktion aller Aspekte

Wissenschaftliche Themen setzen sich immer aus mehreren Aspekten zusammen. Das darf allerdings nicht bedeuten, dass die Darstellung dieser Aspekte zu einem Selbstzweck wird. Fragen Sie sich bei jedem einzelnen inhaltlichen Schritt, bei jeder Folie und jedem Redesegment, welche Funktion es hat in Bezug auf das thematische Ganze. Es sollte in der gesamten Präsentation keinen einzigen Teil geben, für den Sie das nicht angeben können.

Inhaltliche Beschränkung

Beschränken Sie sich! Es geht nicht darum, alle Aspekte des Themas in einer Präsentation abzuhandeln. Selbst wenn Sie sehr viel Material besitzen oder gar eine ganze Examens- oder Doktorarbeit geschrieben haben, darf es nicht das Ziel sein, alle Ihre Überlegungen in dieser einen Präsentation auszubreiten. Greifen Sie etwas heraus! Das können Sie auf zwei verschiedene Weisen machen:

Möglichkeiten der Beschränkung

1. Auswahl: Sie können einen Teil herausgreifen, der besonders wichtig ist oder der sich besonders gut darstellen lässt (vielleicht sind die Beispiele eingängig oder es gibt gutes Bildmaterial dazu). Den Gesamtzusammenhang Ihrer Überlegungen stellen Sie dann in der Einleitung dar, der exemplarische Charakter wird aber deutlich betont.
2. Sie „dünnen" Ihr Material aus, ohne die Darstellung des Gesamtzusammenhangs aufzugeben. Das kann dadurch geschehen, dass Sie sich auf die zentralen Punkte eines jeden Teils beschränken, diese aber in einen durchgängigen Zusammenhang bringen.

Beispiel „Wittgenstein"-Thema

Ein Beispiel: Angenommen, Sie sollen Leben und Werk des Philosophen Ludwig Wittgenstein in einer Präsentation darstellen, dann haben Sie zwei Möglichkeiten. Möglichkeit 1: Sie wählen eine charakteristische Phase seines Lebens aus, in der eines seiner Hauptwerke entstanden ist, und konzentrieren sich darauf. Möglichkeit 2: Sie stellen die Stationen seines Lebens, aufgeteilt in verschiedene Phasen, dar, wobei Sie einen ausgewählten Aspekt seines Lebens durchgängig berücksichtigen.

Nicht alles ist wichtig!

Versuchen Sie sich nicht darüber zu ärgern, dass Sie womöglich Überlegungen und Materialien, die Sie mühevoll erarbeitet haben, in einer Präsentation nicht nutzen können. Dies bilden die Nährlösung, auf der die Präsentation gedeiht. Nur weil diese Dinge in Ihrem Kopf oder unter Ihren Händen waren, heißt das noch lange nicht, dass Sie damit zwangsläufig Ihre Zuhörer beglücken müssen.

3.3 Die Konzeption

Sie haben Ihr Thema festgelegt und möchten es nun inhaltlich strukturieren. Selbst wenn es am Ende Ihrer Präsentation nicht mehr unbedingt anzusehen ist, besteht sie immer aus fünf Abschnitten:

Generelles Gliederungsschema

1. Die *Einführung* – Sie bilden einen narrativen Rahmen und stellen damit einen Bezug her zum Publikum. Sie stellen die Relevanz des Themas dar und führen darin ein. Sie geben einen Überblick über das, was Sie sagen werden.
2. Der wissenschaftliche *Kontext* – Auf welcher Grundlage haben Sie sich mit dem Thema beschäftigt? Sie stellen die wichtigsten bisherigen Erkenntnisse dar und nennen zwei oder drei zentrale Positionen oder Meinungen zu ihrem Thema.
3. Das eigene *Vorgehen* – Sie schildern, in welcher Weise Sie sich dem Thema genähert haben. Das kann die Darstellung des methodischen Vorgehens sein, die Beschreibung der Datengrundlage oder die Quellenlage.
4. Die *Kernaussage* Ihrer Präsentation – Auf der Grundlage von wissenschaftlichem Kontext und eigenem Vorgehen stellen Sie in diesem Teil Ihre eigenen Erkenntnisse dar.
5. Das *Fazit* – Sie stellen einen Bezug zwischen Ihren Ergebnissen, dem ursprünglichen Interesse am Thema und dem Kontext her. Dabei verweisen Sie auch auf weiterhin existierende Lücken in der Forschung oder Desiderata (Wünsche, Bedürfnisse) bei der weiteren Auseinandersetzung mit dem Thema.

Klassischer Aufbau

Vielleicht erkennen Sie in diesem Ablauf das Schema eines klassischen Theaterstücks wieder oder den Aufbau der Rede nach der antiken Rhetorik. Auch in der Präsentation geht es darum, auf einen Höhepunkt hinzuarbeiten, der mit Spannung erwartet wird, um eine Aussage mit einem emotionalen Moment zu verbinden, wodurch diese überzeugender wirkt und besser behalten werden kann.

Umsetzung

Natürlich sind je nach Thema und Zielsetzung der Präsentation auch Abwandlungen möglich. Aber eigentlich wird dies nur selten vorkommen – die allermeisten wissenschaftlichen Themen fügen sich ganz von selbst in dieses Schema. Ich will dies an drei Beispielthemen zeigen, die ganz unterschiedliche Voraussetzungen mitbringen.

Beispielthema I: Das Leben des Philosophen Ludwig Wittgenstein

Dieses Thema bewegt sich in einem geisteswissenschaftlichen Kontext und ist als biografisches Thema historisch geprägt. Eine Präsentation zu diesem Thema könnte etwa in einem Hauptseminar zum Werk von Ludwig Wittgenstein im Fach Philosophie abgehalten werden.

Sehen wir uns an, wie das allgemeine Schema auf dieses Thema angewandt werden kann:

Gliederung des „Wittgenstein"-Themas

1. *Einführung* – Sie erläutern, warum das Leben von Wittgenstein so eine große Bedeutung für das Verständnis seiner Philosophie hat. Sie geben Beispiele dafür, warum für so viele Menschen sein Leben so interessant gewesen ist: Die Familie Wittgenstein in Wien, Wittgenstein als junger Philosoph in Cambridge, als Gärtner, Architekt und Volksschullehrer in Österreich.
2. *Kontext* – Sie geben einige Basisdaten zu Wittgensteins Leben an und erläutern, wann und wie die biografische Forschung eingesetzt hat: Berichte von Freunden, Verwaltung des Nachlasses, wichtige Biografien, reale Zeugnisse (zum Beispiel das von Wittgenstein entworfene Wohnhaus in Wien). Sie stellen hier auch den historischen Kontext dar: Wien zur Jahrhundertwende, Philosophie zu Beginn des 20. Jahrhunderts.
3. *Vorgehen* – Sie identifizieren einige zentralen Phasen im Leben von Wittgenstein: Die Erarbeitung seines ersten Hauptwerks als Soldat mitten im Ersten Weltkrieg, die Rückkehr nach Cambridge nach einer mehrjährigen ‚Auszeit'. Sie stellen dar, wie Sie diese Phasen betrachtet haben: Orientierung an biografischen Hauptwerken, Recherche zu Dokumenten und Bildmaterial im Internet.
4. *Kernaussage* – Sie verdichten Ihre biografischen Darstellungen zu einer Einschätzung in Hinsicht auf ihre Bedeutung für die Philosophie Wittgensteins. Dies können Sie etwa mit einigen Thesen tun, die Sie in Ihrer Präsentation aufführen und kurz erläutern.
5. *Fazit* – Sie verbinden Ihre Darstellung mit der ursprünglichen Frage, warum das Leben von Wittgenstein ein solches Interesse hervorgerufen hat. Sie verdeutlichen, dass die Lebensphasen mit Phasen seines Werkes einhergehen. Sie verweisen vielleicht darauf, dass diese Werkphasen in weiteren Präsentationen dargestellt werden.

Beispielthema II: Methoden der Maschinellen Übersetzung

Das zweite Beispielthema entstammt dem Bereich der Informatik, genauer der Sprachtechnologie. Es ist konstruktiv angelegt, da es bei der Maschinellen Übersetzung darum geht, Software-Systeme zu entwickeln, die einen Text von einer Sprache in eine andere übersetzen können. Im Gegensatz zum ersten Thema weist dieses Thema eine strukturelle Charakteristik auf, ist also weder historisch noch empirisch bestimmt.

Gliederung des „MÜ"-Themas

1. *Einführung* – Beginnen Sie mit einer Darstellung der Bedeutung der Maschinellen Übersetzung (MÜ), historisch und wirtschaftlich. Knüpfen Sie zum Beispiel daran an, dass im Kalten Krieg die MÜ intensiv von der UdSSR und der USA betrieben wurde und verweisen Sie auf die Sprachdienste von Google, in denen MÜ eine wichtige Rolle spielt.
2. *Kontext* – Erläutern Sie, welche grundlegenden Zugänge es zur MÜ gibt: den Transfer von einer Sprache in die andere, die Verwendung einer formalisierten Zwischensprache und die Nutzung eines Korpus von Übersetzungsbeispielen, die jeweils angepasst werden. Bewerten Sie diese Zugänge nach Vor- und Nachteilen.
3. *Vorgehen* – Zeigen Sie, wie diese verschiedenen Übersetzungsmethoden anhand eines Beispielsatzes aussehen würden. Stellen Sie die Schritte nebeneinander und erläutern Sie, welche Methode an welchen Stellen gute Ergebnisse liefern würde und an welchen schlechte.
4. *Kernaussage* – Leiten Sie aus dieser Gegenüberstellung der MÜ-Methoden eine Aussage über die bisherige Entwicklung der MÜ ab: Wandel von Regel- zu Korpus-getriebenen Methoden, Nutzung des Internets, geringere Bedeutung linguistischer Analysen zugunsten statistischer Verfahren.
5. *Fazit* – Versuchen Sie ein Bild zu entwerfen, wie sich die MÜ in den nächsten Jahren entwickeln könnte: Nutzung als App auf Smartphones, Web-Surfen in einer beliebigen Sprache, Übersetzung gesprochener Sprache.

Beispielthema III: Syntax der Koordination

Beim dritten Beispielthema handelt es sich um ein Thema, bei dem ein Gegenstand empirisch untersucht worden ist. Koordination ist der Teil der Grammatik, bei dem durch Wörter wie „und“ oder „oder“ gleichrangige Satzteile miteinander verbunden werden. Wie solche Konstruktionen tatsächlich genutzt werden, kann man durch die Analyse von großen Textsammlungen, Korpora, ermitteln. Dabei lassen sich oft Unterschiede dazu feststellen, was in den Grammatiken steht. Ein solcher Vortrag könnte beispielsweise bei einem Workshop zu einer Fachkonferenz gehalten werden.

Gliederung des „Koordination“-Themas

1. *Einführung* – Sie zeigen an einem Beispiel, wie oft Koordinationen in einem Text vorkommen und erläutern dann kurz, warum es in Grammatiken immer ein eigenes Kapitel zu diesem Thema gibt. Sie weisen auf einige strittige Punkte hin und kündigen an, diese anhand einer Korpusanalyse zu untersuchen.
2. *Kontext* – Sie skizzieren, wie in einigen wichtigen Grammatiken Koordination beschrieben wird. Heben Sie dabei besonders auf die Differenzen ab: Was ist in einer Grammatik eine Koordination, was es in einer anderen nicht ist? Sie sollten auch Monografien erwähnen, die sich mit diesem Thema befassen und vielleicht einen Zugang eröffnen, der sich in Grammatiken noch nicht niedergeschlagen hat.
3. *Vorgehen* – Sie erläutern Ihr korpusanalytisches Vorgehen: Welche Korpora untersuchen Sie und was folgt daraus? Wie finden Sie darin die Koordinationen, was bleibt möglicherweise unentdeckt? Welche besonderen Probleme haben sich bei der Korpusanalyse gezeigt? Stellen Sie Hypothesen auf, welche Ergebnisse Sie bei der Korpusanalyse erwarten.
4. *Kernaussage* – Sie stellen die Ergebnisse Ihrer Korpusanalyse in geordneter Form dar, beispielsweise als Tabelle. Diese erläutern Sie in Hinsicht auf interessante Phänomene, die Sie darin erkennen können, oder auf offene Fragen. Kontrastieren Sie Ihre Ergebnisse mit Ihren Hypothesen und versuchen Sie diese Differenzen zu erklären.
5. *Fazit* – Stellen Sie deutlich die Unterschiede zum Forschungskontext dar und leiten Sie aus Ihrer empirischen Analyse Anforderungen an die Darstellung der Koordination in Grammatiken ab. Schlagen Sie einen Bogen zur Einführung, indem Sie die Besonderheit der Koordination mit Ihren Erkenntnissen unterstreichen.

Damit haben sie die Grundstruktur für Ihre Präsentation entwickelt. Natürlich sollten Sie die Teile nicht durch ihre allgemeine Funktion – also „Einführung", „Kontext" etc. – benennen, sondern passende inhaltliche Bezeichnungen verwenden, die in diesem Stadium noch einen thesenhaften und für Sie orientierenden Charakter aufweisen. So könnte es etwa beim zweiten Thema aussehen:

Benennung der Teile

1. Maschinelle Übersetzung – Geschichte und heutige Bedeutung
2. Grundlegende Methoden der Maschinellen Übersetzung
3. Exemplarische Anwendung der Methoden
4. Bisherige Entwicklung der Maschinellen Übersetzung
5. Die Zukunft: Was können wir erwarten?

Beispiel „MÜ"-Thema

Im nächsten Schritt ordnen Sie diesen Punkten detailliertere Aussagen zu. Auch Ideen zur Umsetzung sollten Sie dabei schon berücksichtigen: Was eignet sich besonders zur Visualisierung als Grafik, wo wollen Sie eine Tabelle zeigen, welchen Punkt kann man mit einem Foto illustrieren? Das Ergebnis dieses Bearbeitungsschrittes wird hier dargestellt am zweiten Punkt:

Verfeinerung

2. Grundlegende Methoden der Maschinellen Übersetzung
   - 2.1 Korpusbasierte Übersetzung
   - 2.2 Transfer-Regeln
   - 2.3 Übersetzung in eine Interlingua
   - 2.4 Vergleich der verschiedenen Verfahren

Untergliederung im „MÜ"-Thema

Nach diesem Schritt zeichnet sich für Ihre Präsentation ab, in welche Segmente Sie sie gliedern wollen – ein Segment ist dabei jeweils ein visuell als Ganzes geplanter Teil der Präsentation, meistens eine Folie. Was auf der einzelnen Folie inhaltlich im Einzelnen erscheint, können Sie nach dem gleichen Prinzip durch weitere inhaltliche Untergliederung entwickeln. Dabei ist aber noch nicht zwangsläufig festgelegt, was als Text auf den Folien erscheint – Sie entwickeln mit diesem Vorgehen Ihre Präsentation und die Notizen, an denen Sie sich während der Aufführung orientieren, auf eine integrierte Weise. Sie schreiben also keinen Text, sondern entwickeln eine hierarchische Gliederung, die schließlich so feinkörnig wird, dass Sie sie direkt in einen Text überführen können.

Bildung von Segmenten

Verwendung von Word für die inhaltliche Konzeption

Für die konzeptionelle Arbeit an einer Präsentation kann man sehr gut die Gliederungsfunktion von Word (oder anderer Textverarbeitungsprogramme, die so etwas beinhalten) verwenden. Zwar wird dieses Programm häufig und häufig auch zurecht kritisiert, die Gliederungsfunktion bietet aber ein sehr gutes Instrumentarium, um inhaltliche Abschnitte einer Präsentation (und natürlich auch anderer Arten gegliederter Texte) einander zuzuordnen und leicht zu verschieben.

Beginnen Sie damit, dass Sie ein neues Dokument öffnen. Anstatt aber nun in der Normal- oder Seitenlayout-Ansicht Ihren Text einzutippen, gehen Sie über das Ansicht-Menü in den Modus „Gliederung". Dort werden nun weitere Menü-Funktionen eingeblendet, unter anderem ein kleines Pulldown-Menü, in dem zu Beginn „Ebene 1" erscheint. Damit ist die erste Gliederungsebene gemeint. Die Hauptteile Ihrer Präsentation entsprechen dieser Ebene.

Wenn Sie Unterpunkte einziehen möchten, können Sie auf den Rechts-Pfeil klicken und ihre Überschrift rutscht auf die Ebene 2. Je nachdem, welche Ebene-1-Überschrift direkt darüber erscheint, ist die neue Ebene-2-Überschrift nun dieser Ebene-1-Überschrift zugeordnet.

Über die Plus- und Minus-Zeichen kann man die untergeordneten Teile einer Überschrift auf- und zuklappen. Das alles geht übrigens auch mit bestimmten Tastenkombinationen, was die konzeptionelle Arbeit noch schneller machen kann.

Ein besonderer Vorteil der Arbeit an der inhaltlichen Konzeption in diesem Modus ist nun der, dass Sie schon eingetragene Überschriften über die verschiedenen Pfeiltasten (rechts, links, oben und unten) hierarchisch und in ihrer Reihenfolge sehr leicht verschieben können. Das können Sie sogar mit ganzen Blöcken machen, sofern diese durch Anwendung des Minus-Zeichens zusammengeklappt worden sind. Sie können die einzelnen Teile der Konzeption so lange hin- und herschieben und einander unter- oder überordnen, bis Sie glauben, eine harmonische Struktur gefunden zu haben. Und wenn Sie den Überschriften weitere Notizen zugeordnet haben sollten, dann werden diese natürlich mitverschoben.

Word speichert alle Überschriften, die in der Gliederungsansicht erscheinen, als Formatvorlagen „Überschrift 1" (für Ebene 1), „Überschrift 2" etc. ab. Diese Formatvorlagen können Sie verändern, so dass Überschriften einer bestimmten Ebene mit unterschiedlichen Schriftfarben oder -größen versehen werden können oder eine automatische Nummerierung der Überschriften ergänzt werden kann. Das kann die Arbeit noch übersichtlicher machen: Stellen Sie beispielsweise die Überschriften der Ebene 3 alle in Rot dar, wenn Sie auf dieser Ebene die Inhalte der einzelnen Präsentationsfolien erreicht haben wollen.

3.4 Technische Voraussetzungen

Ein zentraler Punkt bei einer Präsentation ist der, dass das Equipment stimmt. Und es muss nicht nur stimmen, Sie müssen auch blindlings damit umgehen können. Sie sollten sich also rechtzeitig mit allen Komponenten, die für eine Präsentation wichtig sind, vertraut machen. Es gibt zwei Arten von Komponenten: Hardware und Software.

Präsentationshardware

Die Hardware Ihrer Präsentation besteht typischerweise aus Computer und Projektor, wenn wir mal absehen von der sonstigen Ausstattung des Raums, in dem Ihre Präsentation stattfindet. Um den *Projektor* (oder auch *Beamer*) müssen Sie sich im Normalfall nicht kümmern, er wird von den Veranstaltern Ihrer Präsentation bereitgestellt. Sollten Sie doch einmal dafür verantwortlich sein, ist es besonders wichtig, die Grundfunktionen des verwendeten Projektors schon vor der Präsentation zu kennen, um diesen ohne Aufhebens bedienen zu können. In jedem Fall empfiehlt es sich, die Projektion, wenn möglich, dahingehend zu kontrollieren, ob sie mit den Lichtverhältnissen im Raum vereinbar ist, es im Raum also nicht zu hell oder zu dunkel ist (Sie wollen Ihre Präsentation ja nicht wie einen Kinovorstellung abhalten), und ob der Projektor richtig positioniert ist (Näheres dazu s. Kapitel 6). Projektor/Beamer

Zu Ihrem Präsentationssetting gehört außerdem das *Laptop*, auf dem die Präsentation im technischen Sinne abläuft. Wie Sie es optimal positionieren, erfahren Sie ebenfalls in Kapitel 6. Wichtig ist, dass Sie überhaupt einen separaten Bildschirm vor sich haben, Sie also komfortabel auf Ihren eigenen Monitor blicken können und sich nicht beim Blick auf die Projektion den Hals verrenken müssen. Laptop

Die wichtigsten Geräte sind aber die, mit denen Sie die Präsentation steuern. Steht Ihr Laptop direkt vor Ihnen, können Sie es mit der Tastatur bedienen. Allerdings sind Sie dann dazu verdammt, die ganze Zeit genau an diesem Platz vor dem Laptop stehen zu müssen, obwohl eine gute Präsentation auch von der Bewegung des Vortragenden lebt. Erst recht funktioniert dies nicht, wenn das Laptop nicht direkt vor Ihnen stehen kann. Manche Präsentatoren behelfen sich dann mit einer Maus, die irgendwo in der Nähe abgelegt wird. Vergessen Sie all das! Das wich- Steuerung

Fernsteuerung/ Presenter

tigste Gerät bei einer Präsentation ist für Sie eine *drahtlose Fernsteuerung* oder *Presenter*, die Sie immer dabeihaben sollten, wenn eine Präsentation ansteht. Derartige Geräte verfügen im Wesentlichen über zwei Tasten – Vor und Zurück – und erlauben es Ihnen, sich vom Laptop zu entfernen und die Präsentation unauffällig aus der Ferne zu steuern. Die meisten Geräte verfügen außerdem über einen integrierten Laserpointer, manche über einen Timer mit Vibrationsalarm und andere Zusatzfunktionen. Ob die Fernsteuerung nun solche Funktionen besitzt oder nicht – die Steuerung per Fernbedienung ist essentiell bei einer Präsentation.

Smartboard

Zwei Ausnahmen gibt es von der Fernsteuerungs-Regel: die Nutzung eines Smartboards und die Verwendung eines Tablet-PCs. Ein *Smartboard* ist eine berührungssensitive Leinwand, auf der Sie mit dem Finger oder einem Stift all das machen können, was Sie auf einem normalen Rechner mit der Maus machen. Bei einer Präsentation würden Sie also durch Tippen auf die Leinwand auf die nächste Folie kommen. Außerdem könnten Sie, je nach Präsentationsprogramm, weitere Funktionen direkt auf der Projektion nutzen, etwa mit dem Finger oder mit dem Stift Teile der Folie hervorheben. Der Nachteil eines Smartboards besteht allerdings darin, dass Sie mit dem Rücken zu den Zuschauern stehen müssen oder zumindest Ihnen nur halb zugewandt sind. Gibt es wirklich etwas ganz genau zu zeigen, wäre das nicht so schlimm, in diesem Fall ist es zu empfehlen, die Smartboard-Nutzung mit der Fernsteuerung der Präsentation zu kombinieren und sich nur gelegentlich dem Smartboard zuzuwenden.

Tablet-PC

Die zweite Alternative bei der Wahl der Präsentationshardware bildet der *Tablet-PC*. Das sind Notebook-Computer, die über einen Stift auf dem Bildschirm bedient werden können und sich meistens so umklappen lassen, dass die Tastatur verdeckt ist und man auf dem Display wie auf einem Block schreiben kann. Tablet-PCs verfügen, anders als zum Beispiel das iPad von Apple, nicht über einen Touchscreen, so dass man auf ihnen mit dem Stift in ganz natürlicher Weise mit Auflegen des Handballens schreiben kann. Für die Präsentation sind sie dadurch besonders interessant: Wenn die verwendete Präsentationssoftware dies unterstützt, beschränkt sich die Interaktion des Präsentators mit der Hardware nicht nur auf die Folien-Weiterschaltung, vielmehr kann auf der Folie in unterschiedlichen Farben und Stiftbreiten geschrieben und gezeichnet und dies auch noch abgespeichert werden. Besonders in didaktischen Zusammenhängen ist die Verwendung eines Tablet-PC ausgesprochen empfehlenswert, weil der Präsentator für alle Zuschauer nachvollziehbar schreiben und zeichnen kann und ihnen trotzdem zugewandt bleibt. Der Tablet-PC vereinigt also die Vorzüge der Computer-basierten Präsentation mit der Flexibilität der alten Tageslichtprojektoren, deren Hauptvorteil darin bestand, direkt auf die Folie schreiben zu können.

Präsentationssoftware

Systeme

Bei der Wahl der verwendeten Präsentationssoftware hat jeder die Qual der Wahl (s. Übersicht im Abschnitt 9.2). Neben dem am meisten verwendeten Programm, dem Office-Programm Powerpoint von Microsoft, gibt es eine Reihe anderer Präsentationsprogramme, die in ähnlicher Weise wie Powerpoint auf dem Grundgedanken basieren, dass auch eine digital erstellte und mittels Beamer projizierte Präsentation aus der Abfolge einzelner Seiten (als Reminiszenz an das Zeitalter des Overhead-Projektors immer noch „Folie" genannt) besteht. Derartige Programme sind auch als Web-Applikationen verfügbar.

Abkehr von der Folie

Einige Hersteller gehen neuerdings den Weg, die Folien-Metaphorik der herkömmlichen Präsentation durch etwas zu ersetzen, was eher einem Plakat ähnelt (zum Beispiel beim System Prezi). Auch Programme, die ursprünglich eigentlich gar nicht als Präsentationsprogramme gedacht waren, besitzen mittlerweile zum Teil einen Präsentationsmodus – so etwa einige Mindmapping-Systeme, mit denen man Informationen und Ideen sortieren können soll.

Kooperative Bearbeitung

Andere Präsentationsprogramme setzen zwar nicht auf eine Abkehr von der Folie, ermöglichen aber die gemeinsame Bearbeitung von Präsentationsdateien durch mehrere Autoren. Auch dies ist ein interessanter Gedanke, wirken doch die meisten Präsentationsprogramme wie Relikte aus einer Zeit, in der es noch keine Blogs und keine Sozialen Netzwerke gab.

In diesem Buch orientieren wir uns zumeist an den Möglichkeiten von Powerpoint, da dieses Programm immer noch am weitaus häufigsten in Präsentationen eingesetzt wird. Zuweilen werden wir uns aber auch Prezi als einen der radikalsten Gegenentwürfe ansehen. Egal aber, wie Ihre Wahl letzten Endes ausfällt, es kommt dabei vor allem auf eines an: Sie müssen Ihr Programm in- und auswendig kennen. Und das gilt für zwei Aspekte des Programms: die Autoren- und die Präsentationsumgebung. In der Autorenumgebung entwickeln und gestalten Sie

Autoren- und Präsentationsumgebung

Ihre Präsentation, in der Präsentationsumgebung führen Sie diese vor Publikum auf. Ein Präsentationsprogramm wie Powerpoint vereint also eigentlich zwei Programme in sich, und mit beiden sollten man sich so vertraut machen, dass man sowohl bei der Gestaltung als auch bei der Aufführung sich ganz auf die inhaltliche Seite konzentrieren kann und nicht über die Bedienung des Programms nachdenken muss. Dieses erreicht man nur durch Übung. Deshalb ist es zu empfehlen, sich für ein Präsentationsprogramm zu entscheiden und eine zeitlang dabei zu bleiben, um sicher damit umgehen zu können.

Vertrautheit mit Programm

Damit treffen Sie allerdings eine Vorentscheidung über die Art und Weise, wie Sie Präsentieren werden. Das Medium – das verwendete Programm – beeinflusst den Inhalt. Sie werden in den nächsten Kapiteln ein Gefühl dafür entwickeln, welche Präsentationsart für Sie die richtige ist und somit auch, wie die Wahl des richtigen Präsentationsprogramms erfolgen kann.

3.5 Ergebnis

Am Ende dieser Phase haben Sie Ihr Thema eingegrenzt und auf einen oder wenige zentrale Aspekte zugespitzt, den Titel gefunden und eine Einteilung in fünf Hauptteile vorgenommen. Die weitere Ausarbeitung dieser Gliederung stellt eine Mischung aus inhaltlicher Arbeit und Präsentationsplanung dar, weil nicht alle Inhalte die Sie schon vorbereitet haben oder noch finden, in die Präsentation einfließen können. Die Phase der Konzeption ist also deshalb von großer Bedeutung, weil Sie hier den Rahmen für die ganze Präsentation setzen. Es lohnt sich sehr, die Konzeption ausführlich zu durchdenken, denn es kann schwierig sein, erst in einer späteren Phase inhaltliche Entscheidungen wieder rückgängig zu machen.

Auch wenn es in dieser Phase scheinbar nur um die Inhalte geht, sollten Sie schon während der Konzeption an Ihr Publikum denken: Was die Zuschauer bereits wissen, was sie erwarten und wie sie Ihr Thema in einen größeren Zusammenhang einordnen, muss sich auf Ihre Gliederung auswirken.

3.6 Übungen

1. Überlegen Sie sich drei Themen für Präsentationen. Finden Sie für jedes dieser Themen vier Titel, und zwar eine Wortgruppe, eine These, eine Frage und ein Zitat.

2. Entwickeln Sie für diese drei Themen die fünfteilige Grundstruktur und kommentieren Sie die einzelnen Teile kurz.
3. Arbeiten Sie eines dieser Themen weiter aus, indem Sie die Teile bis zur zweiten Gliederungsebene ausarbeiten. Erstellen Sie dafür ein Word-Dokument und verwenden Sie die Gliederungsansicht.
4. Welche Präsentationssysteme kennen Sie? Informieren Sie sich über alternative Systeme und probieren Sie eines von diesen aus.
5. Recherchieren Sie im Netz, welche drahtlosen Fernsteuerungen es für Präsentationen gibt und was für Funktionen diese aufweisen.

3.7 Auf einen Blick

- Am besten werden Inhalte aufgenommen, wenn sie als eine Geschichte erzählt werden.
- Auch bei wissenschaftlichen Präsentationen gibt es viele Möglichkeiten, Erzählungen einzubeziehen.
- Schon bei der Wahl des Titels kann besonderes Interesse aufgebaut werden.
- Das Thema der Präsentation sollte nicht zu breit angelegt sein, sondern einen oder wenige zentrale Aspekte herausgreifen.
- Das Thema sollte einen „Höhepunkt" in der Darstellung ermöglichen.
- Sie werden viele Überlegungen, Notizen und Materialien nicht in Ihre Präsentation einbeziehen können – das ist normal und sollte Sie nicht ärgern.
- Die inhaltliche Konzeption der Präsentation soll zu einer Gliederung in fünf Hauptteile führen, die anschließend weiter untergliedert werden.
- Die fünf Teile einer Präsentation sind: die Einführung, der wissenschaftliche Kontext, die Beschreibung des eigenen Vorgehens, die Kernaussage und das Fazit.
- Die Arbeit an der Konzeption ist eine textorientierte Gliederungstätigkeit, für die Sie sehr gut die Gliederungsfunktion eines Textverarbeitungsprogramms verwenden können.
- Die verfügbare Präsentationshard- und -software muss von vornherein in die Überlegungen zur Entwicklung der Präsentation einbezogen werden.

4 Visuelle Gestaltung

Sie haben also das Konzept Ihrer Präsentation erstellt und überlegen sich nun, wie Sie dieses Konzept in Ihrer Präsentation konkret umsetzen sollen. Das kann natürlich auf viele verschiedene Weisen geschehen. Wir wollen hier zunächst die Spielräume ausloten, in denen man sich dabei bewegt.

4.1 Präsentationsstile

Konventioneller Stil

Die fundamentale Frage ist die, welchen Präsentationsstil Sie eigentlich praktizieren wollen. Man kann grundsätzlich zwei verschiedene Stile voneinander unterschieden. Die Präsentation folgt eher einem *konventionelle Stil*, wenn sie aus Folien mit Bulletpoint-Listen und gelegentlich einer Grafik aufgebaut ist, auf den Folien ein Logo zu sehen ist, am Anfang eine Gliederungsübersicht erscheint und am Ende einige Literaturhinweise. Eine derartige Präsentation ist zunächst einmal nicht besonders aufregend, sie kann sich aber im besten Fall unauffällig und solide in eine Reihe wissenschaftlicher Präsentationen einordnen. Bei Präsentationen dieser Art ist nahezu der gesamte Inhalt in den Folien enthalten, der Präsentator orientiert sich in hohem Maße an den Folien und ergänzt diesen allenfalls punktuell. Der Vorteil des konventionellen Präsentationsstils besteht darin, dass man sich als Präsentator anhand der Foliensequenz durch die Präsentation leiten lassen kann – das ist gut, wenn man zu wenig Zeit hatte, sich intensiver vorzubereiten, oder wenn man insgesamt etwas unsicherer ist beim Reden vor Publikum. Weil beides für die meisten Leute gilt, ist dieser Präsentationsstil vorherrschend und wird es wohl auch bleiben. Bei einer Präsentation im konventionellen Stil kann eigentlich nicht viel schiefgehen. Sie sind allerdings nicht nur konventionell, sie wirken auch so, und oftmals sind Präsentationen dieser Art ziemlich langweilig.

Kreativer Stil

Wenn Sie es etwas abwechslungsreicher wollen, gibt es verschiedene Möglichkeiten, einen eher *kreativen Stil* zu praktizieren. Ein einfacher Weg besteht darin, das, was Sie sagen, von dem, was Sie zeigen, zu entkoppeln. Verzichten Sie auf Textfolien und zeigen Sie stattdessen ausschließlich Bilder oder Grafiken. Dies bedeutet natürlich, dass Sie sich nicht in gleichem Maße an der Projektion orientieren können wie beim konventionellen Stil und mehr von Ihnen als Redner abverlangt wird. Als

Lohn werden Sie allerdings ein größeres Interesse der Zuhörer bemerken können. Eine weitere Möglichkeit, einen eher kreativen Präsentationsstil zu praktizieren, liegt in der Verknappung von Textfolien. Die Folien enthalten dabei nur sehr wenige Wörter, zentriert und ohne weitere Gestaltungselemente, und diese Folien werden schneller gewechselt als umfangreiche und gegliederte Textfolien. Verfahren Sie so, dann erscheinen die Folien den Zuschauern, als ob sie Überschriften seien. Als „Lessig-Stil" (nach dem amerikanischen Juristen Laurence Lessig) bekannt geworden ist diese Präsentationsmethode in einer Variante, bei der solche Ein-Wort-Folien in sehr schneller Folge die Rede begleiten und dabei manchmal auch ironische Kontrapunkte setzen. Auch Bilder werden dabei eingesetzt. Ein solcher Präsentationsstil setzt in ganz besonderem Maße eine intensive Vorbereitung voraus, denn bei jedem Satz muss man wissen, welcher Begriff parallel dazu auf der Folie erscheint.

Wahl des richtigen Stils

Vielleicht werden Sie jetzt denken: Ich möchte Präsentationen nur im kreativen Stil abhalten, das Konventionelle lehne ich ab. So ehrenwert diese Haltung auch sein mag, oft werden die Dinge aber auch einfacher, wenn man sich an Konventionen orientiert – einfacher für Sie und auch einfacher für Ihr Publikum. Bei einem wichtigen Vortrag, etwa einem Bewerbungsvortrag oder im Rahmen der Promotion, ist es sicherlich ratsam, auf Experimente zu verzichten und sich an den allgemeinen Erwartungen zu orientieren. Die Erwartungen haben den Vorteil, dass auch eine gewisse Einigkeit über das besteht, was als gut zu werten ist. Bei einer unkonventionellen Präsentation kann man nicht davon ausgehen – viele werden begeistert sein, wenn sie gelingt, einige werden sie aber auch ablehnen. In diesem Buch werden deshalb beide Präsentationsstile, der konventionelle und der kreative, zugleich in den Blick genommen, weil auch ein perfekter konventioneller Vortrag begeistern kann.

Das Präsentationsprogramm Prezi

Eine interessante Alternative für Präsentationen stellt die Software Prezi dar. Diese Online-Anwendung (prezi.com) rückt ab von der Metapher der Folie, sondern erlaubt es dem Benutzer, eine Art Poster seiner Inhalte anzufertigen, über das man sich während der Präsentation herüberbewegt. Dabei sorgt die Software dafür, dass zwischen den verschiedenen Positionen, die betrachtet werden, eine flüssige Übergangsbewegung hergestellt wird, so dass sich der Eindruck eines Fluges über dem Poster einstellt. Der Präsentationsentwickler legt die Ausschnitte fest, die während

der Präsentation gezeigt werden sollen, und deren Reihefolge, Prezi selbst sorgt für die Übergänge.
Interessant ist an Prezi zweierlei: Zum einen bietet es die Möglichkeit, die Präsentationsinhalte in einem größeren Zusammenhang darzustellen. Statt dem Konzept einer Foliensequenz zu folgen, kann der Präsentator bei Verwendung von Prezi den Inhalten einen umfassenden Zusammenhang geben, etwa indem sie in Form einer Spirale, eines Kreises oder einer Pyramide dargestellt werden. Auch die Verwendung von Bildern ist dabei möglich. Durch die „Flugbewegungen" kann man immer wieder einen Blick auf den größeren Zusammenhang der Inhalte werfen, die ja nicht nur eindimensional, sequentiell angeordnet sind, sondern in einer zweidimensionalen Inhaltslandschaft.
Prezi erlaubt es dem Präsentator zum Zweiten, die Inhalte auch in einer beliebigen, zuvor nicht festgelegten Reihenfolge zu durchlaufen, also spontan auszuwählen, was während der Präsentation zu welchem Zeitpunkt gezeigt wird. Dazu können, ausgehend von der Gesamtschau auf das Poster, einzelne Teile angeklickt werden, die dann „angeflogen" und bildschirmfüllend angezeigt werden. Das ist besonders praktisch, wenn die Präsentation weniger vortragsartig angelegt ist, sondern sich in eine Diskussion einfügen soll und der Präsentator in der Interaktion mit dem Publikum auf deren Reaktionen durch flexible Auswahl der Inhalte eingehen können möchte.
Während man nach der Markteinführung 2009 mit Prezi-Präsentation zunächst großes Aufsehen erregen konnte, wird dieses Präsentationsprogramm inzwischen häufiger eingesetzt. Dabei haben sich – so faszinierend das Konzept als solches auch ist – auch einige Nachteile herausgestellt: Man kann die mit Prezi erstellten Präsentationen nur sehr schlecht dokumentieren, und bei ihrer Erstellung können Teile bereits vorhandener Präsentationen nicht so gut verwendet werden. Der Vorteil von Folien-Präsentationen, beliebig konfiguierbar zu sein und als eine Art Text auch unabhängig von der Aufführung Bestand zu haben, entfällt bei Prezi. Sieht man schließlich häufiger Prezi-Präsentationen, können einen die zu häufigen Bewegungen zwischen den Inhalten zu ermüden beginnen.
Insgesamt aber bietet Prezi eine gute Möglichkeit, kreative Präsentationen zu erstellen, die in interaktiven Vortragssituationen flexibel eingesetzt werden und dabei den inhaltlichen Gesamtzusammenhang im Blick halten können.

4.2 Die visuelle Konzeption

Wahrnehmungspsychologische Perspektive

Zu der visuellen Gestaltung wird in Ratgebern viel gesagt und viel behauptet. Das meiste davon beruht auf eigenen Erfahrungen der Ratgeber-Autoren und oft auch auf persönlichem Geschmack. Deshalb ist es besonders wichtig, zu erfahren, wie Präsentationen aus Sicht der Wahrnehmungspsychologie gestaltet werden sollten. Stephen M. Kosslyn, ein bekannter amerikanischer Psychologe, hat sich tatsächlich mit der Wahrnehmung von Präsentationen beschäftigt und acht Prinzipien formuliert, die bei der Gestaltung von Präsentationen berücksichtigt werden sollten (Kosslyn 2007, 4ff; Übersetzung HL):

8 Prinzipien der Wahrnehmung

- Prinzip 1: *Prinzip der Relevanz*
  Kommunikation ist am effektivsten, wenn weder zu viel noch zu wenig Information präsentiert wird.
- Prinzip 2: *Prinzip des angemessenen Wissens*
  Kommunikation erfordert Vorwissen zu relevanten Konzepten, Begrifflichkeiten und Symbolen.
- Prinzip 3: *Prinzip der Salienz*
  Große wahrnehmbare Unterschiede ziehen die Aufmerksamkeit auf sich.
- Prinzip 4: *Prinzip der Unterscheidbarkeit*
  Zwei Eigenschaften müssen sich in ausreichend großem Maße voneinander unterscheiden, sonst können sie nicht auseinandergehalten werden.
- Prinzip 5: *Prinzip der perzeptuellen Organisation*
  Menschen fassen Elemente automatisch in Gruppen zusammen, die sie dann beachten und an die sie sich erinnern.
- Prinzip 6: *Prinzip der Kompatibilität*
  Eine Mitteilung ist am leichtesten zu verstehen, wenn ihre Form mit ihrem Inhalt kompatibel ist.
- Prinzip 7: *Prinzip der informativen Veränderung*
  Menschen erwarten, dass Änderungen von Eigenschaften informationshaltig sind.
- Prinzip 8: *Prinzip der Kapazitätsbeschränkung*
  Menschen besitzen begrenzte Kapazitäten, Information zu behalten und zu verarbeiten, weshalb sie eine Mitteilung nicht verstehen, wenn dabei zu viel Information behalten oder verarbeitet werden muss.

Vier dieser acht Prinzipien überträgt Kosslyn auf den visuellen Aufbau der Präsentation und die Gestaltung von Folien (in Klammern die entsprechenden Seitenangaben in Kosslyn 2007):

Konsequenzen für visuelle Konzeption

- Prinzip 1: *Prinzip der Relevanz*
  Die erste Folie sollte das Thema bezeichnen; eine Information sollte nur dann gegeben werden, wenn sie tatsächlich gebraucht wird; keine irrelevanten Details vermitteln; Text nur so viel, wie notwendig ist, um die zentralen Punkte zu konzeptualisieren (56)

- Prinzip 3: *Prinzip der Salienz*
  Jede Folie darf nur so viel Text enthalten, wie man laut in einer Minute vorlesen kann; Gliederungsfolien einsetzen, um logischen Aufbau der Präsentation zu verdeutlichen; Aufmerksamkeitssteuerung auf Gliederungsfolie durch Hervorhebungen; Demonstrationen vorsehen (57)
- Prinzip 6: *Prinzip der Kompatibilität*
  Komplexes Thema in einer Serie von Folien nach und nach aufbauen (58)
- Prinzip 7: *Prinzip der informativen Veränderung*
  Konsistente und klar unterscheidbar formatierte Folie zur Signalisierung des Anfangs eines jeden neuen Abschnitts verwenden (58)

Konzentration auf das Wesentliche

Es wird deutlich, dass sich Kosslyn damit auf einen eher konventionellen Präsentationsstil bezieht. Wichtig ist, was diese Prinzipien für die visuelle Gestaltung bedeuten: Die Folien dürfen kein überflüssiges Beiwerk enthalten, sondern sollen sich auf das konzentrieren, worum es inhaltlich geht. Jedes Element der visuellen Gestaltung muss einen Zweck erfüllen, tut es das nicht, ist es überflüssig. Die Folien selbst müssen an die Auffassungsfähigkeit der Zuschauer angepasst sein – und nicht umgekehrt. Die Gliederung der Präsentation soll sich in den Folien niederschlagen, komplexe Themen sollten Schritt für Schritt aufgebaut werden.

4.3 Zentrale Visualisierungen

Visuelle Umsetzung der Kernaussage

Der letzte Punkt stellt den eigentlichen Einstieg dar in die Erarbeitung der visuellen Konzeption einer Präsentation. Wenn es in einer Präsentation nicht nur darum gehen soll, existierende Inhalte visuell anzureichern, sondern einen echten Mehrwert zu erzeugen, dann sollte die Visualisierung der wichtigsten Aussagen eine zentrale Stellung in der Präsentation einnehmen. Überlegen Sie sich also, in was für eine visuelle Metapher Sie die Kernaussage Ihrer Präsentation kleiden können. Eine gut gewählte Metapher erlaubt es den Zuschauern, die von Ihnen vermittelten Inhalte ganzheitlich zu erfassen und bei der Zuordnung von Einzelaspekten eine Orientierung zu haben. Sehen wir uns an, welche zentralen Visualisierungen sich bei unseren drei Beispielthemen anbieten.

Thema I: Ludwig Wittgenstein

Grundidee: Karte

Zur Darstellung dieses Themas drängen sich zwei Visualisierungsansätze unmittelbar auf: der geografische und der zeitliche. Das Leben eines Menschen erstreckt sich über eine gewisse Zeitspanne und spielt sich an unterschiedlichen Orten ab. Dies können Sie zum Ausgangspunkt nehmen, für das Leben des Philosophen eine Visualisierung zu erarbeiten. Nehmen Sie dafür eine Europa-Karte, in der alle Lebensstationen hervorgehoben werden können. Im Internet sind unter dem Stichwort „Umrisskarte Europa" viele Karten zu finden, die man dafür nutzen kann (und es auch darf). Sie können die verschiedenen Stationen des Lebens von Wittgenstein in verschiedene Phasen gruppieren (wie es in der biografischen Literatur über ihn gemacht wird) und diese Phasen mit unterschiedlichen Farben repräsentieren. Vergegenwärtigen Sie sich, dass Sie eine Visualisierung vornehmen und keine Karte zu Wittgensteins Leben anfertigen sollen. Das bedeutet, Sie beziehen die Darstellung auf die Präsentationssituation (große Schrift, deutliche Punkte) und beschränken sich auf die wichtigsten Orte, damit die Darstellung übersichtlich bleibt. Beim Philosophen Wittgenstein arbeitet man dabei etwa mit den folgenden Daten:

Daten

- 1898-1906: Wien – Kindheit und Jugend
- 1906-1914: Berlin, Manchester, Cambridge – Studium
- 1914-1929: Norditalien, Wien, Niederösterreich, Wien – Soldat, Gärtner, Lehrer, Architekt
- 1929-1951: Cambridge, phasenweise London, Norwegen, Irland, Oxford – Professor an der Universität Cambridge

In dieser Liste gibt es wichtigere und unwichtigere Orte, am allerwichtigsten sind Wien und Cambridge. Eine Visualisierung könnte nun etwa aussehen wie auf Folie 4-1.

Bei einer solchen Visualisierung darf es nicht darum gehen, die zur Verfügung stehenden Informationen komplett darzustellen. Vielmehr erstellen Sie mit einer solchen Darstellung eine Art Skelett für die weitergehenden mündlichen Ausführungen, die Sie an dieser Stelle der Präsentation machen wollen.

Integration einer zeitlichen Ebene

Eine weitere Überlegung kann nun darin bestehen, auch den zeitlichen Verlauf der Lebensstationen auf der Karte zu visualisieren. Die wesentlichen biografischen Stationen können dazu durch Pfeile verbunden werden. Wichtig ist in dieser Phase, dass die Visualisierung noch nicht der in der Präsentation tatsächlich verwendeten Fassung entspricht, da diese ei-

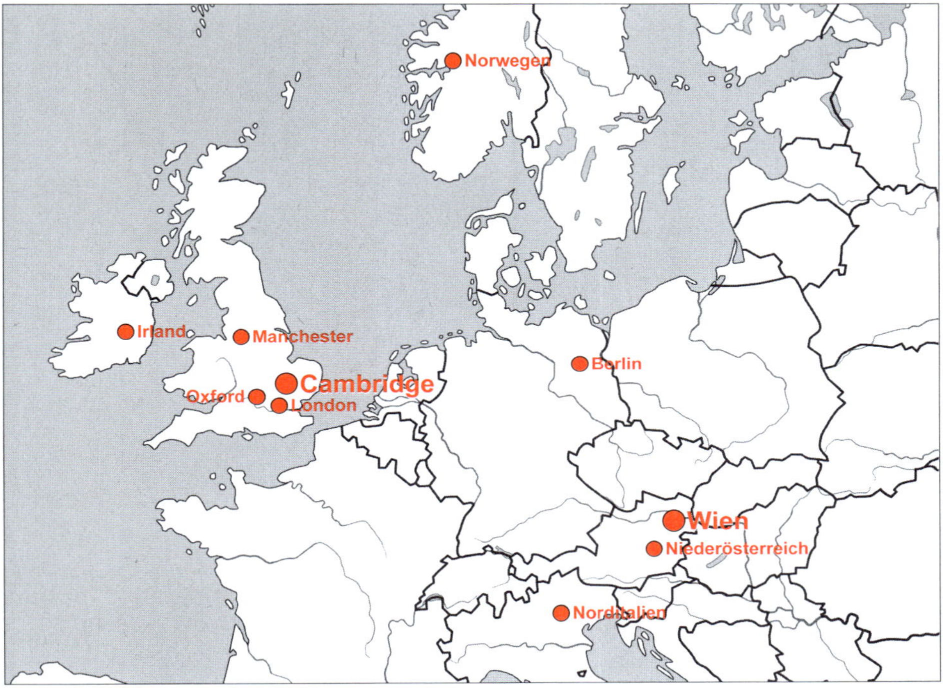

Folie 4-1: Stationen in Wittgensteins Leben

ner Inszenierung unterliegt. Somit stellt es keinen Mangel dar, wenn die Visualisierung jetzt noch etwas unübersichtlich wirkt – die Aufgabe in der folgenden Entwicklungsphase ist es, sie zu dynamisieren und tatsächlich anwendbar zu machen.

Grundversion der Visualisierung

Die Darstellung in Folie 4-2 ist schon auf die spätere Animation angelegt: Die zwei wichtigsten Orte, Wien und Cambridge, sind größer dargestellt und sollen durch einen zusätzlichen Ring mit den Jahreszahlen des Lebensabschnitts hervorgehoben werden können. Die „Bewegungen" sind durch breite, halbtransparente Pfeile dargestellt, die ebenfalls durch Jahresabschnitte ergänzt sind. Die Grafik soll als solche keineswegs von sich aus verständlich sein, sondern die Basis für die begleitende Rede dienen. Auch auf eine Überschrift ist hier verzichtet worden.

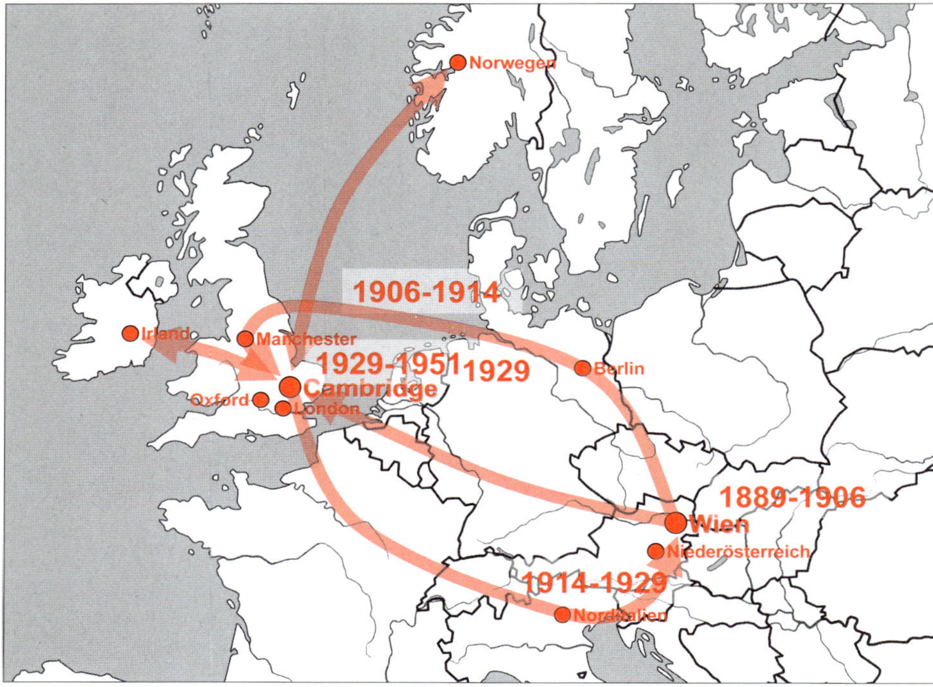

Folie 4-2: Wittgensteins Lebenswege

Thema II: Maschinelle Übersetzung

Grundidee: Vergleich der Methoden

Beim zweiten Thema stehen drei Methoden im Mittelpunkt, die in unterschiedlichem Maße mit linguistischem Verarbeitungsaufwand verbunden sind. Dies ist ein guter Ansatzpunkt für die zentrale Visualisierung: Alle Methoden bezwecken, Texte von einer Sprache in eine andere Sprache zu übersetzen – Prozesse, die als Pfeile zwischen zwei geometrischen Objekten, die Quell- und Zielsprache darstellen, symbolisiert werden können. Der unterschiedliche Aufwand kann durch eine Art „Berg“ repräsentieren werden, den die Methoden auf unterschiedlich hohen „Pässen“ überqueren (s. Folie 4-3).

Abstraktion

Auch hier sind wichtige Informationen nicht dargestellt, etwa Aspekte der Verarbeitungsgeschwindigkeit, der Übersetzungsqualität oder der Verfügbarkeit von Ressourcen für die verschiedenen Methoden. Diese sind vom Präsentator in der Rede oder mit anderen Folien zu vermitteln.

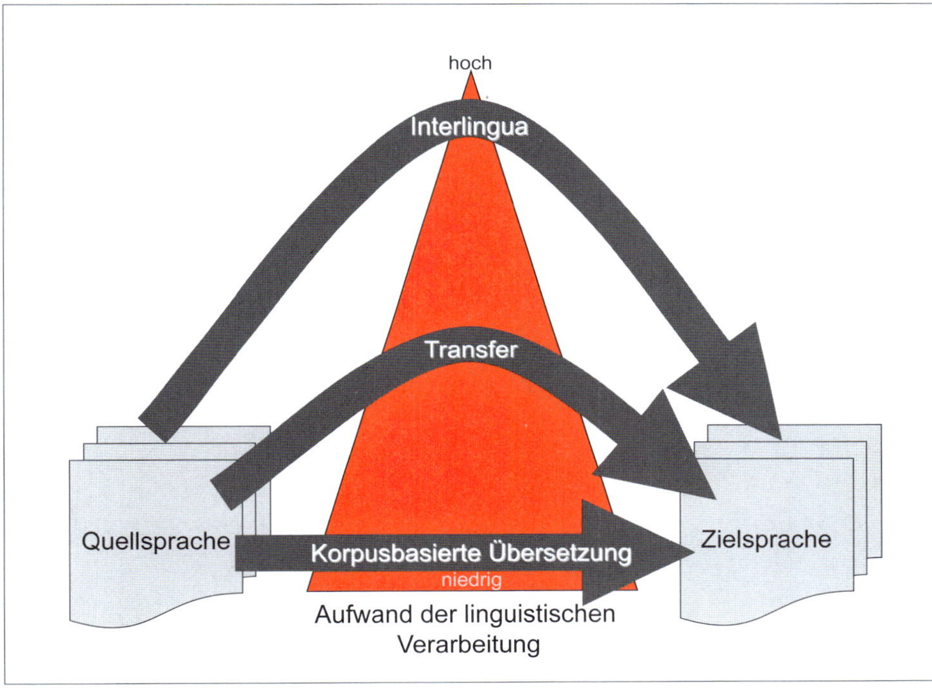

Folie 4-3: Methoden der Maschinellen Übersetzung

Eine solche Darstellung eignet sich auch, um die einzelnen Methoden näher zu betrachten. Dazu können die gerade nicht thematisierten Methoden ausgeblendet und die fokussierte Methode mit weiteren Informationen angereichert werden (hier dargestellt für die Übersetzungsmethode des Transfers, Folie 4-4).

Fokussierung einzelner Methoden

Würden in dieser Weise alle drei Methoden gleichzeitig präzisiert, ergäbe sich eine zu unübersichtliche Grafik. Die Darstellung komplexer Zusammenhänge geht also mit einer Reduktion der Details einher, bei der Fokussierung einzelner Teile dieser Darstellung kann dann die Darstellungsdichte auch bei den Details erhöht werden. Wichtig ist, dass die Metaphorik, auf der die Visualisierung beruht, unmittelbar erfassbar ist und keiner weitreichenden Erläuterung bedarf. Die verwendeten Symbole sollten beschriftet sein und nicht der Intuition zuwider laufen. So könnte man bei diesem Beispiel ja meinen, dass die Breite des Dreiecks ein Maß für den Verarbeitungsaufwand wäre und es deshalb

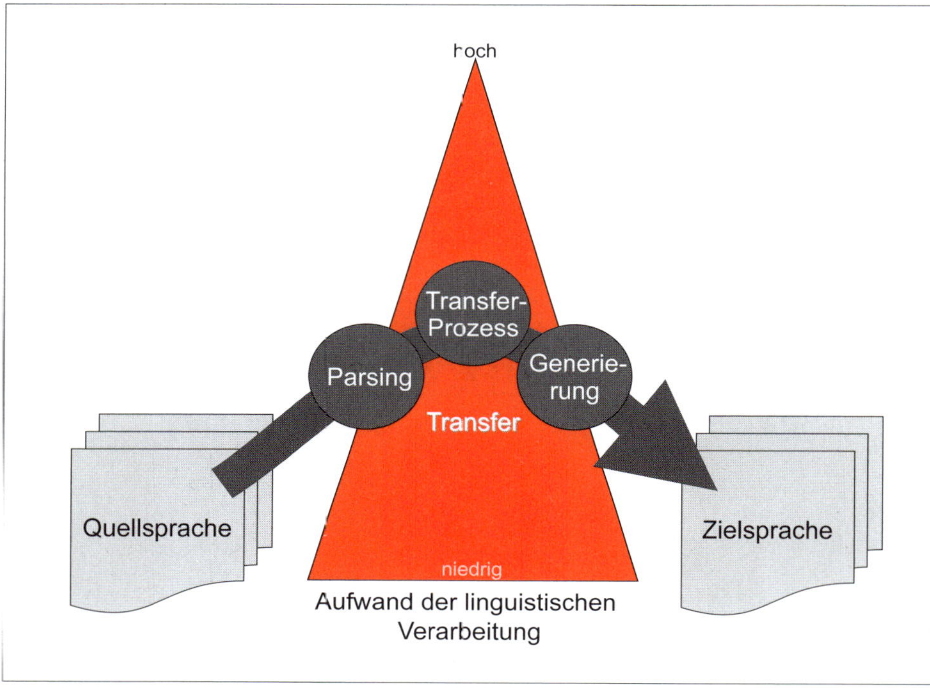

Folie 4-4: Maschinelle Übersetzung: Transfer

eigentlich auf der Spitze stehen sollte. Vorrang hat hier aber die Metapher „Berg", durch die unmittelbar verständlich wird, dass eine Überquerung weiter oben „anstrengender", also aufwändiger ist als eine Überquerung nahe dem Fuß. Lassen sich die darzustellenden Fakten nicht eindeutig mit der gewählten Darstellungsmetapher umsetzen, ist das ein Indiz dafür, dass diese nicht gut gewählt ist, und Sie sollten sich überlegen, ob nicht eine andere Darstellungsweise besser wäre.

Thema III: Koordinationssyntax

Grundidee: Strukturvergleich

Beim dritten Thema gibt es zwei Ansatzpunkte für die Visualisierung: Zum einen können die drei konkurrierenden wissenschaftlichen Modelle dargestellt werden, zum anderen die Ergebnisse der Korpusanalyse. Beim zweiten Ansatzpunkt führt kein Weg um eine

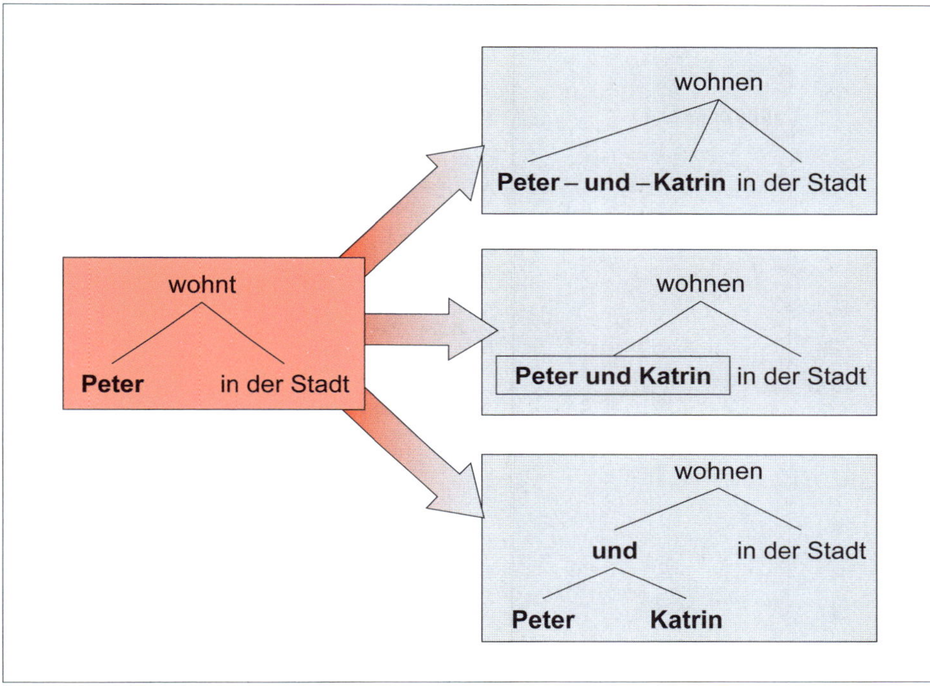

Folie 4-5: Koordination in der Grammatik-Forschung

Tabelle als Darstellungsmittel herum (wir werden im folgenden Kapitel sehen, wie auch numerische Daten interessant präsentiert werden können). Für die Darstellung der drei Koordinationsmodelle kann als Grundidee der Vergleich untereinander und mit der nicht-koordinierten Grundstruktur gewählt werden (s. Folie 4-5).

Anordnung

Die farbliche Gestaltung differenziert die drei Koordinationsmodelle von der Grundstruktur, der Übergang zwischen diesen beiden Darstellungsbereichen wird durch die Farbverläufe in den Pfeilen symbolisiert. Als Mittel der klaren Abgrenzung sind die Modelle von Kästen umgeben. Auch bei dieser Visualisierung bleiben wichtige Information unausgedrückt: der Ausgangssatz in seiner linearen Form oder die Namen der verschiedenen Koordinationsmodelle. Bei der Erläuterung dieser Modelle können diese sukzessive genannt werden, wobei die gerade nicht thematisierten Modelle durch eine hellgraue Darstellung in den Hintergrund gerückt werden (s. Folie 4-6).

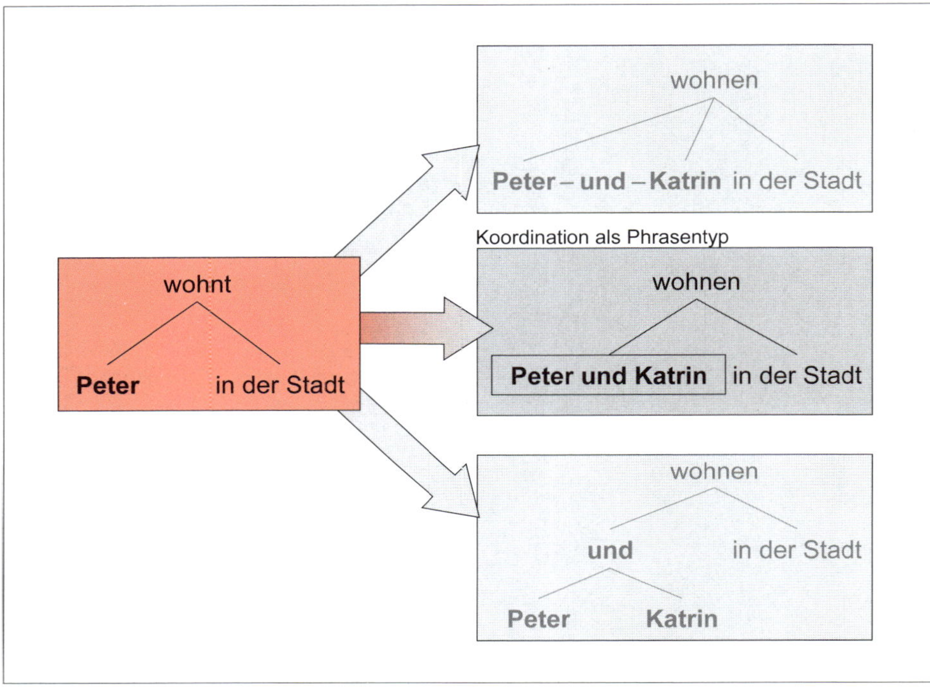

Folie 4-6: Ein Koordinationsmodell

Da die Arbeit an der zentralen Visualisierung der Präsentation immer auch mit der Frage verbunden ist, was nicht gezeigt, sondern sprachlich in der Rede vorgebracht werden soll, empfiehlt es sich, parallel auch immer an der Konzeption der Präsentation zu arbeiten und sich in der Gliederung solche inhaltlichen Punkte zu notieren.

4.4 Zur Funktion von Text und Grafiken

Multimodalität

Sie wollen eine Präsentation halten. Warum eigentlich? Ist Ihnen aufgetragen worden, eine Präsentation durchzuführen, ist es halt so üblich heute, oder erwarten das Ihre Kommilitonen oder Kollegen? Das alles sind Gründe, die man berücksichtigen sollte, der allerwichtigste Grund muss für Sie aber sein, dass Sie eine multimodale Darstellung von Inhalten und Überlegungen durchführen möchten. *Multimodalität* bezeichnet die Verbindung unterschiedlicher Zeichensysteme in einem kommunikativen Akt oder

Produkt. In der Präsentation fließen die sprachliche Modalität – die Rede –, die visuelle Modalität – Text, Grafik, Bilder auf der Folie – und die performative Modalität – das Handeln des Präsentators auf der Bühne, insbesondere Zeigegesten – ineinander. In Abschnitt 2.4 ist bereits dargestellt worden, welche Möglichkeiten es gibt, diese Ebenen miteinander zu verknüpfen. Dabei sollten die Folien eine klare, für die Zuschauer wahrnehmbare Funktion erfüllen.

Textfolien

Wenn Sie *Textfolien* verwenden, dann sollten diese, und das ist das allerwichtigste, *nicht* als Ihre Präsentationsnotizen fungieren. Ihre Notizen sind Ihre Privatangelegenheit, belästigen Sie Ihr Publikum nicht damit. Die Folien sind aber auch nicht die Seiten eines Textes, den das Publikum zu lesen hat. Das ist viel zu anstrengend, und jeder liest mit einer anderen Geschwindigkeit. Was aber ist nun die Funktion von Textfolien, wenn es nicht darum geht, Ihnen eine Stütze zu sein oder den Vortragstext zu zeigen?

Funktionen von Textfolien

1. Textfolien können dazu genutzt werden, das Verständnis zu sichern, indem zentrale Begriffe, Formulierung oder Definitionen, die auch in der Rede vorkommen, *dokumentiert* werden.
2. Sie können auf Textfolien *Beispiele oder Zitate* angeben, die in der Rede dann erläutert oder kommentiert werden.
3. Eine weitere Möglichkeit besteht darin, mit Textfolien Ihre Rede zu gliedern. Dabei wird zum Beispiel eine Argumentation in hierarchisierte Teilschritte zerlegt und diese als *Textgliederung* repräsentiert.
4. Schließlich können Sie auf den Folien *ergänzende Informationen* geben, die Sie in der Rede nicht thematisieren wollen, da sie zu speziell, zu langweilig oder eher Fußnoten-Charakter besitzen.

Textfolien nur einsetzen, wenn nötig

All das sind gute Gründe, eine Textfolie in der Präsentation einzusetzen. Lässt sich einer Folie keiner dieser Gründe zuordnen, ist dies ein Indiz dafür, dass sie weggelassen werden kann. Das kann insbesondere am Anfang, am Ende oder zwischen den Hauptteilen einer Präsentation passieren, wo Sie in allgemeinerer, vielleicht auch erzählender oder persönlicher Form über das Thema reden möchten. In solchen Phasen ist es oftmals das Beste, wenn Sie überhaupt keine Folien einsetzen und dadurch die Aufmerksamkeit des Publikums ganz auf sich konzentrieren.

Bild- und Grafikfolien

Auch beim Einsatz von *Bild- und Grafikfolien* muss die Funktion klar erkennbar sein. Die Gefahr, sie als Notizen einzusetzen, besteht bei ihnen nicht, aber eine andere Verwendung sollte für Sie ein No-Go sein: die Verwendung von Bildern und Grafiken allein zu Gestaltungszwecken, also als Ausschmückung, Aufhübschung oder Zierrat. Nichts gegen eine schöne Gestaltung, aber für die Zuschauer ist es ganz einfach verwirrend, in der Präsentation Dinge zu sehen, die nicht relevant sind für den Inhalt. Alles, was auf den Folien zu sehen ist, muss für die Präsentation irgendeine Funktion besitzen. Ist dies für ein Gestaltungselement nicht erkennbar, dann kommt es schon vor, dass in der Diskussion explizit danach gefragt wird. Lassen Sie es also lieber weg. Welche Funktionen für Bild- und Grafikfolien verbleiben dann aber? Es sind die folgenden drei:

Funktionen von Bild- und Grafikfolien

1. Grafiken werden, wie wir ja schon im vorangegangenen Abschnitt gesehen haben, zur *Visualisierung abstrakter Sachverhalte* eingesetzt. Die geometrischen Formen, Farben, Flächen und Symbole werden auf den darzustellenden Bereich übertragen und erlauben es dem Publikum, abstrakte oder komplexe Sachverhalte mit einem Blick zu erfassen. Dies ersetzt nicht die sprachlich-differenzierte Erläuterung, bietet aber eine oftmals gerade bei wissenschaftlichen Inhalten willkommene Verständnishilfe.
2. Bilder und Grafiken werden zur *assoziativen Anreicherung* des momentanen Themas eingesetzt. Sie reden zum Beispiel über Bertrand Russell, den Mentor von Ludwig Wittgenstein in seiner ersten Zeit in Cambridge, dabei zeigen Sie ein Portrait-Photo von ihm. Sie brauchen dieses Bild nicht zu erläutern oder explizit darauf Bezug nehmen – jeder versteht, dass dies Bertrand Russell ist, wenn Sie gerade von ihm reden. In diesem Fall ergänzen sich sprachlich und visuell dargebotene Informationen und bilden eine multimodale Einheit.
3. Auf halber Strecke zwischen den beiden vorgenannten Funktionen von Bildern und Grafiken liegt die Verwendung als *Illustration*. Dabei geben Sie vertiefende Informationen zu etwas, von dem gerade die Rede ist. Sie erläutern, dass Wittgenstein von Wien über Berlin und Manchester nach Cambridge gelangt ist? Illustrieren Sie diesen Weg durch eine Karte. Archäologen illustrieren ihr Thema durch Photos von Artefakten, Naturwissenschaftler durch technisch gewonnene Bilder.

Es gibt also nichts in einer Präsentation, was keine Funktion hat. Und am besten wird eine Präsentation, wenn jeder Zuschauer eine Ahnung davon hat, *warum* Sie auf den Folien etwas zeigen – sei es nun Text, Bild oder Grafik.

4.5 Grundsätze der Folien-Typografie

Wenn es um den Aufbau von Textfolien und die Textteile von gemischten Folien geht, sollten Sie im Detail die gleichen Prinzipien berücksichtigen, die auch für die Präsentation insgesamt gelten. Sehen wir uns also erneut die kognitiven Prinzipien nach Kosslyn (2007) an und die Schlussfolgerungen, die sich daraus für die Folientypografie ergeben:

Konsequenzen der Wahrnehmungsprinzipien für Folien-Typografie

- Prinzip 1: *Prinzip der Relevanz*
  Beschränken Sie sich auf solche Textteile, die wirklich relevant für die Präsentation sind. Überlegen Sie sich, welche Funktion diese Textteile erfüllen sollen. Fällt Ihnen keine ein, dann verzichten Sie auf Text.
- Prinzip 2: *Prinzip des angemessenen Wissens*
  Versuchen Sie nicht, im Bereich der Typografie und beim Layout der Textteile Ihrer Kreativität Ausdruck verleihen zu wollen. Beschränken Sie sich auf gängige Fonts, eine übliche Textgliederung, Standard-Abstände, Ränder etc.
- Prinzip 3: *Prinzip der Salienz*
  Wenn Sie gegen irgendeine Erwartung des Publikums verstoßen mit einem Gestaltungsmerkmal, dann erwartet es wiederum, dass damit etwas Besonderes ausgesagt werden soll. Alles, was Sie mit anderer Größe, Farbe, Schrift oder Anordnung darstellen, sticht heraus. Verwenden Sie also hervorstechende Beschriftung nur für wichtige Informationen, weniger hervorstechende für weniger wichtige. Titel sollten beispielsweise typografisch anders gestaltet sein als Haupttext.
- Prinzip 4: *Prinzip der Unterscheidbarkeit*
  Dieses Prinzip ist besonders wichtig: Der Text muss gut gelesen werden können. Eine Binsenweisheit, gegen die aber trotzdem ständig verstoßen wird. Wenn Sie sehr viel Inhalt auf einer Folie vermitteln wollen, dann lösen Sie dieses Problem nicht dadurch, dass Sie die Font-Größe unter ein Maß von 16 oder 14 Punkte reduzieren. Auch die durchgängige Verwendung von Großbuchstaben, Kursiv-, Fett-, gesperrter oder auffallend farbiger Schrift reduziert

die Lesbarkeit. Dies ist nur für explizite Hervorhebungen erlaubt.

- Prinzip 5: *Prinzip der perzeptuellen Organisation*
Gruppieren Sie Textteile so, dass das, was zusammengehört, auch tatsächlich räumlich zusammenhängend wahrgenommen wird. Ein Unterpunkt beispielsweise muss in einer Gliederung näher beim unmittelbar übergeordneten Punkt erscheinen als beim nächsten Punkt. Beschriftungen von Bildern und Grafiken müssen den betreffenden Objekten geometrisch klar zugeordnet werden können.
- Prinzip 6: *Prinzip der Kompatibilität*
Gestalten Sie den Text so, dass er kompatibel ist mit den Erwartungen des Publikums. Verwenden Sie für wiederkehrende Textfunktionen immer die gleichen Gestaltungsmerkmale. Eine Überschrift sollte etwa immer im gleichen Font, gleicher Größe und Farbe und an exakt der gleichen Stelle erscheinen.
- Prinzip 7: *Prinzip der informativen Veränderung*
Dies ist das gegenläufige Prinzip zum vorhergehenden: Wenn sich etwas in der Darstellung verändert, dann sollte damit auch eine inhaltliche oder funktionale Änderung einhergehen. Erscheint beispielsweise eine Überschrift auf einmal in einer anderen Farbe, könnte damit der Übergang von einem Hauptteil der Präsentation zum nächsten gekennzeichnet sein. Auch wenn eine weniger übliche Hervorhebung eingesetzt wird, zum Beispiel Fettdruck, muss sie etwas zu bedeuten haben.
- Prinzip 8: *Prinzip der Kapazitätsbeschränkung*
Ebenfalls ein Prinzip, das jedem irgendwie klar ist, aber gegen das oft verstoßen wird: In einer Präsentationssituation kann man als Zuschauer auf der Leinwand nicht lesen wie zuhause auf dem Sofa in einem Roman. Die einzelnen Textteile müssen kurz sein – drei Zeilen sind meistens schon zu viel –, Überschriften maximal in einer Zeile, und zusammen mit Prinzip 4, dem Prinzip der Unterscheidbarkeit, ergibt sich daraus, dass die Textstücke auch sehr knapp formuliert sein müssen.

Anwendung: Schrift, Zwischenräume, Ränder und Gliederung

Wenn wir diese Prinzipien auf die verschiedenen Bereich der Typografie anwenden, dann gibt es drei Bereiche, die Sie zu gestalten haben: Die Schrift als solche inklusive der Sonderzeichen, die Zwischenräume und Ränder und die Gliederung der Textteile.

Die Schrift

Eigentlich brauchen Sie nicht viel über *Schriftarten* zu wissen, wenn Sie eine Präsentation erstellen. Es ist ohnehin davon abzuraten, dass Sie Aufmerksamkeit über die Wahl des Fonts erzielen wollen. Grundsätzlich müssen Sie sich nur entscheiden, ob Sie einen Font mit oder ohne „Serifen" wählen – das sind die kleinen Spitzen, die manche Schriftarten am Ende von Linien in den Buchstaben aufweisen. „Times" ist die bekannteste Serifen-Schriftart, „Arial" vielleicht die bekannteste ohne Serifen. Daneben gibt es auch viele andere, sehen Sie sich einfach mal auf Ihrem Rechner an, was für Schriftarten Sie in Ihrem Präsentationsprogramm für Texte verwenden können. Tabu sollten für Sie jedoch zu auffällige oder verspielte Schriften sein. Da die Lesebedingungen von projiziertem Text bei einer Präsentation wesentlich schlechter, das heißt anstrengender sind als bei auf Papier gedruckter oder auf hochauflösendem Display angezeigter Schrift, wird in den meisten wissenschaftlichen Präsentationen eine serifenlose Schrift – also u.a. „Arial", „Calibra" oder „Helvetica" – verwendet, da diese ein klares Schriftbild ergeben und auch bei geringerer Auflösung deutlich angezeigt werden.

Schriftart

Bleiben Sie bei einer Schriftart! Hervorhebungen, Sonderzeichen usw. sollten immer aus der einen Grundschriftart, für die Sie sich entschieden haben, stammen. Wenn Sie eine andere Schriftart verwenden, dann sollte dadurch auch eine ganz bestimmte Funktion erfüllt werden. Einen wie mit der Hand geschrieben aussehenden Font könnten Sie beispielsweise einsetzen, wenn Sie ein Textstück wie ein inoffizielle Notiz erscheinen lassen wollen. Für Code-Beispiele in der Informatik wird oftmals eine „Nichtproportionalschrift" eingesetzt, das ist eine Schriftart wie „Courier", bei der wie bei den mechanischen Schreibmaschinen früher jeder Buchstabe die gleiche Breite aufweist.

Verwendung von Schriftarten

Bei der *Größe* der Schrift bildet die Lesbarkeit für die Zuschauer den unverrückbaren Maßstab. Eine Frage wie „Kann man das noch lesen?", auf die immer einige Zuschauer im Publikum den Kopf schütteln werden, sollten Sie in einer Präsentation niemals stellen müssen – stattdessen sollte der Text immer ausreichend groß sein. Auch eine Aussage wie „Der Text ist leider sehr klein, weil er sonst nicht auf die Folie gepasst hätte" stellt eine Bankrotterklärung für eine Präsentation dar. Wenn wirklich so viel Text zu präsentieren ist, dann sollten Sie sich überlegen, wie er in Auszügen oder auf mehrere Folien verteilt dargestellt werden

Schriftgröße

kann, etwa indem er nach und nach ähnlich einem Abspann im Film von unten nachläuft.

Für die konkreten Größenmaße können Sie sich bei der Schrift Arial an die folgende Faustregel halten:

Faustregeln für Schriftgröße

- Überschrift: mindestens 32 Punkte
- Erste Gliederungsebene im Haupttext: 24, besser 28 Punkte
- Die nächsten Gliederungsebenen jeweils vier Punkte weniger
- Kein Text kleiner als 16 Punkte

Ganz automatisch ergibt sich bei diesen Maßen auch eine Textmengenbeschränkung. Da Sie ohnehin nicht das, was Sie sagen, mehr oder weniger identisch noch einmal in Schriftform wiedergeben sollten (bzw. umgekehrt), sollte das für Sie aber kein Problem darstellen.

Hervorhebungen

Wenn Sie *Hervorhebungen* im Text vornehmen wollen, sollten Sie vor allem mit Fett- und Kursivdruck arbeiten. Auch hier gilt: Weniger ist mehr. Ein einzelnes fettgedrucktes Wort in einem sonst normal dargestellten Text sticht sehr deutlich heraus, erscheint hingegen der ganze Satz in Fettdruck, verpufft der Effekt. Die unauffälligere Art der Hervorhebung ist der Kursivdruck. Mit der kursiven Darstellung einzelner Wörter werden diese als in irgendeiner Weise wichtig herausgestellt, der Fettdruck sticht so stark heraus, dass er zugleich eine optisch gliedernde Wirkung besitzt. Wenn Sie in jeder Zeile ein Wort durch Fettdruck herausstellen, dann wirken diese Wörter wie eine im Text eingebaute Liste auf den Leser. Dieser Effekt ist beim Kursivdruck nicht so ausgeprägt. Normaler Text, auch wenn er Ihnen wichtig erscheint, darf keine Hervorhebungen enthalten. Auch Überschriften dürfen nicht in Fettdruck erscheinen, allein die Schriftgröße sowie Position und Abstände sollten die Überschrift kennzeichnen.

Keine Unterstreichung!

Was aus typografischer Sicht verpönt ist (und was Sie auch so gut wie nie in einem gedruckten Buch finden können), ist die Unterstreichung von Text. Unterstreichungen sehen nicht gut aus und reduzieren die Lesbarkeit. Verzichten Sie einfach komplett darauf. Und auch auf farbige Hervorhebungen von wichtigen Wörtern sollten Sie verzichten – der Betrachter kann einfach nicht wissen, was genau Sie damit meinen, da es für die farbige Hervorhebung keine allgemeinen Standards gibt.

Keine „Word-Art"!

Und noch eins zum Schluss: Lassen Sie die Finger von „Word-Art" (wie es in Powerpoint bezeichnet wird). Das sind Textstücke, die eine besondere grafische Gestaltung besitzen, etwa durch Farbverläufe, 3D-Effekte, perspektivisch verzerrte Größenverhältnisse oder Ähnliches. Es kann sein, dass in einer Visualisierung tatsächlich einmal eine Beschriftung bogenförmig angebracht werden muss, auch wenn davon abzuraten ist. Wenn aber nicht einmal das gilt, verzichten Sie ganz darauf – es sei denn, Sie wollen wirklich ganz bewusst, dass Ihre Präsentation wie die Einladung zu einem Kindergeburtstag aussieht.

Sonderzeichen

Verwendung von Sonderzeichen

Sonderzeichen sind ein typografisches Thema für sich. Grundsätzlich gilt, dass man sich heute nicht mehr mit Zeichen, die „so ähnlich aussehen“, begnügen muss. Gehen Sie einmal auf den Menüpunkt „Einfügen – Sonderzeichen“ in Ihrem Präsentationsprogramm – dort finden Sie alle erdenklichen Sonderzeichen, und auch jede Art von Akzentsetzung, Schreibvarianten oder anderen Schriftsystemen sind dort für Ihren Font zu finden. Es ist also heute nur ein Zeichen von Faulheit, wenn man in einer Präsentation nicht die korrekten Sonderzeichen in Namen oder formalen Ausdrücken verwendet.

Zu drei Bereichen sollen hier aber noch eigene Hinweise gegeben werden:

Leerzeichen

- *Leerzeichen:* Eigentlich ist das normale Leerzeichen gar kein Sonderzeichen – Sie sollten es deshalb nur zwischen zwei Wörtern verwenden, und sonst nirgends. Und auch es mehr als nur einmal hintereinander zu setzen, ist tabu. Wenn Sie Zwischenräume erzeugen wollen, verwenden Sie den Tabulator, der ist nämlich wesentlich präziser über mehrere Zeilen hinweg zu positionieren, auch rechtsbündig. Wenn Sie eine Art fixierten Zwischenraum zwischen zwei Wörtern benötigen, der im Blocksatz nicht auseinander gezogen wird, dann steht Ihnen dafür das geschützte Leerzeichen zu Verfügung (unter Windows „Strg+Umschalt+Leerzeichen“). Ein professioneller Setzer würde auch bei Abkürzungen wie „z. B.“ ein kleines geschütztes Leerzeichen einfügen, den sogenannten „$^1/_4$-Em-Abstand“ (hier gerade geschehen).

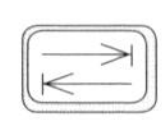

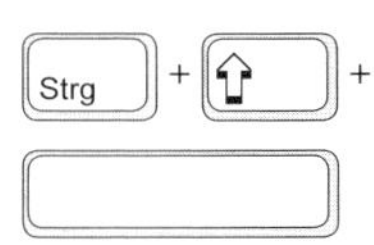

Gedanken- und Bindestriche

- *Gedankenstriche, Bindestriche:* Auch hier ist es lohnend, sich einen professionell gesetzten Text einmal ganz genau anzusehen. Die Worttrennungsstriche haben nämlich eine andere Länge als Gedankenstriche. Präsentationsprogramme produzieren eigentlich Striche der richtigen Länge an den entsprechenden Stellen, in Powerpoint etwa wird der kurze Bindestrich „-“ durch den langen Bindestrich (Gedankenstrich) „–“

ersetzt, sofern davor und danach ein Leerzeichen erscheint und ein Wort folgt. In einer anderen Umgebung muss man die längeren Striche „per Hand“ als Sonderzeichen einfügen.

Anführungszeichen

- *Anführungszeichen:* In jeder Sprache gibt es Schreibtraditionen, und auch die Interpunktionsstandards sind in jeder Sprache anders. Besonders deutlich sieht man das an Anführungszeichen. Sehen Sie sich mal den Artikel „Anführungszeichen“ in Wikipedia an! Im Deutschen werden entweder „Gänsefüßchen“ eingesetzt („...“) oder die französischen Anführungszeichen (»...«). Wird in einem Zitat etwas zitiert oder hervorgehoben, dann sind einfache Anführungszeichen zu verwenden, also entweder ‚...‘ oder ›...‹. Das sieht in nahezu jeder Sprache anders aus.

Abstände, Ränder, Zwischenräume

Der Bereich der Abstände, Ränder und Zwischenräume ist traditionell die Domäne des Setzers. Der Setzer gestaltete den Text nach Gesichtspunkten der Lesbarkeit und der Ästhetik. Bei der Gestaltung von Präsentationsfolien sind Sie nun selbst der Setzer. Auch hier werden Ihnen einige einfache Regeln helfen, Texte auf eine schön anzusehende und gut leserliche Weise auf die Leinwand zu projizieren.

Ränder

Schauen wir zunächst auf die *Ränder*. Ringsherum sollte auf der Folie ein minimaler Rand eingehalten werden, der etwa der Zeilenhöhe der Überschrift entspricht. Auch zwischen der Überschrift und dem Textblock sollten Sie minimal einen solchen Abstand wählen. Den Haupttextblock kann man zuweilen weiter in Unterblöcke aufteilen. Hier ist die Grundregel, dass die Textteile, die eine inhaltliche Einheit bilden, auch durch einen Rand sichtbar von anderen Einheiten abgegrenzt sein sollten. Das muss nicht zwangsläufig eine ganze Leerzeile sein – meist wird der Abstand dadurch zu groß. Generell sollten Sie nicht Leerzeilen und Leerzeichen verwenden, um Abstände herzustellen, die Positionierung des Textes ist dabei zu grob. Stattdessen sollten Sie für den Absatz, der abgegrenzt erscheinen soll, durch „Vor einem Absatz“ (oder eine ähnliche Funktion Ihres Präsentationsprogramms) ein genaues Maß in Zentimeter- oder Zeilen-Bruchteilen angeben.

Bündigkeit

Die linke Seite Ihres Textblocks sollte immer bündig sein, und *Bündigkeit* erreicht man nicht mithilfe von Leerzeichen. Lassen Sie sich oberhalb des Textblocks das Lineal anzeigen und verschieben Sie die Schreibränder an die gewünschte Position. Benötigen Sie weitere Einrückungen in einer Zeile, sollten Sie dafür Tabulatoren setzen. Wie Sie den rechten Rand gestalten, ist Ihrem Geschmack überlassen. Zur Auswahl stehen der Blocksatz und der sogenannte Flatterrand. Beim Blocksatz ergibt sich zwar ein klar definierter rechteckiger Textblock, allerdings werden dafür automatisch die Zwischenräume zwischen den Wörtern vergrößert. Das kann zu sehr unschönen Effekten führen, wenn diese Zwischenräume stark vergrößert werden müssen, damit das letzte vollständige Wort in der Zeile den rechten Rand erreichen kann. Deshalb sollten Sie den Blocksatz nur in Verbindung mit einer sinnvollen Silbentrennung einsetzen. Wenn Ihr Präsentationsprogramm dies nicht von selbst erledigt, bleibt Ihnen nichts anderes übrig, als Trennstriche manuell einzusetzen.

Zeilenabstand

Beim *Zeilenabstand* gilt, dass der Text besser zu lesen ist, wenn er ein wenig größer ist als das Grundmaß (Zeilenabstand 1,0). Ein Abstand von 1,1 ist gut, 1,2 ist vor allem bei längeren Text noch besser. Achten Sie darauf, dass für Ihren Textblock die automatische Anpassung des Zeilenabstandes abgeschaltet ist. Bei dieser Funktion wird der Text umso enger zusammengeschoben, je mehr Zeilen er umfasst. Das Ergebnis kann ein nahezu unleserlicher Textblock sein, dessen Zeilen sich berühren oder sogar überlagern. In Powerpoint muss, um dies zu vermeiden, im Kontextmenü unter „Platzhalter formatieren“ ein Häkchen bei „Größe der Autoform dem Text anpassen“ gesetzt sein. Auch die Schriftgröße wird dann nicht mehr automatisch dem verfügbaren Platz angepasst.

Gliederung des Textes

Eine Textfolie enthält nicht nur fortlaufenden Text, dieser Text ist meistens gegliedert. Am häufigsten finden sich die sogenannten Bulletpoint- oder nicht nummerierten Listen, bei denen nach einem Aufzählungszeichen ein inhaltlicher Punkt in einer Reihe weiterer Punkte aufgeführt ist. Auch nummerierte Listen finden Verwendung. Mit der Gliederung der Folie insgesamt, was auch die Darstellung des Folientitels sowie Kopf- und Fußzeilen umfasst, befassen wir uns dann im nächsten Abschnitt.

Bulletpoint-Listen

Bulletpoint-Listen sind bei Präsentationen berüchtigt, da sie, unreflektiert eingesetzt, zu einem langweiligen Vortragsstil führen, bei dem der Inhalt wie eine einzige Aufzählung herüberkommt. Trotzdem kann es sinnvoll sein, gelegentlich eine solche

Liste zu verwenden. Wenn Sie dies tun wollen, sollte Folgendes gelten:

Gestaltungsrichtlinien

- Eine Aufzählung sollte etwas enthalten, was wirklich eine Liste oder eine Menge bildet. Einfach nur den Inhalt listenförmig aufzubereiten, reicht nicht aus.
- Wenn Sie eine Aufzählung machen, sollten Sie mindestens drei Punkte haben, die Sie aufzählen. Andernfalls sind andere Darstellungsformen besser.
- Wenn Sie eine hierarchische Liste erstellen – also eine Liste, in der einzelne Punkte Unterlisten enthalten –, dann müssen bei allen untergeordneten Listen mindestens zwei Unterpunkte erscheinen, andernfalls ergibt die Untergliederung keinen Sinn.
- Wichtig ist es, die unterschiedlichen Gliederungsebenen durch absteigende Schriftgröße und zunehmende Einrückung nach rechts zu kennzeichnen.
- Die einzelnen Listeneinträge sollten nach oben so weit abgesetzt sein, dass jeweils eine rechteckige geometrische Einheit erkennbar wird, insbesondere dann, wenn ein Punkt Unterpunkte beinhaltet.

Automatisierte Erzeugung

Konkret erstellen Sie eine Bulletpoint-Liste, indem Sie bei einem Textblock angeben, dass die Absätze durch ein Aufzählungszeichen eingeleitet werden wollen. Das Programm ist also für die Setzung des Aufzählungszeichens zuständig, nicht Sie! Die Benutzung dieser Programmfunktion gewährleistet, dass die Einrückungen nach dem Aufzählungszeichen in der ersten Zeile des Absatzes exakt bis zur gleichen Stelle gehen wie in den Zeilen danach. Auf keinen Fall sollten Sie also das Aufzählungszeichen, beispielsweise einen Bindestrich, selbst eintragen und danach mehrere Leerzeichen eintippen, um einen Abstand zu erzeugen. Beim Blocksatz wird dieser Zwischenraum automatisch verändert, so dass sich kein einheitlicher Rand ergibt. Außerdem können Sie mit einer solchen Funktion (bei Powerpoint „Format" – „Aufzählungszeichen und Nummerierung") auch benutzerdefinierte Aufzählungszeichen eingeben, insbesondere Zeichen aus den Symbol-Zeichensätzen „Wingdings" 1, 2 und 3. Der Bulletpoint muss also nicht unbedingt ein dicker, schwarzer Punkt sein, sondern kann auch ein Quadrat sein in einer dezent abgesetzten Farbgebung. Untergliederungspunkte sollten entsprechend mit weniger markanten Aufzählungszeichen versehen sein.

Nummerierte Listen

Statt einer Bulletpoint-Liste sollten Sie eine *nummerierte Liste* immer dann einsetzen, wenn tatsächlich eine Reihung von In-

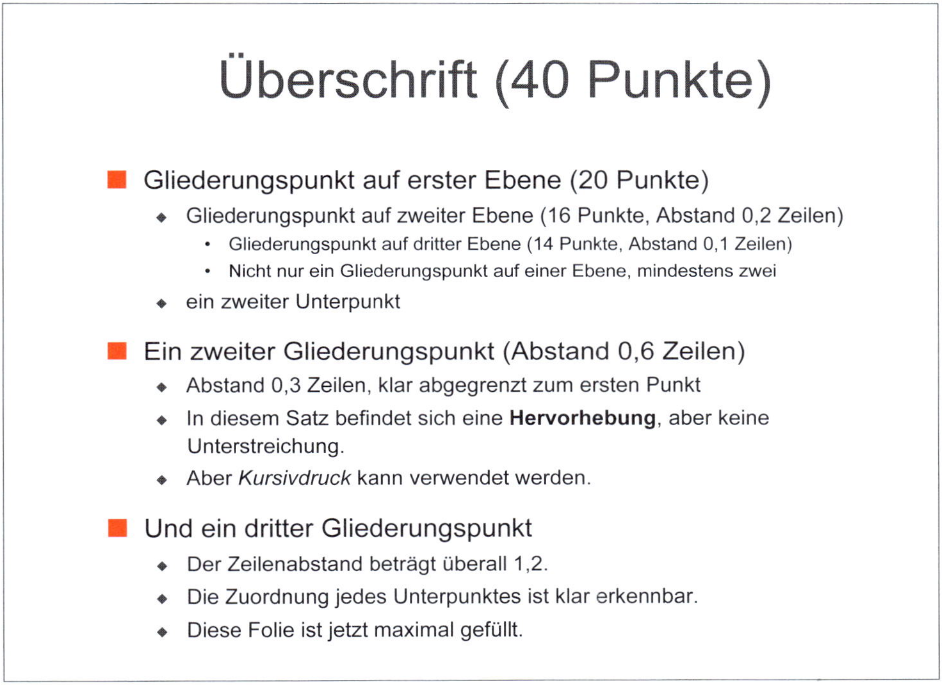

Folie 4-7: Folientypografie

haltspunkten vorliegt. Eine solche Sequenz kann durch die Zeit, die Methodik, die Relevanz oder andere Kriterien begründet werden. Für die Gestaltung einer nummerierten Liste gilt genau dasselbe wie für die Gestaltung einer nicht nummerierten Liste. Auch hier sollten Sie dem Präsentationsprogramm die Nummerierung überlassen, und auch hier können Sie (zurückhaltend) die Darstellung der Nummerierung beeinflussen. Außerdem bieten die Präsentationsprogramme für die Nummerierung verschiedene Nummerierungssysteme an, also numerische, alphabetische, lateinische etc., und das jeweils groß oder klein und mit unterschiedlichen Abgrenzungszeichen.

Keine Kombination von unterschiedlichen Listen

Vermeiden Sie die Kombination einer Bulletpoint-Liste und einer nummerierten Liste auf zwei verschiedenen Gliederungsebenen, das kann schnell unübersichtlich werden und sieht nicht schön aus. Bulletpoint-Listen besitzen also auf allen Ebenen Aufzählungszeichen, nummerierten Listen sind auf allen Ebenen nummeriert.

Beispielfolie 4-7 fasst noch einmal die wesentlichen Punkte zusammen, die bei der Folientypografie zu beachten sind.

Praktische Umsetzung der Folientypografie

Verwendung von Vorlagen

Bei der Gestaltung Ihrer Präsentation können Sie auch auf eine der in Ihrem Präsentationsprogramm vorgesehenen Vorlagen oder Designs zurückgreifen. Diese haben den Vorteil, meist schlüssige Typografie und gefälliges Design anzubieten. Manchmal fällt dies allerdings auch etwas übertrieben aus, und Sie müssen auch immer damit rechnen, dass jemand anderes das gleiche Design in seiner Präsentation benutzt wie Sie – das ist genauso unerwünscht wie wenn zwei Damen auf einem Ball das gleiche Abendkleid tragen. Wenn Sie sich für die Verwendung einer Vorlage entscheiden, dann sollten Sie diese verändern, indem Sie beispielsweise die integrierten Grafiken ersetzen oder umgestalten. Die Festlegung von Design und Typografie – ob in derartigen Vorlagen oder durch Sie selbst – geschieht normalerweise durch die Definition von Standardfolien, in Powerpoint „Folienmaster“ genannt. Festlegungen, die Sie dort treffen, werden für alle Folien dieses Typs übernommen, selbst wenn diese Folien schon anders gestaltet sind. Derartige Standardfolien können also auch zur Umgestaltung bereits existierender Folien oder ganzer Präsentationen genutzt werden.

Einheitlichkeit der Gestaltung

Ihr zentrales Anliegen bei der typografischen Gestaltung der Folien sollte es sein, Einheitlichkeit herzustellen. Einheitlichkeit ist keine Pedanterie, sondern hilft dem Betrachter, schnell von der Form auf die Funktion eines Textstücks schließen zu können. Ein Problem kann sich dabei allerdings durch die automatische Größenanpassung ergeben – dies ist eine Funktion, die die Schriftgröße in einem Textfeld kleiner werden lässt, je mehr Text in das Textfeld eingefügt wird. Natürlich geschieht dies auf Kosten der Lesbarkeit und Einheitlichkeit der Folie. Stellen Sie diese Funktion wenn möglich ab oder begrenzen Sie sie. In Powerpoint ist es beispielsweise möglich, die minimale Größe von Buchstaben festzulegen.

4.6 Grundsätze des Folien-Layouts

Der zweite Bereich der visuellen Gestaltung ist die der Folien überhaupt. Kosslyns wahrnehmungspsychologische Prinzipien lassen sich auch darauf anwenden:

Konsequenzen der Wahrnehmungsprinzipien auf Folien-Layout

- Prinzip 1: *Prinzip der Relevanz*
Das, was auf einer Folie dargestellt wird, muss relevant sein. Verzichten Sie also auf Dinge, die nur illustrative oder unterhaltende Funktion besitzen. Sie lenken die Aufmerksamkeit der Zuschauer von den relevanten Inhalten ab. Dies gilt auch für zentrale Inhalte selbst: Wenn Sie längere Textstücke zeigen, müssen Sie sich auch mit diesen befassen. Zeigen Sie eine Tabelle, sollten die Werte, die darin vorkommen, erläutert werden. Falls es Ihnen dabei aber um einen Trend in den Daten geht, sollten Sie stattdessen von vornherein eine geeignetere Darstellungsweise finden, etwa ein Liniendiagramm. Zeigen Sie ein Bild, dann sollte das Bild auch etwas, das Sie vermitteln wollen, augenfällig machen.
- Prinzip 2: *Prinzip des angemessenen Wissens*
Auch hier gilt: Ihrer Kreativität stehen immer die Erwartungen des Publikums gegenüber. Wenn Sie also wirklich etwas anders machen, sollten Sie gute Gründe dafür haben. Wenn Sie etwa Folientitel verwenden (was nicht zwangsläufig der Fall sein muss), platzieren Sie sie oben in der Mitte der Folie oder linksbündig, denn dort werden sie erwartet. Und erst recht gilt dieses Prinzip für die sprachliche Gestaltung: Verwenden sie Begriffe, die Ihr Publikum kennt.
- Prinzip 3: *Prinzip der Salienz*
Verwenden Sie hervorstechende Merkmale für wichtige Informationen, weniger hervorstechende entsprechend für weniger wichtige Informationen. Farbe ist neben der Schrift ein wichtiges Werkzeug dafür: hervorstechende Farben für Titel verwenden, für Text andere, weniger hervorstechende Farben; warme, dunkle Farben im Vordergrund verwenden und keine hervorstechenden Hintergrund-Muster. Auch eine Umkehrung ist möglich: Dunkler Hintergrund oder gar schwarzer Hintergrund und helle Schrift, wodurch eine Wirkung entfaltet werden kann, als ob die Folie gar keinen Rand besitzt.
- Prinzip 4: *Prinzip der Unterscheidbarkeit*
Verwenden Sie Farben, die im Spektrum klar voneinander unterschieden werden können. Setzen Sie in benachbarten Regionen nicht Rot und Blau ein, benachbarte Farben sollten stattdessen mit unterschiedlicher Helligkeit versehen sein. Halten Sie Vorder- und Hintergrund unterscheidbar und stellen Sie sicher, dass Texturen und Muster, die Sie in Grafiken verwenden, unterscheidbar sind.

- Prinzip 5: *Prinzip der perzeptuellen Organisation*
  Für das Layout ist dieses Prinzip ganz besonders wichtig. Organisieren Sie das Layout so, dass Wichtiges zentral erscheint, weniger Wichtiges in der Peripherie. Als zusätzliche Orientierung gilt wie in einem Text: von links nach rechts und von oben nach unten. Die auf der Folie verwendeten Elemente sollten klar voneinander abgegrenzt erscheinen – durch grafische oder geometrische Abgrenzungen. Besonders wichtig ist dies in Tabellen, da diese sonst unübersichtlich werden: Grenzen Sie Spalten- und Zeilenüberschriften deutlich vom Datenteil der Tabelle ab, und gliedern Sie Spalten oder Zeilen zusätzlich durch unterschiedliche Hintergrundfarben. Wenn Sie mehrere Elemente auf der Folie gruppieren, dann richten Sie diese ganz präzise aus und verwenden Sie dabei Führungslinien oder eine Tabelle, deren Linien unsichtbar sind. Auch farbige Hintergründe eigenen sich zum Gruppieren von Elementen.
  Setzen Sie nicht den Farbton, sondern Helligkeit oder Sättigung ein zur Kennzeichnung unterschiedlicher Maße. Vermeiden Sie, dass Hinter- und Vordergrund-Muster sich gruppieren können.
- Prinzip 6: *Prinzip der Kompatibilität*
  Dieses Prinzip bezieht sich auf die Erwartung des Publikums. Gestalten Sie Ihre Folien so, dass diese Erwartungen grundsätzlich erfüllt werden. Also: groß, zentral, dick und farblich hervorstechend (Signalfarbe, Sättigung) bedeutet ‚wichtig', das Gegenteil davon ‚unwichtig'. Der Vordergrund der Folien muss optisch hervortreten, nicht der Hintergrund. Wenn Sie Bilder zeigen, muss darauf etwas Spezifisches zu erkennen sein. Zeigen Sie Tabellen, müssen die darauf dargestellten Daten von Ihnen diskutiert werden. Geht es Ihnen nur um Trends und Tendenzen, zeigen Sie lieber Linien- oder Balkendiagramme.
- Prinzip 7: *Prinzip der informativen Veränderung*
  Eine Veränderung im Layout geht mit der Erwartung einher, dass ein neuer inhaltlicher Abschnitt präsentiert wird. Setzen Sie also verändertes Folienlayout immer dann ein, wenn so ein Wechsel stattfindet. Zwischen zwei Abschnitten Ihrer Präsentation können Sie Strukturfolien einfügen, die, zum Beispiel durch eine andere Hintergrundfarbe, deutlich machen, dass ein inhaltlicher Abschnitt beendet ist und ein neuer beginnt. Im Umkehrschluss bedeutet dies, dass Sie innerhalb eines Abschnitts das Layout unbedingt beibehalten sollten,

auch über die verschiedenen Folientypen (Bildfolie, Textfolie, Tabellenfolie etc.) hinweg. Variieren Sie dafür ein Grunddesign, bei dem Ränder, Überschriftart und -größe, Rahmungen usw. unverändert bleiben.

- Prinzip 8: *Prinzip der Kapazitätsbeschränkung*
  Hier macht die Wahrnehmungspsychologie laut Kosslyn (2007, 96 und 124) klare Aussagen: Einheiten in Bulletpoint-Listen sollen nicht mehr als zwei Zeilen enthalten, eine Liste insgesamt nicht mehr als vier Elemente umfassen. Auf gemischte Text-Bild-Folien lassen sich diese Grundsätze leicht übertragen: Überfrachten Sie auch diese nicht, sondern beschränken Sie sich auf maximal vier Bereiche (perzeptuelle Gruppen).

Alle diese Gestaltungsprinzipien bilden allerdings nur einen Rahmen, den Sie noch zu füllen haben. Wie Sie die Präsentation gestalten, hängt letzten Endes von dem Stil ab, den Sie dafür wählen. Die beiden Varianten, die kurz schon in Abschnitt 4.1 dargestellt worden sind, sind der konventionelle und der kreative Stil.

Konventioneller Stil

Merkmale

Die meisten wissenschaftlichen Präsentationen werden im *konventionellen Stil* gehalten. Das heißt: Die Folien besitzen einen Kopf und einen Fußbereich, und dazwischen befindet sich der Inhalt. Im Kopfbereich befinden sich das Logo der Institution, der der Präsentator angehört, der Titel des Vortrags und manchmal auch der Name des Präsentators und der seines Instituts. Im Fußbereich sind üblicherweise die Foliennummerierung zu finden, das Datum und der Name der Veranstaltung, auf der die Präsentation gehalten wird. Im Kopf- oder Fußbereich können auch die Kapitelnummer und der Kapiteltitel angegeben sein – dies erhöht die Orientierung in der Präsentation wie ein „lebender Kolumnentitel“ (eine sich je nach Kapitel ändernde Kopfzeile) in einem Buch. Noch einen Schritt weiter kann man mit einem Navigator gehen, der in Kopf- oder Fußzeile erscheint. Dies ist eine Visualisierung der Kapitel der Präsentation etwa durch eine Kette von Rechtecken in der Anzahl der Kapitel, bei denen das jeweils aktuelle in einer anderen Farbe oder Helligkeit hervorgehoben ist.

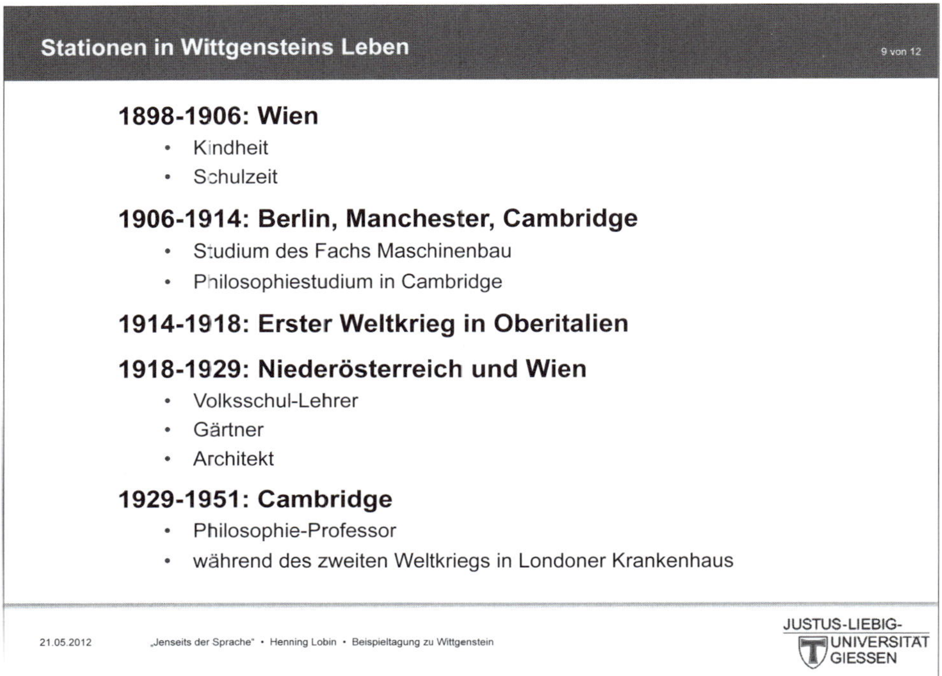

Folie 4-8: Typisches Layout einer Textfolie im konventionellen Stil

Zentraler Bereich

Im zentralen Folienbereich befindet sich oben die Überschrift, darunter ein Block, in dem ein Text oder eine Bulletpoint-Liste, ein Bild, eine Grafik, Video-Fenster etc. platziert ist. Gibt es mehrere derartige Informationselemente, so erscheinen diese räumlich getrennt im Zentralbereich, sind also wie auf einer Zeitungsseite arrangiert.

Folien im konventionellen Stil haben einen hellen Hintergrund und dunkle Schrift, manchmal weist der Hintergrund eine leichte Textur auf oder enthält grafische Gestaltungselemente, die die Rahmung oder den Folientitel betonen. Folie 4-8 zeigt das Beispiel einer typischen Textfolie im konventionellen Stil.

Rahmungsfolien

Im konventionellen Stil gibt es meistens auch gewisse Rahmungsfolien:

- eine *Titelfolie*
- eine Folie mit der *Inhaltsübersicht*, in der die nachfolgenden Abschnitte der Präsentation in Listenform aufgeführt sind

Folie 4-9: Typisches Layout einer Bildfolie im konventionellen Stil

- *Gliederungsfolien*, die den Beginn eines neuen Abschnitts kennzeichnen und die manchmal als eine erneute Darstellung der Inhaltsübersicht gestaltet sind, in der der aktuell folgende Abschnitt hervorgehoben ist
- eine *Schlussfolie*, auf der oft so etwas wie „Vielen Dank!“, „Fragen?“ oder ein mehr oder weniger lustiges Bild zu sehen ist[7]

Bildfolien

Bildfolien im konventionellen Stil sind ganz ähnlich wie Text-Folien aufgebaut. Der zentrale Folienbereich wird durch das Bild oder die Grafik ausgefüllt, über dem der Titel erscheint. Kopf- und Fußzeilen erscheinen ebenfalls unverändert (s. Folie 4-9).

Ästhetischer Anspruch

Eine Präsentation im konventionellen Stil zu entwickeln heißt nicht, dass sie ästhetisch anspruchslos sein muss. Die gängigen Präsentationsprogramme weisen zumeist einige sehr gute Prä-

7 Hinweise zu Gestaltung und Verwendung derartiger Strukturfolien werden in Kapitel 5 gegeben.

sentationsdesigns auf, bei denen die verwendete Schrifttype, die Farben sämtlicher Gestaltungselemente, der Hintergrund und die Positionierung der Folienbereiche perfekt aufeinander abgestimmt sind. Es empfiehlt sich, von derartigen Foliendesigns auszugehen, diese von allen visuellen Spielereien zu befreien und den eigenen Vorstellungen und Bedürfnissen anzupassen.

Konventioneller Stil: Präsentation als multimodaler Text

Zusammenfassend könnte man sagen, dass bei einer Präsentation im konventionellen Stil die Foliensequenz als ein Text aufgefasst werden kann, als ein *multimodaler Text*. Die einzelnen Folien bilden thematische Einheiten, und diese sind in Abschnitte zusammengefasst. Die Rahmung der Folien bietet jederzeit die Möglichkeit, die wichtigsten Informationen zu diesem „Text" abzurufen: Titel, Autor, Institution, Veranstaltung, relative Position in der Sequenz (durch die Foliennummer) – gerade so, wie es auch in Zeitschriftenartikeln geschieht. Das ist nicht besonders aufregend, eröffnet allerdings die Möglichkeit, den Foliensatz als eine von der eigentlichen Präsentationsaufführung, insbesondere von der Rede unabhängige Kommunikationsform zu verwenden – und genau das wird ja heute vielfach getan, wenn nach einem Vortrag die Folien „ins Netz gestellt" werden. Damit wird einem Bedürfnis Rechnung getragen, das offensichtlich im wissenschaftlichen Bereich besteht und das traditionell durch die Publikation eines Vortrages in Schriftform erfüllt wurde. Die konventionelle Foliensammlung dokumentiert also eine Präsentation und besitzt somit auch ein kommunikatives Lebensrecht in der Wissenschaft.

Folientypen und -verteilung

Präsentationen werden nicht nur in der Wissenschaft eingesetzt, sie bilden seit einigen Jahren auch selbst einen Gegenstand wissenschaftlicher Untersuchungen. Dabei wird zumeist auf ein sogenanntes Korpus zurückgegriffen, eine Sammlung von Präsentationen als Datengrundlage. Ein solches Korpus wurde beispielsweise von dem Berliner Soziologen Hubert Knoblauch aufgebaut oder im Rahmen des gemeinsam von Hans-Jürgen Bucher und dem Autor dieses Buches geleiteten Projekts zu Struktur und Rezeption von Präsentationen.

Eine zentrale Frage, die mit Hilfe von Korpora beantwortet werden kann, ist die, wie häufig die verschiedenen Folientypen in der Wissenschaft tatsächlich eingesetzt werden. In dem von uns erstellten Korpus mit 33 per Video aufgezeichneten Präsentationen aus verschiedenen Wissenschaftsbereichen werden zu 44 Prozent Textfolien, zu 39 Prozent Bildfolien und zu 17 Prozent Mischfolien (mit Text- und Bild-Anteilen) verwendet. 13 Prozent aller Folien sind Rahmungsfolien, etwa Titel- und

Gliederungsfolien. 5 Prozent der gesamten Projektionszeit in den Präsentationen entfällt auf die Einblendung dieser Folien, 95 Prozent der Zeit dementsprechend auf die eigentlichen Inhalte.
In den verschiedenen Wissenschaftsbereichen sind allerdings unterschiedliche Verteilungen der Folientypen zu verzeichnen. In wirtschaftswissenschaftlichen Präsentationen dominieren textuelle Folien (61 Prozent). Textfolien werden in Geistes- und Naturwissenschaften deutlich weniger häufig verwendet (39 und 36 Prozent). Der Gesamtanteil an Bild- und Mischfolien ist in den Geisteswissenschaften relativ hoch und liegt bei 61 Prozent, wobei den Bildfolien 45 und den Mischfolien 16 Prozent zukommen. Was die Verwendung von Bildern oder bildlichen Elementen angeht, liegen jedoch Präsentationen aus den Naturwissenschaften vorne mit insgesamt 64 Prozent entsprechender Folien; hier ist auch eine Dominanz der Mischfolien im Vergleich zu den anderen Wissenschaftsbereichen erkennbar (23 Prozent).

Kreativer Stil

Abkehr vom konventionellen Stil

Man kann sich fragen, ob es nicht eine Alternative zu der Foliengestaltung im konventionellen Stil gibt, eine lebendigere und zugleich übersichtlichere Art, eine Präsentation zu gestalten. Ist also ein Logo notwendig und der Name des Autors? Müssen Kopf- und Fußzeilen auf den Folien erscheinen, Foliennummerierung, Datum und Tagungsname? Muss eine nummerierte Liste der inhaltlichen Abschnitte vorangestellt und auf diese immer wieder Bezug genommen werden? – Natürlich nicht. Es ist sehr wohl denkbar, auf all das zu verzichten und die Folien so zu gestalten, dass sie zu einer Gesamtinszenierung beitragen und nicht nur eine Art folienweise gegliederten Text darstellen.

Merkmale des kreativen Stils

Im kreativen Stil soll die Foliensequenz nicht als selbstständiger multimodaler Text verstanden werden, sondern als visuelle Unterstützung der gesamten Inszenierung. Im kreativen Stil gestaltete Folien lassen sich deshalb auch nicht als PDF-Dokument verwenden, die man nach der Aufführung der Präsentation als Inhaltsangabe weitergeben kann. Da der kreative Stil eng mit der Inszenierung zusammenhängt, besteht die Funktion der Folien nicht darin, durch Titel, Kopf- und Fußzeilen eine Rahmung herzustellen. Stattdessen können Text und Bild für sich selbst stehen, und sie müssen auch nicht zwangsläufig thematische Einheiten bilden. Das bedeutet: Eine Folie kann auch nur ein Textstück oder ein Bild enthalten, einfach so, ohne weitere Einrahmung. In welchem Zusammen-

Folie 4-10: Bildfolie im kreativen Stil

hang die Folie steht, wird ausschließlich durch die Rede festgelegt. Auf diese Weise rückt der Präsentator wieder stärker in den Mittelpunkt – die Folien unterstützen der Rede und nicht etwa umgekehrt.

Bildfolien

Eine Bildfolie enthält dann also nichts anderes als ein Bild, und dieses Bild kann eine Erläuterung oder Konkretisierung dessen sein, worüber der Präsentator gerade redet: Wird von Wittgenstein geredet, erscheint sein Portrait, geht es um Cambridge also Wittgensteins Studienort, erscheint wie auf Folie 4-10 eine Straßenszene von Cambridge im Jahre 1912.

Illustrationsfunktion

Derartige Bildfolien können allerdings auch dazu eingesetzt werden, Aspekte der Rede des Präsentators zu illustrieren, am besten in überraschender Form. Stellen Sie beispielsweise dar, dass zu einem Forschungsproblem so gut wie keine Publikationen zu finden sind, können Sie dazu eine Bildfolie zeigen, auf der eine Wüstenlandschaft zu sehen ist.

Folie 4-11: Bildfolie mit Text im kreativen Stil (Quelle: Knibba 2011)

Text-Bild-Folien

Sehr wirkungsvoll ist es, derartige Bildfolien mit kurzen Textstücken zu kombinieren, etwa besonders eingängigen Zitaten (s. Folie 4-11; Quelle: Karin Knibba 2011). Bei derartigen Folien ist allerdings im akademischen Umfeld Vorsicht geboten – sie sollten nicht zu oft eingesetzt werden, da die Präsentation sonst zu verspielt, zu wenig am eigentlichen wissenschaftlichen Inhalt orientiert wirken kann.

Schwarzer Hintergrund

Wollen Sie Bilder zeigen, die nicht das Format Ihrer Präsentation (im Normalfall 4:3) aufweisen, haben Sie zwei Möglichkeiten. Sie können das Bild einerseits auf das 4:3-Format zuschneiden, so dass es die Folie ganz, das heißt ohne Rand ausfüllt. Sie können das Bild aber auch in seinen ursprünglichen Größenverhältnissen belassen und es in eine Folie mit schwarzem Hintergrund setzen (s. Folie 4-12).

Bei der Präsentation wirkt das dann so, als ob Sie gar keine Folie zeigen, sondern nur das Bild, da der schwarze Bereich vom

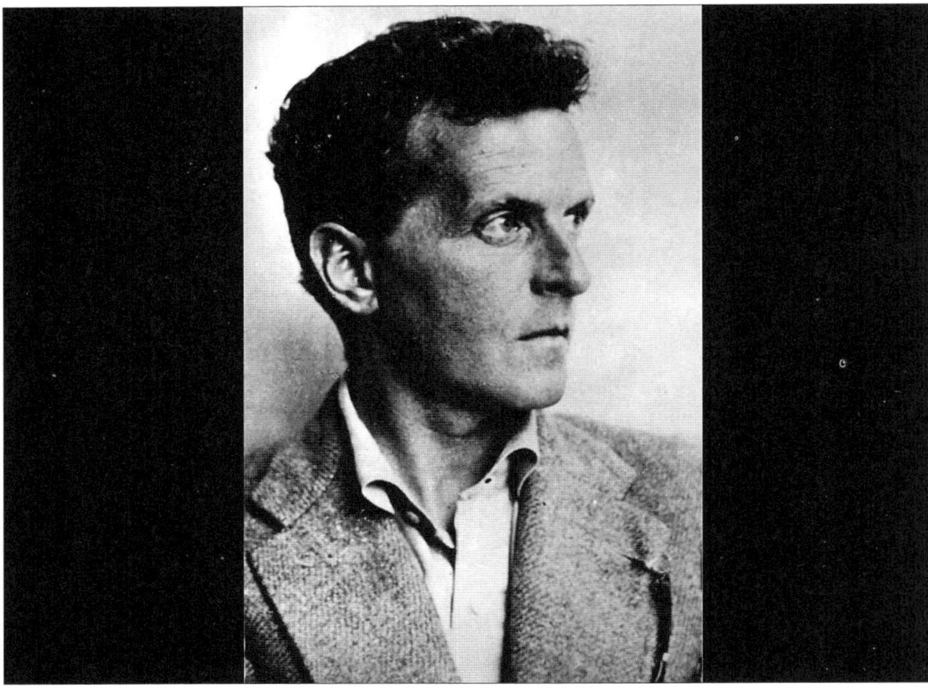

Folie 4-12: Bildfolie mit schwarzem Hintergrund

Projektor durch Dunkelheit dargestellt wird und somit nur das hellere Bild sichtbar ist. Dadurch entsteht der Eindruck, als ob Sie das Bild direkt zeigen und nicht etwa als Bestandteil einer Präsentationsfolie. Dies erhöht die Wirkung wichtiger Bilder sehr.

Bildquellen

Bilder, die Sie für derartige Folien verwenden können, finden Sie im Internet – achten Sie aber immer darauf, ob Sie diese auch verwenden dürfen. Unter der Angabe der Quelle ist dies allerdings bei vielen Bildern erlaubt, zum Beispiel bei solchen, die Sie bei Flickr.com oder ähnlichen Bildsammlungen im Internet finden.

Textfolien

Wie bei Bildfolien im kreativen Stil das Bild ohne jegliche Rahmung in den Vordergrund tritt, so kann auch Text im kreativen Stil aufmerksamkeitssteigernd präsentiert werden. Weil es ja nicht darum geht, pro Folie eine thematische Einheit darzustellen, sollten Bulletpoint-Listen dabei tabu sein. Der Text begleitet die Rede und wird deshalb in kleineren Einheiten portioniert.

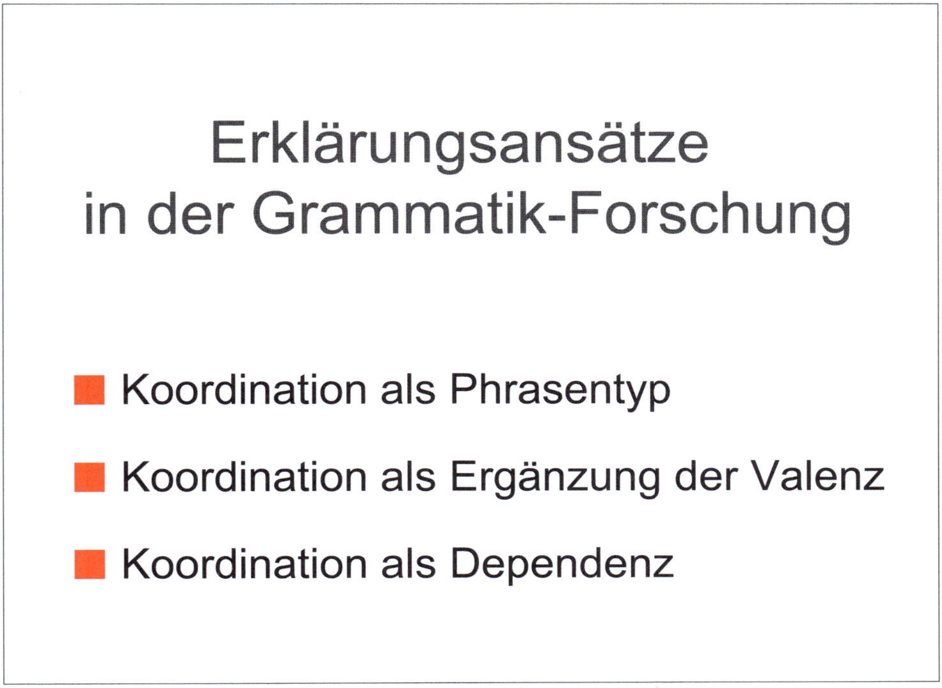

Folie 4-13: Textfolie konventioneller Stil

Reden Sie beispielsweise darüber, dass es in der Grammatik-Forschung unterschiedliche Erklärungsansätze gibt für das Phänomen der Koordination, könnten Sie das im konventionellen Stil anhand der Folie 4-13 darstellen.

Aufteilung der Information

Im kreativen Stil sollten Sie die verschiedenen Informationen aufteilen. Auf einer ersten Folie (s. 4-14) sagen Sie, worum es geht – vielleicht in weiter verknappter Form, da Sie es in der Rede genauer ausführen. Hier sehen Sie deutlich, dass die Textfolien beim kreativen Stil nicht die Aufgabe haben, Zusammenfassungen der Rede zu bieten, sondern eher einzelne Aspekte zu betonen. Auf der nächsten Folie dann könnte der erste dargestellte Erklärungsansätze – und nur dieser! – erscheinen (s. Folie 4-15). Die weiteren Erklärungsansätze folgen dann auf jeweils einzelnen Folien.

Folie 4-14: Textfolie kreativer Stil – 1

Folie 4-15: Textfolie kreativer Stil – 2

Presentation Zen

Einer der weltweit bekanntesten Dozenten für Präsentationsgestaltung und -rhetorik ist Garr Reynolds. Er lebt in Japan, ursprünglich als Marketing-Experte, und ist durch das 2007 erschienene Buch „Presentation Zen: Simple Ideas on Presentation Design and Delivery" bekannt geworden.
Garr Reynolds propagiert darin einen Präsentationsstil, der sich an drei zentralen Ideen der Zen-Ästhetik orientiert. Zen ist eine Spielart des Buddhismus, die besonders in Japan vertreten ist und dort das kulturelle Bild mitgeprägt hat, etwa in der Gartengestaltung. Dessen Prinzipien der Einfachheit („Kanso"), Natürlichkeit („Shizen") und Eleganz („Shibumi") überträgt er auf Präsentationen. Solche Präsentationen enthalten manchmal nur ein Wort auf einer Folie, oder in der Gestaltung werden große Flächen leer gelassen. Bild und Text sollen nicht nebeneinander stehen, der Text soll vielmehr im Bild erscheinen oder das Bild ohne Rand in die Folienfläche übergehen. Auf Bulletpoint-Listen soll man ganz verzichten. Selbst bei Info-Grafiken wird eine starke Verknappung empfohlen, das Streichen sämtlicher überflüssiger Elemente von der Folie und die Konzentration auf das Wesentliche. „Presentation Zen" steht auch für einen Präsentationsstil, der stark auf konkrete Beispiele und Visualisierungen setzt, Emotionen einbezieht und die Zuschauer mit einer Geschichte binden will.
Für die Gestaltung von Folien kann man viele Anregungen aus „Presentation Zen" entnehmen. Allerdings bedienen die Beispiele auch eine Warenästhetik, wie man sie mittlerweile von so mancher Werbeanzeige in Hochglanzmagazinen kennt. In der Weise, wie Presentation Zen die Präsentation als ganzheitliche Inszenierung versteht, kann dieses Konzept dem kreativen Stil zugeordnet werden.

4.7 Ergebnis

Sie wissen nun, in welchem Stil Sie Ihr Präsentationskonzept umsetzen werden und haben sich auch schon die zentrale Visualisierung überlegt. Bei der Gestaltung von Text- und Bildfolien folgen Sie einem durchgängigen Darstellungsprinzip, damit sich die Betrachter auf Ihren Folien leicht orientieren können. Damit haben Sie Ihre Präsentation von Überlegungen her konzipiert, die sie schon jetzt von vielen anderen Präsentationen unterscheiden wird. Wenn im Zentrum eine eingängige Visualisierung steht, dann besitzt die Präsentation ein Markenzeichen, das den Zuschauern in Erinnerung bleiben wird.

4.8 Übungen

1. Sehen Sie sich das Präsentationssysteme Prezi im Netz an und entwerfen Sie damit eine kleine Test-Präsentation.
2. Entwickeln Sie für die drei in den Aufgaben zu Kapitel 3 benannten Themen die zentralen Visualisierungen.
3. Erstellen Sie für den Einleitungsteil des Themas, für das Sie in Kapitel 3 eine Konzeption entwickelt haben, eine Foliensequenz im konventionellen und eine im kreativen Stil.
4. Erstellen Sie zu einem tagesaktuellen Thema eine Sequenz von Textfolien, die nicht mehr als jeweils fünf Wörter enthalten.
5. Erstellen Sie zu einem Buch Ihrer Wahl eine Sequenz von zehn ganzseitigen Bildfolien, mit denen Sie den Inhalt des Buches erläutern können.
6. Versuchen Sie eine Sequenz aus Text- und Bildfolien zu erstellen, die in äußerster Verknappung („Presentation Zen") eines Ihrer Beispielthemen erläutert.

4.9 Auf einen Blick

- Eine Präsentation kann in unterschiedlichen Stilen abgehalten werden.
- Im konventionellen Stil bildet jede Folie zugleich eine thematische Einheit. Die Foliensequenz bildet den Inhalt der Präsentation mehr oder weniger vollständig ab. Die Rede wird als Kommentar der Folien empfunden.
- Im kreativen Stil werden Rede und visuelle Ebene stärker entkoppelt. Die Folien enthalten wesentlich weniger Inhalt oder nur Abbildungen und kommentieren eher die Rede als umgekehrt.
- Die Präsentationssoftware Prezi gibt die Foliensystematik für Präsentationen komplett auf und ordnet die Inhalte auf einer Fläche an.
- In der visuellen Konzeption einer Präsentation sollten wahrnehmungspsychologische Prinzipien berücksichtigt werden.
- Jede Präsentation sollte eine zentrale Visualisierung enthalten, in der ein wissenschaftlicher Zusammenhang augenfällig gemacht wird.
- Beim Einsatz von Text- und Grafikfolien sollte man die Funktion der jeweiligen Folienart reflektieren.

- Für die Typografie von Folien gibt es viele Regeln und Standards, die man einhalten sollte, da dies die Betrachter unbewusst erwarten.
- Beim Foliendesign im konventionellen Stil gibt es wiederkehrende Rahmungsstrukturen. Zur Orientierung innerhalb der Präsentation werden Gliederungsfolien eingesetzt.
- Im kreativen Stil werden Bilder ohne Rahmen eingesetzt, Schrift kann weiß auf schwarzem Hintergrund erscheinen.

5 Inszenierung und sprachliche Gestaltung

In der Phase der Inszenierung geht es darum, die inhaltliche Konzeption und die visuelle Gestaltung miteinander zu verbinden und auf die szenische Wirkung hin zu optimieren. Dabei müssen Sie auch festlegen, in welchem Verhältnis Ihre Rede zu den Folien stehen soll. Bei der Erstellung der zentralen Folien haben Sie dafür schon eine Vorentscheidung getroffen: Die Präsentation ist entweder konventionell oder kreativ angelegt. Im konventionellen Stil markiert jede Folie eine thematische Einheit, die Dramaturgie der Präsentation orientiert sich also an ihrer inhaltlichen Anlage. Im kreativen Stil, das haben wir im vorangegangenen Abschnitt gesehen, ist dieser Zusammenhang aufgebrochen: Die inhaltlich strukturierte Rede wird orchestriert durch die Folien, die dabei eher zur Illustration und Akzentuierung beitragen, als thematische Einheiten zu definieren.

5.1 Das Inszenierungskonzept

Vom Präsentationskonzept zum Storyboard

Für die Entwicklung einer Inszenierung wird beim Film das sogenannte Storyboard eingesetzt. Damit wird eine Abfolge von Skizzen bezeichnet, durch die das Drehbuch eines Films erstmals visuell umgesetzt wird. So ähnlich können Sie auch bei der Inszenierung Ihrer Präsentation vorgehen: Sie haben das gegliederte Konzept (wie in Kapitel 3 beschrieben) und einige zentrale Visualisierungen (Kapitel 4). Außerdem haben Sie sich schon entschieden, ob Ihre Präsentation eher konventionell oder eher kreativ angelegt sein soll. Ihr Storyboard wird allerdings nicht aus Skizzen bestehen, sondern aus Notizen zu Inhalt und Funktion Ihrer Folien. Und um das zu erreichen, gehen Sie jetzt von Ihrem inhaltlichen Präsentationskonzept aus.

Das Konzept, das Sie zuvor erarbeitet haben, sieht ungefähr fünf Teile vor und ist in diesen Teilen weiter thematisch untergliedert. Beim Wittgenstein-Thema etwa haben Sie im Teil 2, „Hintergrund" (s. Abschnitt 3.3), beispielsweise die folgende inhaltliche Gliederung vorgenommen:

Ursprüngliches Präsentationskonzept

Abschnitt 2: Hintergrund
2.1 Basisdaten zu Wittgensteins Leben
2.2 Biografische Forschung zu Wittgensteins Leben
- Berichte von Freunden
- Verwaltung des Nachlasses
- wichtige Biografien
- reale Zeugnisse: Wohnhaus, Wörterbuch, Skulptur

2.3 Historischer Kontext
- Wien zur Jahrhundertwende
- Philosophie zu Beginn des 20. Jahrhunderts.

Bildung von Präsentationssegmenten

Diese Gliederung bildet Ihren Ausgangspunkt für eine erste Aufteilung in Präsentationssegmente – das sind nicht zwangsläufig einzelne Folien, aber doch Abschnitte, die visuell zusammenhängend dargestellt werden sollen. Dies könnte für das Beispiel etwa so aussehen:

Abschnitt 2: Hintergrund
Segment 1: Faszination für Wittgensteins Leben
2.1 Basisdaten zu Wittgensteins Leben
Segment 2: Visualisierung der Lebensstationen
2.2 Biografische Forschung zu Wittgensteins Leben
Segment 3: Freunde und Erinnerungen
Segment 4: Nachlass und Biografen
Segment 5: Wohnhaus, Wörterbuch, Skulptur
2.3 Historischer Kontext
Segment 6: Wien zur Jahrhundertwende
Segment 7: Philosophie zu Beginn des 20. Jahrhunderts.

Realisierung der Präsentationssegmente durch Folien

In einem zweiten Schritt überlegen Sie sich, wie Sie diese inhaltlichen Segmente in Ihrer Präsentation umsetzen wollen. Dabei ordnen Sie die von Ihnen geplanten Folien den Segmenten zu und beschreiben diese näher. Mehrere Folien können einem Segment zugeordnet sein, und es können auch Segmente ganz ohne Zuordnung von Folien erscheinen – dort soll dann die ganze Aufmerksamkeit auf dem Präsentator liegen. Bei den Folien können schon Darstellungsideen vermerkt werden, das muss aber nicht sein. Wichtig ist, dass die zu vermittelnden Inhalte portioniert werden, gleichgültig, ob alles auch visualisiert werden soll. Im Beispiel kann diese Konkretisierung – in Abhängigkeit vom gewählten Präsentationsstil – so aussehen:

Abschnitt 2: Hintergrund
Segment 1: Faszination für Wittgensteins Leben
2.1 *Basisdaten zu Wittgensteins Leben*
Segment 2: Visualisierung der Lebensstationen
Folie: Karte von Mitteleuropa mit Orten
2.2 *Biografische Forschung zu Wittgensteins Leben*
Segment 3: Freunde und Erinnerungen
Folie: wichtigste Freunde
Segment 4: Nachlass und Biografen
Folie: Nachlassgeschichte
Folie: wichtigste Biografien
Segment 5: Wohnhaus, Wörterbuch, Skulptur
Folie: Bild vom Wohnhaus in der Kundmanngasse
2.3 *Historischer Kontext*
Segment 6: Wien zur Jahrhundertwende
Folie: Bild von Adolf Loos' Haus am Michaelerplatz
Segment 7: Philosophie zu Beginn des 20. Jahrhunderts.
Folie: Collage mit Portraits von Edmund Husserl, Martin Heidegger, Rudolf Carnap, Ernst Bloch, Karl Popper, Ferdinand de Saussure
Folie: Portraits von Bertrand Russell und George Edward Moore

Ausarbeitung ergänzender Abschnitte

Tragen Sie nun zu den Folien und den „folienlosen" Segmenten weitere Notizen ein. Das erweiterte Konzept wird auf diese Weise nach und nach nicht nur die Grundlage für die inhaltliche Foliengestaltung, sondern zugleich auch für die Entwicklung der Rede. Sie halten es sich so lange wie möglich offen, wie Sie innerhalb eines Segments die Aufteilung zwischen Rede und Folien vornehmen, und die Notizen zu den Folien stellen noch nicht zwangsläufig das dar, was tatsächlich auf der Folie zu sehen ist, sondern was Sie dazu sagen wollen. Für einen Teil der Wittgenstein-Präsentation könnte dies nun so aussehen:

Abschnitt 2: Hintergrund
Segment 1: Faszination für Wittgensteins Leben
- in einer der reichsten Familien der k.u.k.-Monarchie aufgewachsen
- vielfältige Bezüge zu Wien um 1900
- radikale Lebensführung, radikale Philosophie
- faszinierender Schreibstil

2.1 *Basisdaten zu Wittgensteins Leben*
Segment 2: Visualisierung der Lebensstationen
- Lebensspanne überdeckt Ersten und Zweiten Weltkrieg
- Pendeln zwischen Österreich und England

Folie: animierte Karte von Mitteleuropa
- 1898-1906: Wien – Kindheit und Schulzeit
- 1906-1914: Berlin, Manchester, Cambridge – Studium Maschinenbau, später Philosophie
- 1914-1929: Erster Weltkrieg (Oberitalien), Niederösterreich – Tätigkeit als Lehrer, Gärtner, Architekt
- 1929-1951: Cambridge; Irland, Norwegen, Oxford – Philosophie-Professor, Zeit der größten Produktivität; während des Krieges in Londoner Krankenhaus

2.2 *Biografische Forschung zu Wittgensteins Leben*
Segment 3: Freunde und Erinnerungen

Folie: Bilder von David Pinsent, Arvid Sjögren und Gilbert Pattison
- persönliche Freunde

Folie: Bilder von John Maynard Keynes und Pierro Sraffa
- befreundete Kollegen

Folie: Bilder von Rush Rhees und Georg von Wright
- Schüler und Nachlassverwalter

...

Integrierte Präsentationsentwicklung

An diesem Beispiel können Sie erkennen, dass die Ausarbeitung integriert erfolgt: Alle Notizen beziehen sich potentiell auf die Rede, einige davon werden aber auch auf Folien umgesetzt. Verändern Sie Ihre Konzeption in dieser Hinsicht, können Sie einfach Notizen in den Bereich eines Segments verschieben, der nicht durch eine Folie umgesetzt werden soll. Auch die Gliederung bleibt auf diese Weise erhalten, selbst wenn Sie sie in der Präsentation vielleicht nicht mehr explizit kenntlich machen werden. Für Sie selbst bleibt die genaue Gliederung aber weiterhin eine wichtige Orientierung.

Fließender Übergang von Rede zu Folie

In Segment 1 werden in diesem Beispiel einige Aussagen festgelegt, die nicht in Gestalt einer Folie erscheinen sollen, sondern nur in der Rede umgesetzt werden. Das ist hier sinnvoll, da es ja um Faszination geht, und Interesse, Faszination und Begeisterung lassen sich besser durch eine authentische, dem Publikum zugewandte freie Rede erzeugen als durch eine Textfolie. Auch das Segment 2 soll mit nicht visuell unterstützten Informationen begonnen werden, bevor eine animierte Grafik gezeigt wird. Nähere Informationen dazu sind als Notizen fixiert, nicht alles davon wird sich in der Grafik wiederfinden. Segment 3 besteht aus Bildern von Wittgensteins Freunden. Hier ist noch nicht festgelegt, ob nur die Bilder gezeigt oder auch die Namen eingeblendet werden. Die notwendigen Informationen für die Rede sind hier jedenfalls fixiert, und auch die Einordnung der Freunde in drei verschiedene Gruppen.

5.2 Dynamik der Präsentation

Im zweiten Schritt der Inszenierung muss es nun darum gehen, das Inszenierungskonzept detailliert umzusetzen und dabei Entscheidungen zu treffen, was gezeigt, was nur gesagt und was auf mehreren Ebenen gleichzeitig vermittelt werden soll. Außerdem sind hier die noch bestehenden „Inszenierungslücken" zu schließen. Damit sind solche Abschnitte des Konzepts gemeint, in denen bislang keine inhaltlichen Notizen hinterlegt sind – also am Anfang, am Ende und zwischen den verschiedenen Teilen der Präsentation. Weil die Dynamik in hohem Maße vom gewählten Präsentationsstil abhängig ist, werden wir diese hier für den konventionellen und den kreativen Stil getrennt betrachten. Danach wird es noch um eine Variante des kreativen Stils gehen, den animierten Stil.

Konventioneller Stil

Festlegung von Folieninhalten

Im konventionellen Stil sind wir mit der bisherigen Ausarbeitung gar nicht mehr so weit von der fertigen Inszenierung entfernt. Als erstes müssen die schon festgelegten Folien gestaltet werden. Wie das für die erste Folie, die Karte mit Wittgensteins Lebensstationen, geschehen kann, haben wir schon im vorangegangenen Kapitel dieses Buches (s. Abschnitt 4.3) gesehen. Die Folien zu Wittgensteins Freunden könnten beispielsweise aussehen wie auf Folie 5-1. Auch im konventionellen Stil ist es überflüssig, auf einer derartigen Folie weitere Informationen zu geben als diese.

Folie 5-1: Wittgensteins Freunde

Strukturfolien

Was geschieht nun aber mit den Teilen Ihres Konzepts, in denen bislang keine thematischen Folien vorgesehen sind? Sie müssen dafür Strukturfolien entwickeln. Der Abschnitt beginnt nach dem Inszenierungskonzept mit einigen Bemerkungen, warum die nachfolgenden Darstellungen überhaupt relevant sind. Dazu muss das Publikum zunächst einmal merken, dass ein neuer Abschnitt begonnen hat. Am einfachsten signalisieren Sie dies durch eine Folie mit einem Abschnittstitel (s. Folie 5-2).

Gestaltung von Strukturfolien

Während diese Folie gezeigt wird, kann man als Präsentator vom vorherigen Abschnitt überleiten und allgemeine Bemerkungen zum nun folgenden Abschnitt machen. Es ist anzuraten, dass eine Strukturfolie wie diese in einer etwas anderen Art gestaltet wird als eine normale Inhaltsfolie, damit die Zuschauer merken, dass es sich um Informationen einer anderen Ebene handelt. Bei dieser Beispielfolie etwa ist ein hellgrauer Hintergrund gewählt worden. Auch der Folienübergang sollte eingesetzt werden, um sowohl den Abschnittswechsel als auch die Strukturfolie abzu-

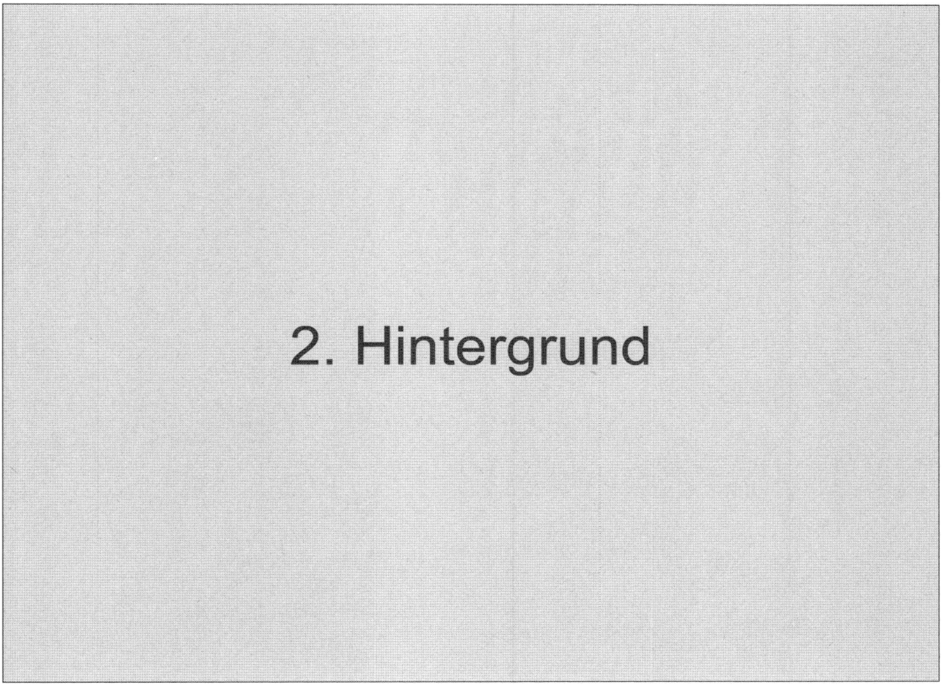

Folie 5-2: Abschnittstitel

grenzen. Der Übergang vom vorherigen Abschnitt zu der Folie mit dem Titel des neuen Abschnitts könnte beispielsweise als „Verblassen über Schwarz" gestaltet werden – dabei wird der Wechsel wahrnehmbar und die kurze schwarze Blende mittendrin macht die thematische Grenze deutlich. Beim Übergang zur ersten inhaltlichen Folie sollte auch eine Markierung erfolgen, zum Beispiel durch „Wischen". Der Übergang zwischen Inhaltsfolien sollte so unauffällig und schnell erfolgen, dass er überhaupt nicht weiter auffällt. Entweder verzichten Sie hier ganz auf einen Übergang (in Powerpoint „Ohne Übergang"), oder Sie wählen einen sehr schlichten, etwa einen schnellen, gleitenden Übergang (in Powerpoint „Verblassen"). Falls Sie aber doch einen auffälligeren, gar spektakulären Übergang zwischen zwei Folien wählen, dann sollten Sie ganz genau wissen, warum Sie das machen – und es sollte eine eindeutig benennbare Funktion für die Vermittlung der Inhalte oder in darstellerischer Hinsicht damit verbunden sein. Dazu später mehr.

Animierter Folienübergang

Folie 5-3: Abschnittsnavigator

Navigatoren

Eine zweite Möglichkeit des Übergangs zwischen zwei Abschnitten besteht darin, nicht nur den Titel des beginnenden Abschnitts aufzuführen, sondern ihn in den Zusammenhang der gesamten Präsentationsgliederung zu zeigen. Dabei wird der Abschnitt, um den es gerade geht, hervorgehoben. Ein solcher „Navigator“ kann etwa für unsere Beispielpräsentation wie in Folie 5-3 aussehen. Hier wurde ebenfalls ein grauer Hintergrund gewählt, und der aktuelle Abschnitt ist zur Hervorhebung mit einem weißen Rechteck hinterlegt, das eine weiche Kantenzeichnung aufweist.

Dynamische Navigatoren

Wenn Sie sehr viel Wert auf eine besonders klare Vermittlung des Aufbaus Ihrer Präsentation legen, dann können Sie einen solchen Navigator zwischen zwei Abschnitten auch in zwei Schritten anwenden. Am Ende des Abschnitts 1 beispielsweise zeigen Sie den Navigator noch einmal in der Weise, dass Abschnitt 1 hervorgehoben ist. Danach folgt der Navigator mit hervorgehobenem zweiten Abschnitt. Dadurch wird der Übergang zwischen den beiden Abschnitten sehr deutlich markiert, und Sie können dies nutzen, um zunächst noch einmal die Hauptpunkte von Abschnitt 1 zu nennen und dann zu erklären, wie der nächste Schritt in Abschnitt 2 vollzogen wird.

Navigator als zweite Ebene

Ein solcher dynamischer Navigator kann in die Präsentation auch ganz deutlich als eine zweite Ebene eingefügt werden. Dazu eignet sich ein Folienübergang, der beim ersten Erscheinen der Navigatorfolie den Eindruck eines Überdeckens oder Auflegens erzeugt. Abschließend kann im Übergang zur ersten Inhaltsfolie die Navigatorfolie wieder aufgedeckt oder abgezogen werden. Dabei sollte für das Überdecken und das Aufdecken jeweils die gleiche Richtung gewählt werden.

Schwarz-Folien

Nachdem nun in der Beispielpräsentation der Übergang zum neuen Abschnitt inklusive einiger einleitender Bemerkungen geschehen ist, ist in Segment 1 vorgesehen, einen inhaltlichen Aspekt dieses Abschnitts, die Faszination für Wittgensteins Leben im Allgemeinen, ohne visuelle Begleitung darzustellen. Wenn an dieser Stelle nun noch der Abschnittstitel oder der Navigator zu sehen wäre, würde eine Inkonsistenz zwischen visueller und sprachlicher Modalität entstehen: Die Ausführungen in der Rede müssten zwangsläufig als Bemerkungen zu Abschnitt 2 insgesamt verstanden werden. Dies ist aber nicht gemeint. Ebenfalls dürfte noch nicht die nächste Folie zu sehen sein, die Europakarte mit den Stationen von Wittgensteins Leben, denn die in Segment 1 geäußerten Überlegungen beziehen sich nicht auf die geografischen Verhältnisse. Wie ist also in einer solchen Situation zu verfahren? Wenn nichts zu zeigen ist, dann zeigen Sie eine völlig schwarze Folie. Wird diese Folie projiziert, entsteht der Effekt, als ob kurzzeitig der Projektor ausgeschaltet worden ist, und die Aufmerksamkeit liegt sofort ganz auf dem Präsentator. Mit der nächsten Folie wird dann die „normale" Präsentation fortgesetzt.

Positionierung von Schwarz-Folien

Tragen Sie Strukturfolien wie die zum Abschnittstitel bzw. den Navigator und die Schwarzfolie direkt in Ihr Inszenierungskonzept ein und ergänzen Sie dieses um die Punkte, die Sie bei diesen Folien vermitteln wollen. Für unsere Beispielpräsentation ergibt sich dann etwa das folgende Konzept (im Ausschnitt):

Inszenierungskonzept mit Schwarz-Folien

Abschnitt 2: Hintergrund

Folie: Abschnittsnavigator – Hervorhebung Abschnitt 1 „Einleitung"
- zum Verständnis wichtig, persönlichen und historischen Hintergrund seines Lebens zu kennen

Folie: Abschnittsnavigator – Hervorhebung Abschnitt 2 „Hintergrund"
- vergleichsweise ausführliche Darstellung
- Basisdaten
- biografische Forschung zu Wittgenstein
- historische Situation

Schwarz

Segment 1: Faszination für Wittgensteins Leben
- Wittgensteins Faszination?
- in einer der reichsten Familien der k.u.k.-Monarchie aufgewachsen
- vielfältige Bezüge zu Wien um 1900
- radikale Lebensführung, radikale Philosophie
- faszinierender Schreibstil

2.1 *Basisdaten zu Wittgensteins Leben*

Segment 2: Visualisierung der Lebensstationen
- Lebensspanne überdeckt Ersten und Zweiten Weltkrieg
- Pendeln zwischen Österreich und England

Folie: animierte Karte von Mitteleuropa
- ...

Fokussierung der Aufmerksamkeit

Verfahren Sie wie hier bezüglich der Strukturfolien auch in allen anderen Teilen Ihrer Präsentation. Gerade zu Beginn der Präsentation kann es sinnvoll sein, nach der Titelfolie zunächst eine Schwarzfolie zu zeigen, währenddessen Sie Ihren Vortrag erzählend einleiten und eine Verbindung mit den Zuschauern aufbauen. Es ist ebenfalls empfehlenswert, auch am Ende der Präsentation eine Schwarzfolie zu zeigen. Dadurch bewirken Sie auch an dieser Stelle eine Aufmerksamkeitsverlagerung zu Ihnen hin, so dass Sie dem Auditorium in Ruhe danken können. Eine vorbereitete „Dankesfolie" am Ende ist dafür überflüssig! Wussten Sie denn tatsächlich schon vorher, dass man Ihrer Präsentation aufmerksam folgen würde?

Kreativer Stil

Inszenierungskonzept im kreativen Stil

Während im konventionellen Stil eine Folie auch einer thematischen Einheit entspricht, ist dieser Zusammenhang im kreativen Stil nicht mehr gegeben. Sie sollten daher noch gezielter Schwarz-Phasen einsetzen, zwischen denen dann beispielsweise kurztaktig rahmungslose Bildfolien erscheinen:

Abschnitt 2: Hintergrund
Folie: Titel Abschnitt 2 „Hintergrund“
Schwarz
Segment 1: Faszination für Wittgensteins Leben
- Wittgensteins Faszination

Folie: Bild der Familie Wittgenstein
- in einer der reichsten Familien der k.u.k.-Monarchie aufgewachsen

Folie: Bild von Wien um 1900
- vielfältige Bezüge zu Wien um 1900

Folie: Titelblatt des „Tractatus“
- radikale Lebensführung, radikale Philosophie

Folie: Bild einer Manuskript-Seite
- faszinierender Schreibstil

Schwarz
2.1 *Basisdaten zu Wittgensteins Leben*
Folie: Daten Erster und Zweiter Weltkrieg
- Lebensspanne überdeckt Ersten und Zweiten Weltkrieg

Schwarz
- Pendeln zwischen Österreich und England

Segment 2: Visualisierung der Lebensstationen
Folie: Karte von Mitteleuropa mit Orten
...

Schneller Folienwechsel

Wenn die Textfolien bei sehr kurzem Text eine helle Schrift auf schwarzem Hintergrund aufweisen und auch die Bildfolien die Abbildungen ohne weitere Beschriftungen vor schwarzem Hintergrund zeigen, dann ist der schnelle Folienwechsel keineswegs eine Zumutung für das Publikum, es entsteht vielmehr ein ähnlicher Eindruck wie bei einem Fernsehfeature oder einem Dokumentarfilm, wo auch eine schnelle Bildfolge eine durchgängige Kommentierung begleitet.

Strukturfolien

Beim kreativen Stil sollten sich auch die anderen Strukturfolien diesem Prinzip unterordnen, so dass auf eine Visualisierung der Gliederung zu verzichten ist. Sie könnten allerdings auch hier die Strukturfolien durch eine etwas andere Gestaltung von den Inhaltsfolien abgrenzen. Wenn Sie die Strukturfolien anstatt mit einem schwarzen mit einem helleren Hintergrund ausstatten, dann wird der Abschnittswechsel sehr deutlich in der Präsentation vollzogen.

Folienübergänge mit Bedeutung

Während im konventionellen Stil der Eindruck vorherrschend ist, eine inhaltliche Folie nach der anderen „aufzulegen", können Sie im kreativen Stil mit der Folienmetapher, die den meisten Präsentationsprogrammen immer noch unterliegt, spielen. Ein erster Eindruck davon ist schon im vorangegangenen Abschnitt im Zusammenhang mit dem Navigator vermittelt worden: Dort wurde empfohlen, einen Folienübergang zu wählen, der die entsprechenden Folien wie eine zweite Präsentationsebene erscheinen lässt, die aufgelegt und wieder abgezogen wird. Genau so können Sie auch mit Inhalten verfahren, die Sie als Exkurs einbringen wollen. Machen Sie durch die Art des Folienübergangs und durch das Foliendesign deutlich, dass Sie sich für eine gewisse Zeit auf einer anderen inhaltlichen Ebene bewegen.

Erzeugung einer Flächen-Illusion

Dieses kreative Spiel mit Folienübergängen lässt sich noch erweitert. Im vorangegangenen Abschnitt wurde das Präsentationsprogramm Prezi vorgestellt. Es beruht auf dem Gedanken, einer Präsentation nicht mehr die Folienmetaphorik zugrunde zu legen, sondern eher die eines großen Posters, über das man „fliegt", um an definierten Stellen zu „landen". Einen ähnlichen Eindruck können Sie durchaus auch mit einer folienbasierten Präsentationssoftware wie Powerpoint erzielen. Das Prinzip ist einfach: Wählen Sie als Folienübergang „Verschieben – von oben" und gestalten Sie beide Folien so, als ob sie eine zusammenhängende Fläche ergeben würden, Folie 2 – oberhalb von Folie 1. Durch die gewählte Art des Übergangs werden dann die Gestaltungselemente, die am oberen Rand der ersten Folie liegen, mit den am unteren Rand der zweiten Folie liegenden direkt verbunden. Ein abstraktes Beispiel für die erste Folie stellt Folie 5-4 dar, danach würde sich die Folie 5-5 von oben ins Bild schieben.

Gesamtbild aus mehreren Folien

Wird die Ansicht von der einen zur anderen Folie übergangslos verschoben, so verbinden sich die beiden Pfeile miteinander, und die Kreisausschnitte ergeben zusammen einen Halbkreis. Sie können dieses Prinzip fortführen und weitere Folien so an-

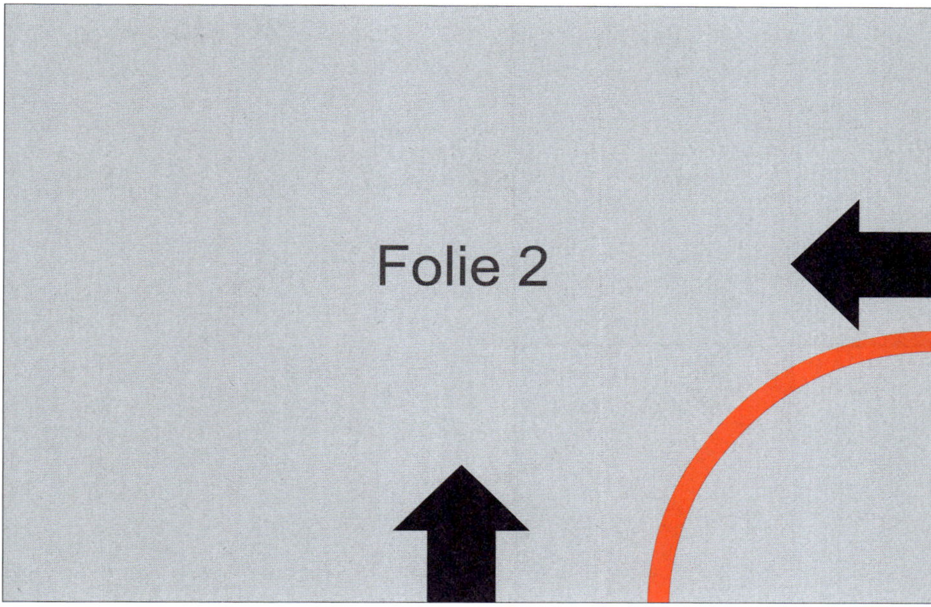

Folie 5-5: Fläche 2

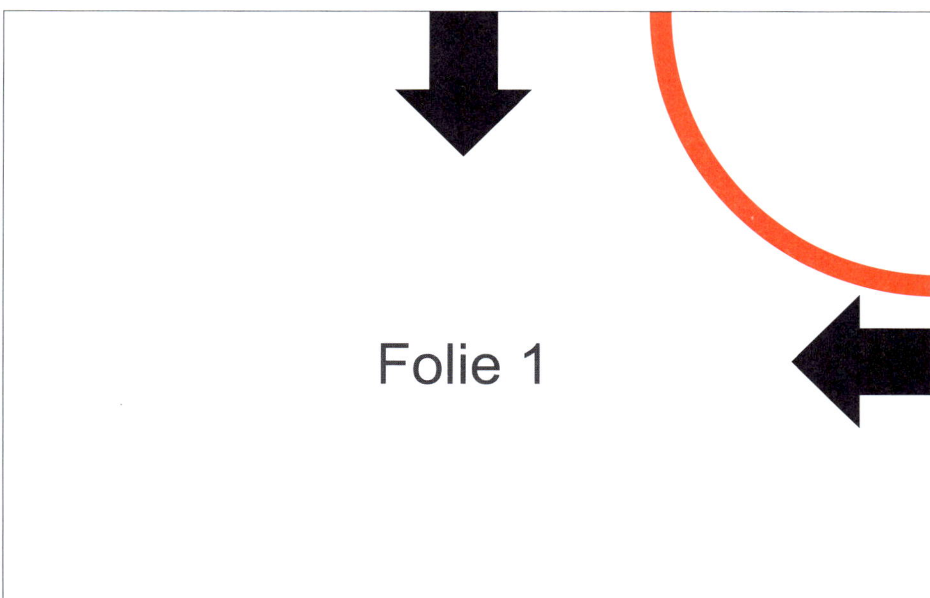

Folie 5-4: Fläche 1

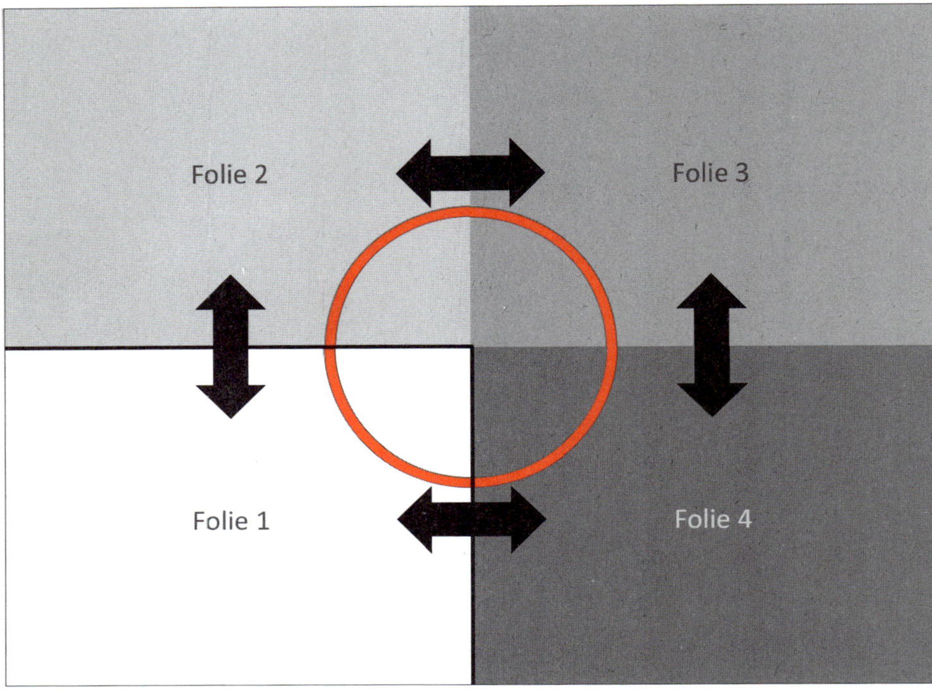

Abb. 5-6: Fläche aus 4 Folien

ordnen, dass der Eindruck entsteht, als ob sich der betrachtete Ausschnitt nach und nach über eine ganze Fläche verschiebt. Dabei können dann auch über mehrere Folien hinweg reichende Formen aufgebaut werden. Für vier Folien, die kreisförmig durchlaufen werden, ergibt sich beispielsweise ein Gesamtbild wie in Abbildung 5-6.

Folienübergänge durch Verschieben

Wenn der sichtbare Ausschnitt von Folie 1 über die Folien 2, 3 und 4 zurück zur Folie 1 geführt werden soll –, dann sind somit fünf Folien notwendig – Folie 1 erscheint am Ende erneut. Folie 2 wird von oben beim Folienübergang hineingeschoben, Folie 3 von rechts, Folie 4 von unten und die duplizierte Folie 1 abschließend von links.

Präsentationen im Experiment

In einem kontrollierten Experiment haben wir an der Universität Gießen 2010 die Wirkung unterschiedlicher Präsentationsstile getestet (s. Lobin *et al.* 2010, Dynkowska *et al.* 2012). Dazu wurde ein Muster-Vortrag zu einem wissenschaftlichen Thema (Semantisches Web) erstellt in insgesamt sechs verschiedenen Varianten von Powerpoint-Foliensätzen. Diese bestanden zum Teil aus reinen Textfolien, reinen Bildfolien oder gemischten Folien. Die Textfolien unterschieden sich sprachlich dahingehend, wie sie mit der Rede verbunden waren: nominalisierende Bulletpoint-Listen, Paraphrasen und vollständige sprachliche Identität. Zu den so entstandenen sechs Varianten kamen noch zwei „Extremformen", nämlich der reine Vortrag ohne visuelle Unterstützung und die „reine" Präsentation ohne Redebegleitung durch den Präsentator.
Diese Varianten wurden nun unter identischen Bedingungen (gleicher Redner, gleicher Hörsaal, vergleichbar zusammengesetzte Gruppen) vor jeweils einer größeren Anzahl (ca. 25) Versuchspersonen gehalten. Dabei wurde durch den Präsentator nicht nur darauf geachtet, wortwörtlich den gleichen Redetext zu produzieren, sondern auch die gleichen Blickbewegungen und Zeigegesten. Die Versuchspersonen mussten anschließend einen Fragebogen ausfüllen, mit dem abgefragt wurde, an welche Fakten aus der jeweiligen Präsentation sie sich erinnerten und wie ihnen die Präsentation in Hinsicht auf Thema, Vortragenden und Präsentationsstil gefallen hat.
Die Ergebnisse waren ausgesprochen interessant: Beim Wissenstest schneidet diejenigen Variante am besten ab, bei der die Folien komplett identisch mit der Rede gestaltet waren, diese Variante wurde aber auch als besonders langweilig gewertet. Sehr gute Ergebnisse im Wissenstest und bei der kommunikativen Bewertung erzielte hingegen eine Variante, die durch Mischfolien (weniger Text, mehr Grafiken und Bilder) und viele Aktionen durch den Präsentator (Zeigegesten, Hinwenden, Ablesen etc.) gekennzeichnet war. Beim Wissenstest schnitt der reine Vortrag am allerschlechtesten ab, die reine Folienprojektion (in der gleichen Geschwindigkeit wie während ‚richtiger' Präsentationen) hingegen erzielte dabei recht gute Werte.
Diese Forschungsergebnisse sagen kaum etwas darüber aus, wie es um den Lernerfolg bei wissenschaftlichen Präsentationen bestellt ist und wie eine solche Präsentation auf einer Konferenz wirkt. Allerdings zeigen sie, dass die Art, wie man seine Präsentation gestaltet, zu messbaren Unterschieden der Leistungen und Einschätzungen von Versuchspersonen führt. Diese Ergebnisse sind in das vorliegende Buch eingeflossen.

5.3 Animationen und Medieneinsatz

Vom Folienübergang zur Animation

Die Hinweise im vorangegangenen Abschnitt haben Ihnen gezeigt, dass Folienübergänge kreativ eingesetzt werden können, um bestimmte Wirkungen und Illusionen zu erzeugen. Dynamische Folienübergänge stellen eine Form von Animationen dar, und wir wollen uns nun ansehen, wie Animationen überhaupt in einer Präsentation sinnvoll eingesetzt werden können.

Neben der dargestellten Verwendungsweise von Animationen, der Herstellung von Präsentationsebenen oder -flächen, gibt es vier weitere Gründe, warum Animationen eingesetzt werden:

Gründe für Animationen

1. Durch Animationen können *komplexe Visualisierungen schrittweise aufgebaut* werden. Ist eine Visualisierung so komplex, dass sie nur schwer für die Zuschauer auf einen Blick erfasst werden kann, können Animationen helfen, zusammengehörende Teile der Visualisierung nach und nach einzublenden.
2. Komplexe Visualisierungen können mithilfe von Animationen in ihre Bestandteile zerlegt, also hinsichtlich ihrer *Komplexität reduziert* werden.
3. Animationen werden oft dazu eingesetzt, die *Aufmerksamkeit der Zuschauer zu lenken*. Dies geschieht durch grafische Hervorhebungen oder dynamisches Aufdecken von Inhalten.
4. Eine besonders interessante Verwendung von Animationen besteht darin, sie inhaltlich einzusetzen, wenn ein Prozess visualisiert werden soll. Es ist in einigen Präsentationsprogrammen nämlich möglich, Grafikobjekte auf der Folie automatisch zu bewegen.

Keine Animationen ohne Sinn!

Wenn in Ihrer Präsentation nicht mindestens eine dieser vier Gründe vorliegt, dann brauchen Sie keine Animationen einzusetzen. Nichts ist nämlich für die Zuschauer in einer Präsentation störender und lenkt mehr vom Inhalt ab, als wenn Animationen keinen rechten Sinn und Zweck besitzen.

Animation von Textobjekten

Absatzweise animiertes Erscheinen

Sie können grundsätzlich alles animieren, was auf der Folie erscheint, vorausgesetzt, es gibt einen guten Grund dafür. Textobjekte wie etwa Listen werden sehr häufig animiert, um die Aufmerksamkeit des Publikums auf das jeweils aktuelle Textstück zu fokussieren. Diese Funktion ist in vielen Präsentationsprogrammen bereits eingebaut und kann für einen in Absätze gegliederten Text leicht aktiviert werden. Untersuchungen von Hans-Jürgen Bucher und seinem Team, die die Blickbewegungen von Zuschauern beim Verfolgen einer Präsentation aufgezeichnet haben, zeigen, dass durch das schrittweise erfolgende „Aufdecken“ einer Bulletpoint-Liste tatsächlich der gewünschte

Effekt erzielt wird, nämlich den Blick und also die Aufmerksamkeit zwischen dem Präsentator und der Folie hin- und herzulenken.

Zurückhaltung bei der Listen-Animation

Trotzdem sollte man über diese Form der Animation genauer nachdenken, wenn man sie einsetzen möchte. Da im kreativen Stil eigentlich gar keine Bulletpoint-Listen vorkommen sollten, ist sie ohnehin auf den konventionellen Präsentationsstil beschränkt. Aber auch hier gilt, dass derartige Listen nur dann mit großer Vorsicht eingesetzt werden sollten, wenn gar keine andere Art der Inhaltsaufbereitung möglich ist. Außerdem sollten die Listen tatsächlich Listen sein und nicht nur Stichpunkte zu dem was Sie an dieser Stelle der Präsentation sagen möchten. Wenn es weitere Untergliederungsebenen in der Liste gibt, müssen Sie sich überlegen, welche Teile zusammengefasst werden können. Kaum etwas ist quälender für das Publikum als eine Textfolie, bei der 15 Mal geklickt werden muss, bevor sie komplett zu sehen ist. Sie sollten also generell erwägen, die Liste sofort als Ganzes anzuzeigen und dann diejenigen Listenelemente, auf die Sie genauer eingehen wollen, hervorzuheben.

Für die Hervorhebung von Listenelementen gibt es verschiedene Möglichkeiten:

Hervorhebung von Listenelementen

- Sie hinterlegen den hervorzuhebenden Absatz mit einem helleren oder farblich auffälligeren *Hintergrund*, ähnlich wie es auch schon beim Navigator gezeigt worden ist.
- Der aktuelle Absatz kann auch von einem *Rahmen* umgeben werden, der beim Durchlaufen der Liste jeweils die gleichen Ausmaße beibehält. Dadurch wird der Eindruck erzeugt, als ob ein Rahmen über den Text hinwegbewegt wird (s. Folie 5-7).
- Eine dritte Möglichkeit besteht darin, die jeweils nicht aktuellen Listenelemente in einer *helleren Farbe oder in grau* wiederzugeben (s. Folie 5-8). Beim nächsten Listenelement wird dieses in Schwarz und mit farbigem Bulletpoint gezeigt, während das vorige grau wird (s. Folie 5-9).

Sichtbarkeit der ganzen Liste

Dies sind drei Alternativen zum „Aufdecken" einer Bulletpoint-Liste, die Sie zur Aufmerksamkeitssteuerung in Erwägung ziehen sollten. Ihr Vorteil besteht darin, dass durch sie einerseits das Ziel der Aufmerksamkeitslenkung erreicht wird, andererseits die komplette Liste trotzdem sichtbar ist, so dass die dargestellten Informationen jeweils in ihren Gesamtzusammenhang eingeordnet werden können.

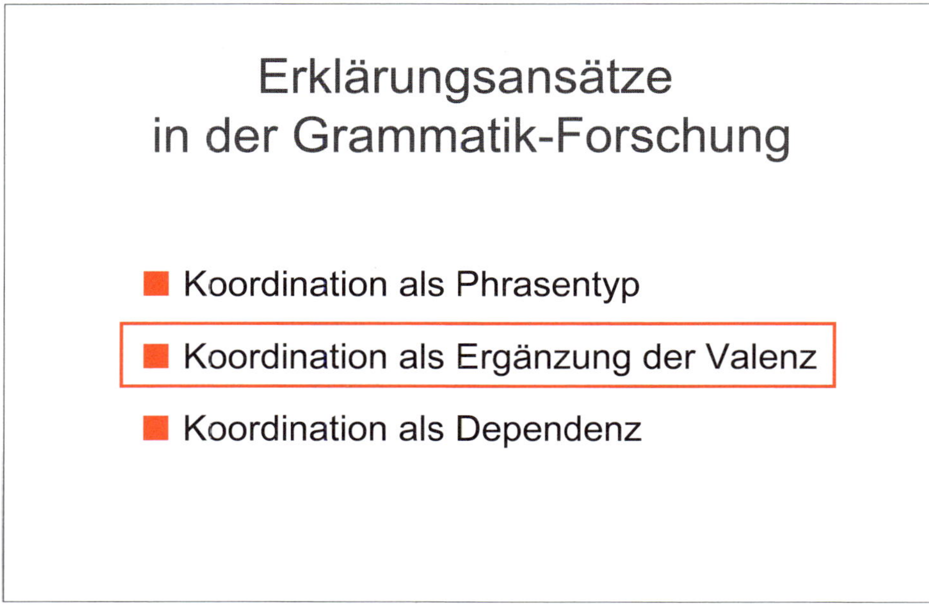

Folie 5-7: Textanimation 1

Folie 5-8: Textanimation 2a

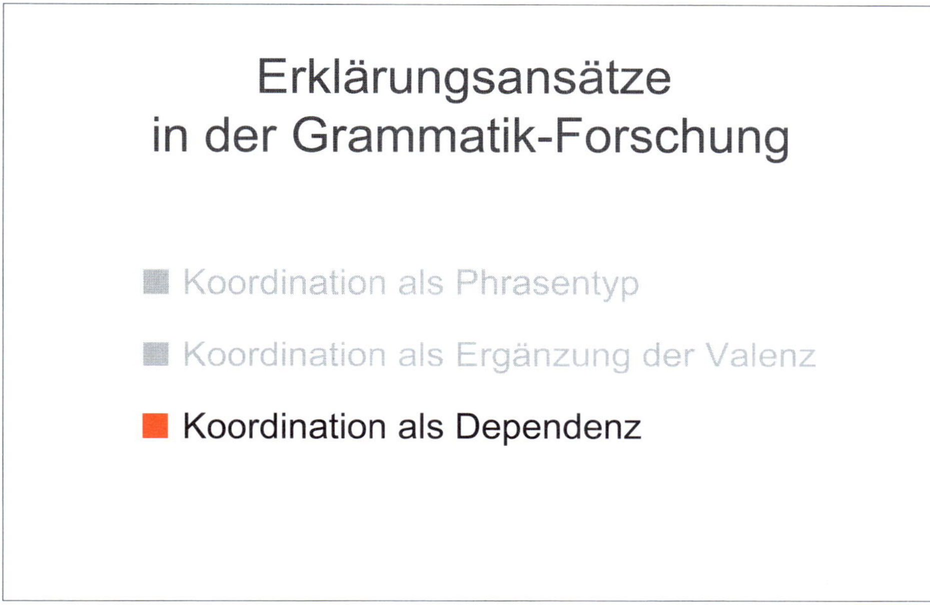

Folie 5-9: Textanimation 2b

Listen-Animation durch Folien-Übergänge

Der Übergang zwischen zwei Hervorhebungen einer Liste kann durch einen Folienübergang bewirkt werden oder durch die Animation des einzelnen Hervorhebungsobjekts, etwa des Rahmens. Die zuletzt gezeigte Hervorhebungsvariante ist allerdings nur durch Folienübergänge zu realisieren und weist deshalb den Nachteil auf, dass die Liste mit den jeweiligen Hervorhebungen in eine Folge einzelner Folien aufgeteilt werden muss. Textuelle Änderungen an der Liste müssen dann auf mehreren Folien parallel durchgeführt werden. Entscheidet man sich für die Hervorhebung durch Rahmen oder geometrische Objekte als Texthintergründe, dann kann dies auch auf einer einzelnen Folie geschehen, indem die etwa für die jeweiligen Rahmen eine „Erscheinen“- und eine „Beenden“-Aktion festgelegt wird. Dadurch entsteht auf der Folie eine komplexe Animationsabfolge, die allerdings sehr genau hinsichtlich der Interaktionspunkte (s. nachfolgendes Kapitel) beeinflusst werden kann.

Keine zu auffälligen Animationen

Bei der Gestaltung der Übergangsanimation ist weitgehende Reduktion zu empfehlen. Sie sollten sich für einen direkten, „nicht animierten“ Übergang entscheiden, allenfalls für ein weiches Blenden. Eine Ausnahme stellen Animationstypen dar, die eine sinnvolle Bewegung ergeben, also etwa das gleitende Verschieben des Hervorhebungsrahmens von der einen zur nächsten Position.

Animation zentraler Visualisierungen

Unterstützung der Visualisierung durch Animationen

Die zentralen Visualisierungen einer Präsentation sind von entscheidender Bedeutung, wenn es darum geht, die Inhalte verständlich zu machen und dem Zuschauer einen bleibenden Eindruck zu vermitteln. Diskussionen, die sich wissenschaftlichen Präsentationen anschließen, kreisen oftmals um derartige Visualisierung, da sie es erlauben, Fragen und Kritik in einen größeren Zusammenhang zu stellen. Sehen wir uns deshalb an, wie die im vorangegangenen Kapitel entwickelten zentralen Visualisierungen für die drei Beispielthemen so animiert werden können, dass die wichtigsten Aussagen noch besser vermittelt werden.

Animation der „Wittgenstein"-Visualisierung

Wir haben gesehen, dass das *Leben Ludwig Wittgensteins* sehr gut mit einer Karte visualisiert werden kann, die die Lebensorte durch Pfeile miteinander verbindet, durch die die zeitliche Abfolge der Stationen symbolisiert wird. Problematisch dabei ist allerdings, dass sich dieser Weg mehrfach zwischen Österreich und England hin- und herbewegt, so dass sich kein deutlicher Pfad ergibt, sondern eher eine zirkuläre Struktur.

Lebensphasen als Animationsschritte

Durch eine Animation der Abfolge der Lebensorte kann dieses Problem behoben werden. Dabei werden die Pfeile einer nach dem anderen so animiert, dass bei jedem Mausklick eine Lebensphase „durchlaufen" wird. Zusätzlich werden die jeweiligen Jahreszahlen der Phasen und temporär wichtige Orte eingeblendet. Die Animation erfolgt also in Gruppen, jeder Klick führt zur Animation mehrerer Objekte, so dass eher von einer Animationssequenz gesprochen werden muss, die bei einem Klick ausgelöst wird. Im Folgenden sind die ersten Animationsschritte für die animierte Wittgenstein-Lebenskarte detailliert aufgeführt:

Ausgangspunkt: Karte von Mitteleuropa, Wien ist markiert und beschriftet (s. Folie 5-10).

Klick 1 Wien wird durch einen konzentrischen Kreis hervorgehoben, oben links erscheint ein weißes Feld mit dem Textstück „1889-1906" (s. Folie 5-11).

Folie 5-10: Wittgensteins Lebensweg Ausgangsbild

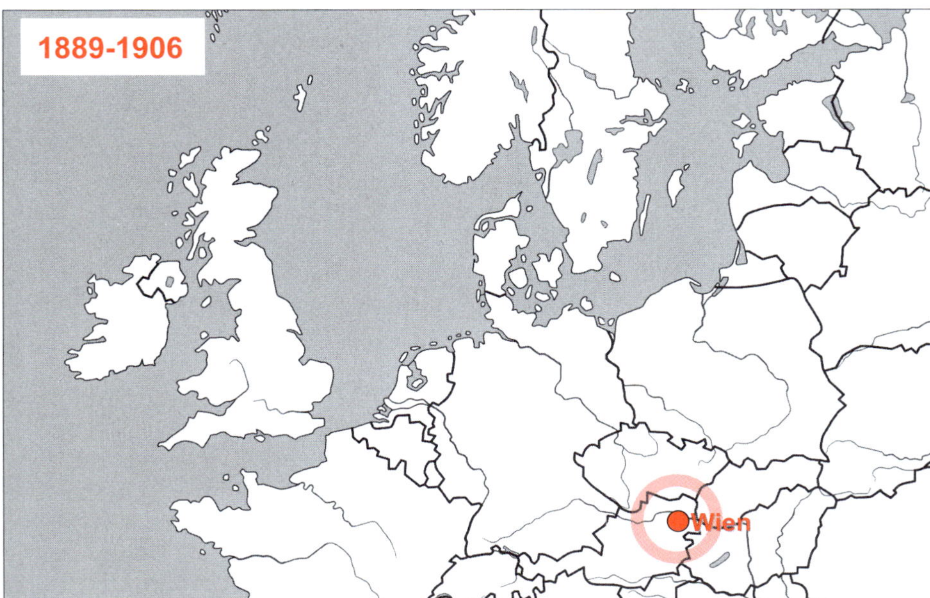

Folie 5-11: Wittgensteins Lebensweg Klick 1

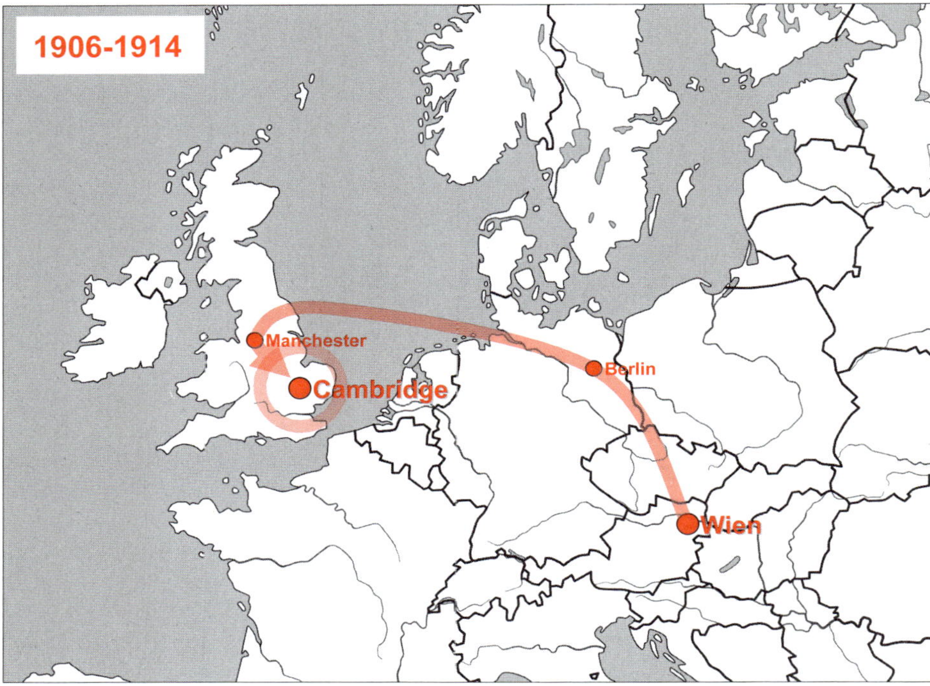

Folie 5-12: Wittgensteins Lebensweg Klick 2

Klick 2 Ein geschwungener Pfeil entwickelt sich von Wien über Berlin und Manchester nach Cambridge, die dabei jeweils auf der Karte erscheinen. Währenddessen verblasst die Hervorhebung von Wien. Gleichzeitig wird Cambridge hervorgehoben. Im Textfeld oben links wird der bisherige Inhalt durch die neuen Jahreszahlen „1906-1914" überblendet (s. Folie 5-12).

Klick 3 Ein geschwungener Pfeil entwickelt sich von Cambridge über Oberitalien und Niederösterreich zurück nach Wien. Währenddessen verblasst der vorherige Pfeil von Wien nach Cambridge und die Markierungen für die weniger wichtigen Orte Berlin und Manchester. Die Hervorhebung von Cambridge verblasst, gleichzeitig erscheint wieder eine Hervorhebung von Wien. Im Textfeld wird der bisherige Text durch „1914-1929" überblendet (s. Folie 5-13).

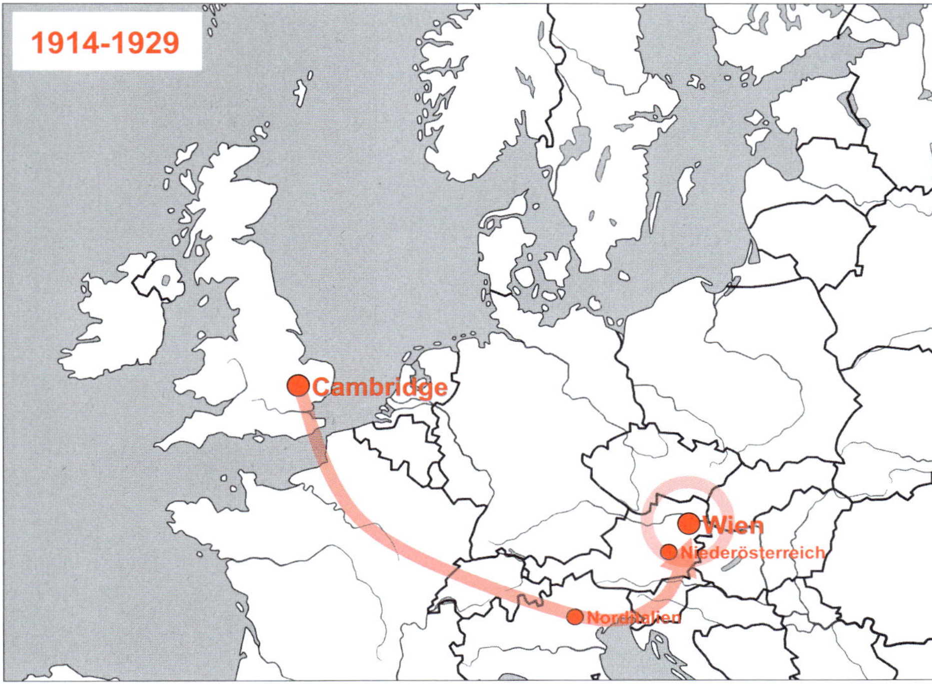

Folie 5-13: Wittgensteins Lebensweg Klick 3

Die zeitliche Abfolge der einzelnen Animationen muss dabei für jeden Animationsschritt genau festgelegt werden. Wenn sich der Pfeil von Wien nach Cambridge ausdehnt (realisiert zum Beispiel durch „Wischen – nach links oben"), sollte Cambridge erst dann auf der Karte erscheinen, wenn die Spitze die entsprechende Stelle auf der Karte erreicht. Auch der Wechsel der Hervorhebung von Wien zu der von Cambridge muss lückenlos geschehen, die Einblendung der Jahreszahlen zeitlich parallel erfolgen und nicht erst nach Ende der Sequenz.

Genaue zeitliche Planung

Ein wichtiges Element der Animationsinszenierung besteht darin, die richtige Anzahl von Klicks, also Interaktionspunkten, festzulegen. Jeder vorgesehene Klick, an dem eine Animationssequenz beginnt, bildet zugleich auch eine Pause im Ablauf, die Sie befähigt, eine inhaltliche Ausführung zu beenden. Diese sollte tatsächlich eine thematische Einheiten bilden und nicht durch die Notwendigkeit weiterer Klicks unterbrochen werden. Wenn Sie also die Phase von 1914 bis 1929 in Wittgensteins Leben zu-

Festlegung von Klicks

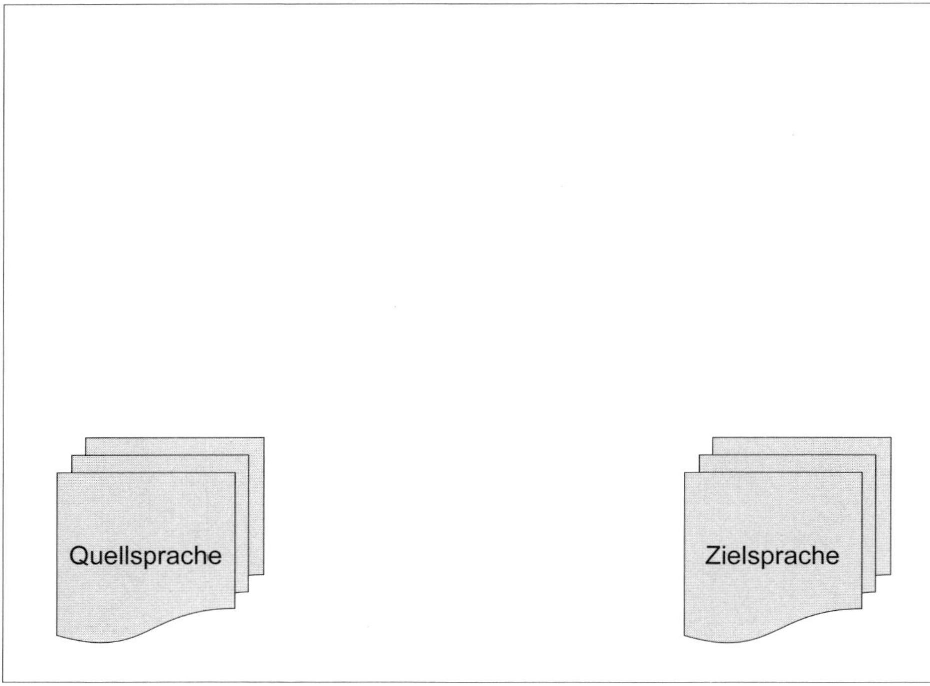

Folie 5-14: Methoden der MT Klick 1 und Klick 2

sammenhängend darstellen wollen, sollten die dazu gehörenden Animationen durch einen einzigen Klick am Anfang aktiviert werden.

Bündelung von Animationen

Die Bündelung von Animationen kann auf zwei Wegen realisiert werden: Sie können die Objekte, um die es geht, zu einer Objektgruppe zusammenfassen und für diese Gruppe dann eine Animation als Ganzes festlegen. Dadurch können Sie dann zwei unverbundene, an getrennten Stellen der Projektionsfläche erscheinende Objekte beispielsweise durch eine übergreifende „Wischen"-Bewegung erscheinen lassen. Die zweite Möglichkeit ist die zeitliche Koordination von zwei einzelnen Animationsschritten. In den meisten Präsentationsprogrammen haben Sie die Möglichkeit, zwei Ereignisse zeitlich explizit miteinander in Verbindung zu setzen, sie also gleichzeitig oder mit einem bestimmten zeitlichen Versatz geschehen zu lassen. So ist auch die nacheinander erfolgende Animation der Pfeile auf der Karte und das Erscheinen der Städtemarkierungen und ihrer Beschriftungen umzusetzen.

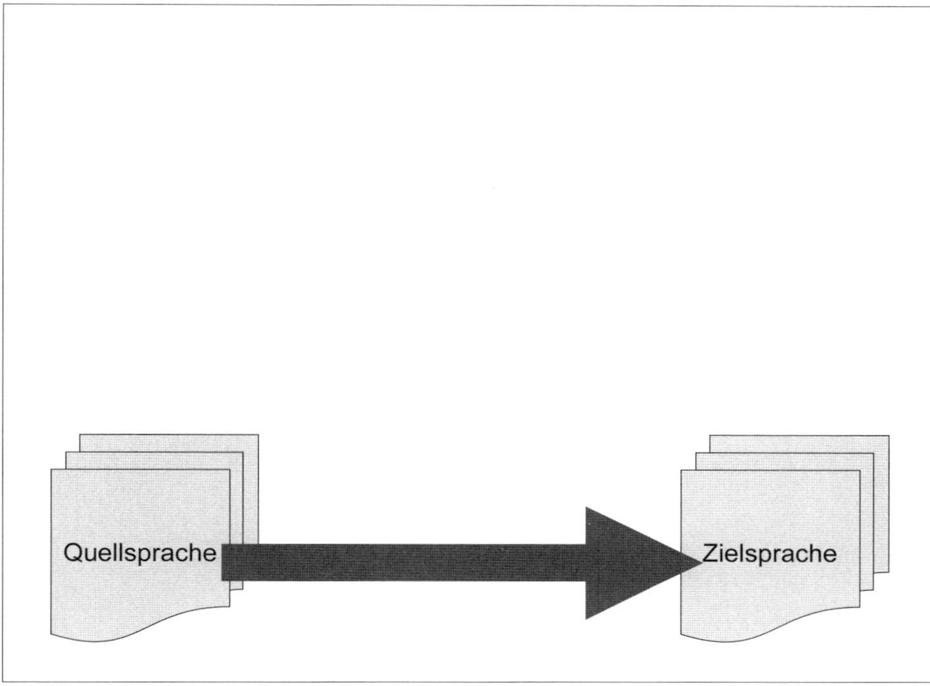

Folie 5-15: Methoden der MT Klick 3

Animation der „MÜ"-Visualisierung

Beim zweiten Thema, den *Methoden der Maschinellen Übersetzung*, ergibt sich die Animationsdynamik nicht im Wesentlichen aus dem Gegenstand selbst wie bei der Darstellung von Wittgensteins Leben, sondern wird ausschließlich aus den Überlegungen zur rhetorisch-didaktischen Vorgehensweise motiviert.

Grundlegende „Bewegung"

Worin besteht die Essenz der dargestellten Methoden? Sie stellen eine Verbindung her zwischen Texten zweier verschiedener Sprachen. Mit dieser einfachen Beobachtung sollten Sie ansetzen, indem Sie zunächst mit Klick 1 die symbolische Darstellung der Ausgangssprache („Quellsprache"), mit Klick 2 die der Zielsprache erscheinen lassen (s. Folie 5-14). Dabei erläutern Sie vielleicht, welche Sprachen besonders häufig Quellsprache sind, welche Zielsprache, und welche besonderen Herausforderungen sich dabei jeweils ergeben.

Mit Klick 3 verbinden Sie beide Sprachen durch einen Pfeil, der sich von links nach rechts entwickelt und den Übersetzungsprozess darstellt (s. Folie 5-15).

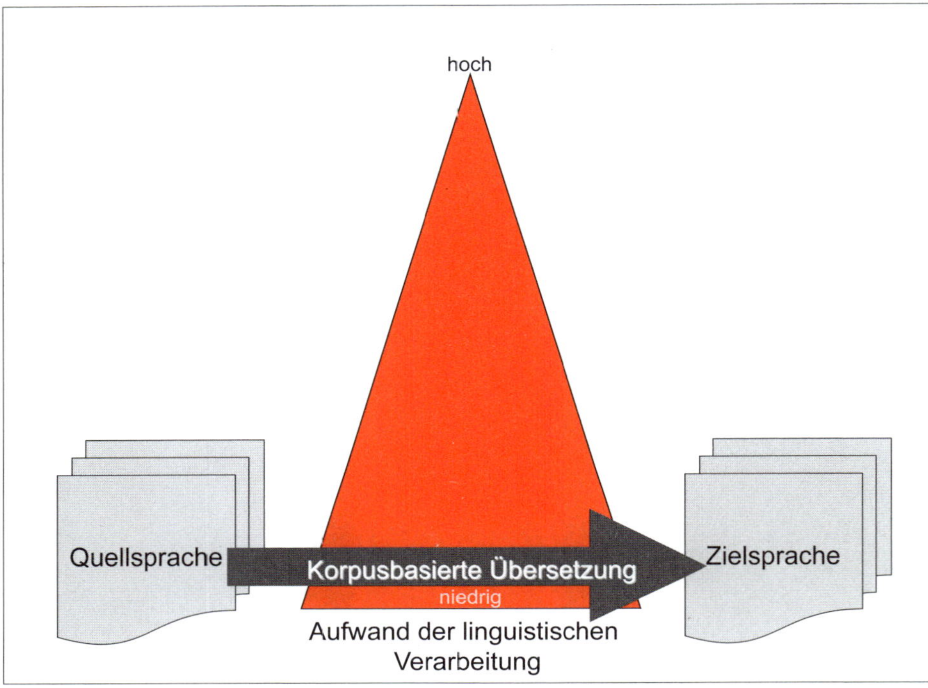

Folie 5-16: Methoden der MT Klick 4

Damit haben Sie die allgemeine Basis des Übersetzungsprozesses dargestellt. Bei Klick 4 konkretisieren Sie den maschinellen Übersetzungsprozess durch die Angabe eines Verfahrens („korpusbasierte Übersetzung"), das Sie zugleich zur Komplexität des Verarbeitungsaufwands in Beziehung setzen. Dabei kann beispielsweise der Name dieses Verfahrens im schon sichtbaren Pfeil erscheinen, danach entwickelt sich das Dreieck, das die Übersetzungskomplexität repräsentiert, zusammen mit allen Beschriftungen von unten nach oben auf der Folie (s. Folie 5-16).

Animationsentwicklung erfolgt rückwärts

Bei diesem Schritt ist besonders gut zu erkennen, dass Sie derartige Animationen von hinten nach vorne entwickeln sollten. Fangen Sie mit der komplexeren Darstellungssituation, dem Ziel, zu dem Sie durch eine Animationssequenz gelangen wollen, an, duplizieren Sie diese Folie und setzen Sie sie davor. Dann können Sie auf der kopierten Folie durch Löschung von Gestaltungselementen den Ausgangspunkt der Animationssequenz herstellen.

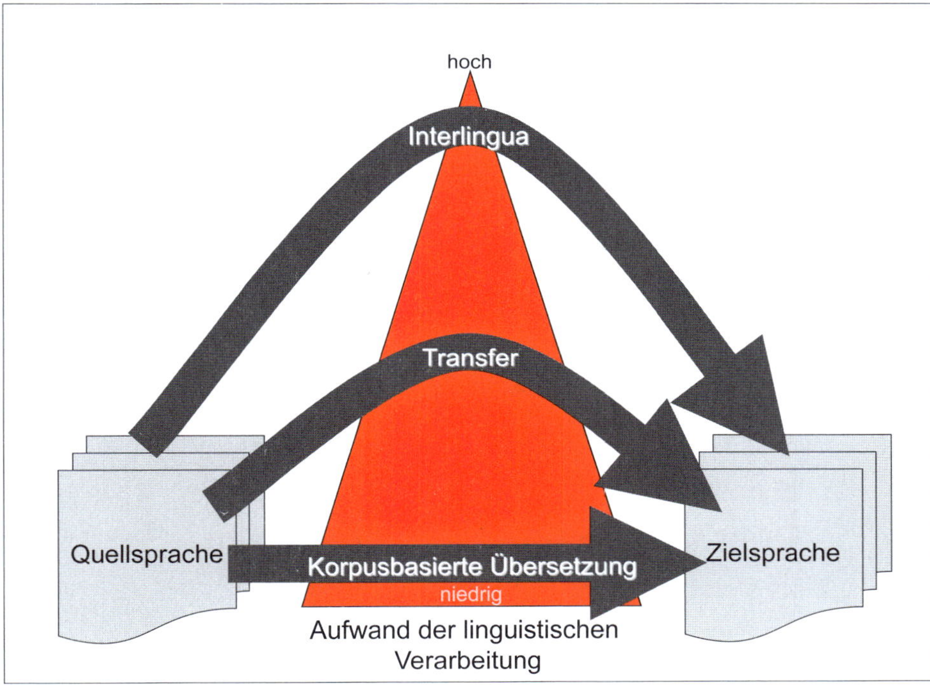

Folie 5-17: Methoden der MT Klick 5 und 6

Sie können nun auf der Zielfolie die neu hinzukommenden Elemente so animieren, dass sich eine flüssige Animationssequenz ergibt.

Bei unserem Beispiel sieht der Zielzustand nun so aus, wie auf Folie 5-17 dargestellt. Der kann nun recht einfach so erreicht werden, dass sich bei Klick 5 der Pfeil mit der Beschriftung „Transfer" von links nach rechts entwickelt, bei Klick 6 der mit der Beschriftung „Interlingua".

Animation der „Koordination" – Visualisierung

Beim dritten Beispielthema, der *Syntax der Koordination*, ergibt sich die Animation aus der Struktur der zentralen Visualisierung. Ausgangspunkt bildet dabei die Darstellung des nicht koordinierten Vergleichssatzes auf der linken Seite (s. Folie 5-18).

Mit Klick 1 entwickelt sich daraus nach rechts die erste der drei Koordinationsstrukturen (s. Folie 5-19). Entsprechend verfahren Sie dann auch mit den zwei weiteren Analyse-Alternativen.

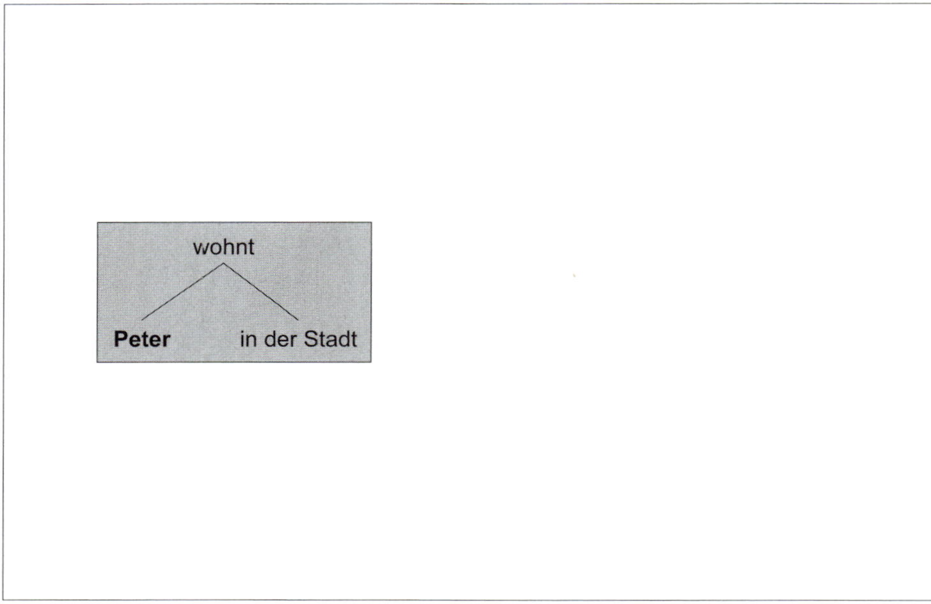

Folie 5-18: Syntax der Koordination Ausgangsbild

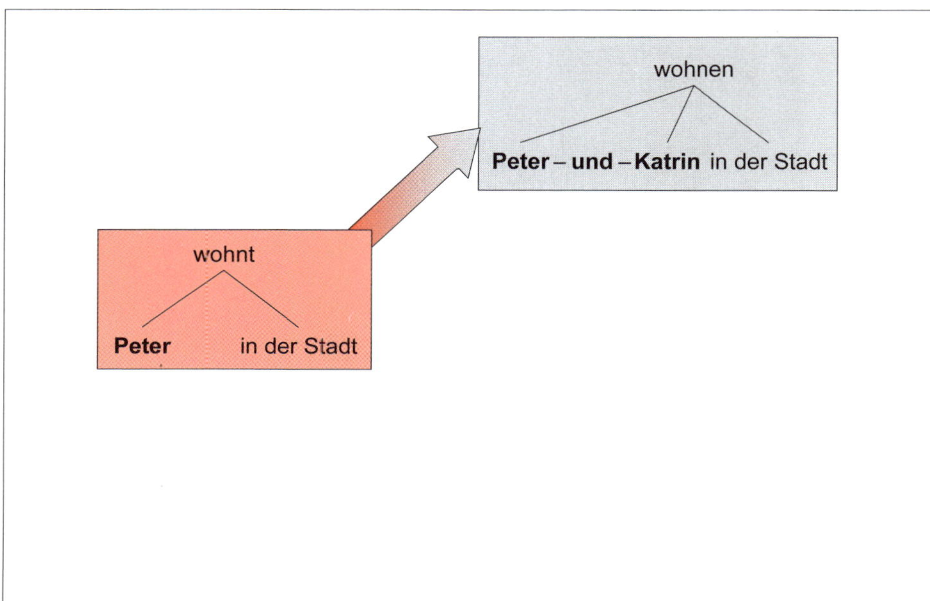

Folie 5-19: Syntax der Koordination Klick 1

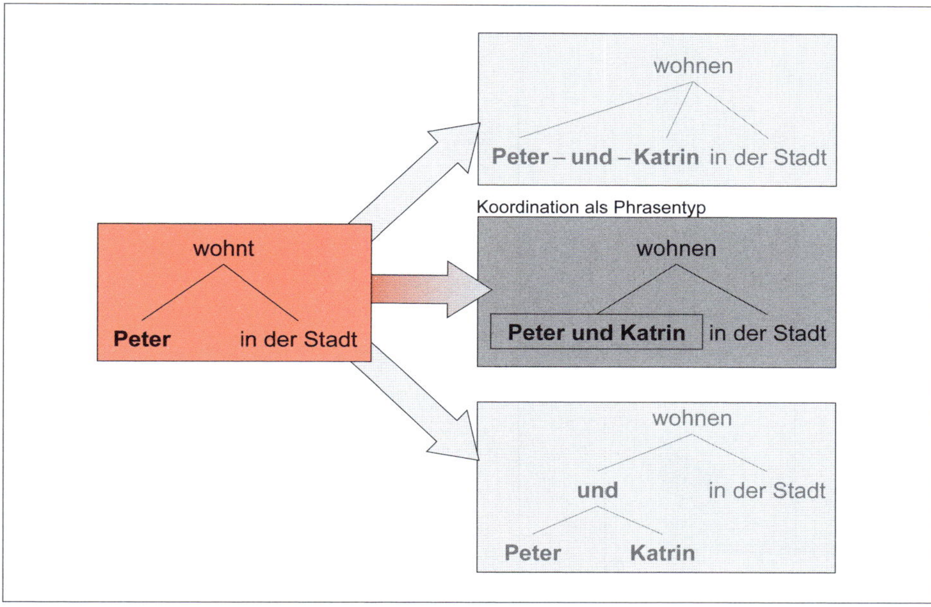

Folie 5-20: Syntax der Koordination fokussiert

Aufmerksamkeitslenkung in komplexen Visualisierungen

Nicht nur in Textfolien, sondern auch bei komplexen Visualisierungen kann es sinnvoll sein, die Aufmerksamkeit des Publikums gezielt zu lenken. Dafür gibt es ähnliche Möglichkeiten wie bei Textfolien. In der Übersicht über die verschiedenen Strukturen der Koordinationssyntax können beispielsweise die gerade nicht thematisierten Strukturen in grau dargestellt werden (s. Folie 5-20). Neben der farblichen Hervorhebung gegenüber den in grau dargestellten Varianten besitzt als weiteres Element der Hervorhebung nur die fokussierte Variante eine Beschriftung.

„Abgegraute" Darstellung

Beschriftung

Als Alternative zu einer derartigen „abgegrauten" Darstellung ist auch eine Kombination aus Verknappung und Hervorhebung empfehlenswert. In der Visualisierung der verschiedenen Verfahren der Maschinellen Übersetzung etwa kann eine der Methoden hervorgehoben werden, indem die anderen unterdrückt und zugleich weitere Informationen zur fokussierten Methode eingeblendet werden (s. Folie 5-21)

Kombination von Aufmerksamkeitslenkung und Animation

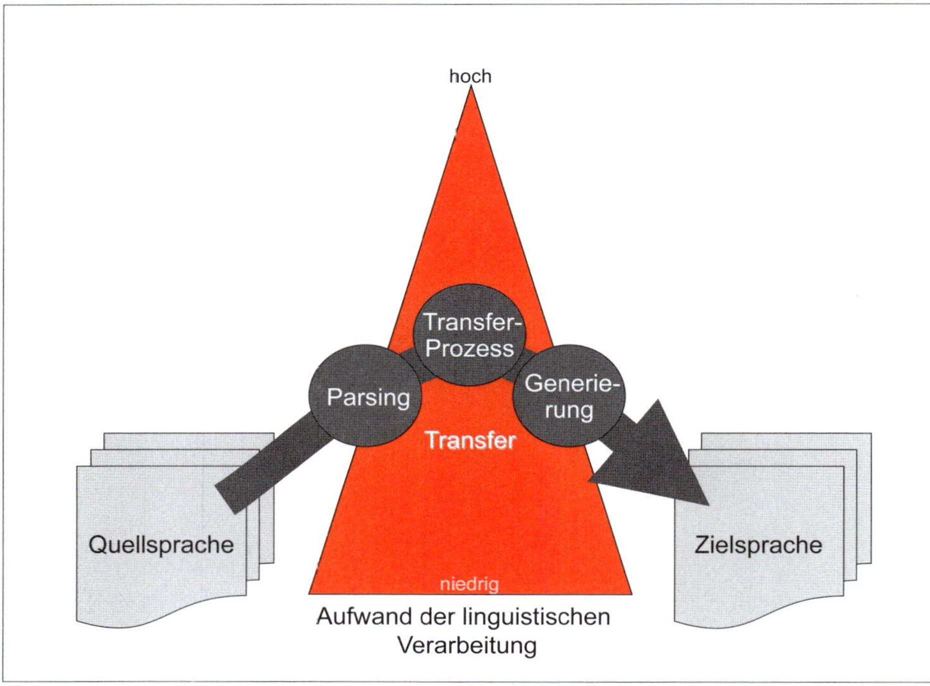

Folie 5-21: MT Transfer fokussiert

Als Animationssequenz, die zu diesem Darstellungszustand führt, wäre es denkbar, zunächst die beiden anderen Übersetzungswege verblassen zu lassen, um dann die drei Kreise „Parsing“, „Transfer-Prozess“ und „Generierung“ erscheinen zu lassen. Mit einem Klick sollte dabei also die Fokussierung und das Hervortreten der ergänzenden Informationen (hier der Kreise) ausgelöst werden, um den Präsentator von weiteren Interaktionen mit dem Präsentationssystem in dieser thematischen Einheit zu befreien.

Pfadanimation

Für die fokussierte Darstellung von Prozessen gibt es besondere Möglichkeit, die im gedruckten Medium leider noch unvollkommener wiedergegeben werden kann als schon die bisherigen Formen der Folienanimation. Dabei handelt es sich um die sogenannte Pfadanimation. Darunter versteht man die kontrollierte Bewegung einzelner Gestaltungselemente auf der Folie, die wie auch andere Animationsformen in Animationssequenzen einge-

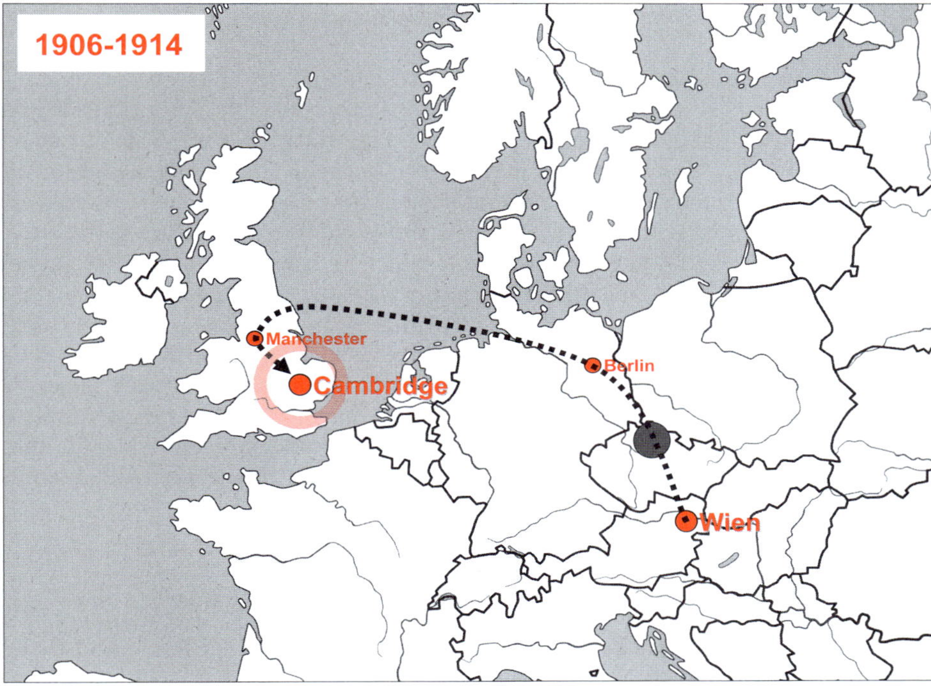

Folie 5-22: Wittgensteins Lebensweg pfadanimiert

baut werden kann. Wittgensteins Reise von Wien über Berlin und Manchester nach Cambridge kann damit nicht nur als ein animierter, aber ansonsten statisch platzierter Pfeil dargestellt werden, sondern durch die *tatsächliche* Bewegung eines Grafikobjekts auf der Europa-Karte auf dieser Route (s. Folie 5-22).

Sinnvolle Symbolik notwendig

Bei einer sehr elaborierten Umsetzung einer solchen Pfadanimation würden die Markierungen für die Städte Berlin, Manchester und Cambridge genau in dem Moment erscheinen, wenn der graue Kreis, der die Person Ludwig Wittgensteins repräsentiert, auf seinem Pfad an ihnen vorüberkommt. Wie bei allen Arten der Animation ist allerdings auch bei der Pfadanimation darauf zu achten, dass sie nicht zu einer technischen Spielerei in Ihrer Präsentation verkommt. Achten Sie strikt darauf, dass tatsächlich ein Mehrwert durch alle eingesetzten Animationen für die Vermittlung der Inhalte entsteht, und das gilt erst recht für die besonders auffällige Form der Pfadanimation.

Animation von Diagrammen und Tabellen

Reynolds zu Tabellen

Garr Reynolds vertritt in „Presentation Zen“ die Auffassung, dass Tabellen und Graphen nur in stark gefilterter Form in eine Präsentation Eingang finden sollten. Haben Sie eine Tabelle mit 20 Werten, dann wählen Sie, so Reynolds, nur drei aus und stellen Sie diese in einem einfachen Balkendiagramm dar. Weitere Werte können Sie dann in einem Handout zur Verfügung stellen.

Tabellen in wissenschaftlichen Präsentationen

Diese Hinweise haben sehr viel für sich. Allerdings besteht bei wissenschaftlichen Präsentationen oftmals eine andere Situation – hier müssen die Daten in ihrem Zusammenhang gezeigt werden, eine Auswahl könnte als Manipulation gewertet werden. Welche anderen Möglichkeiten gibt es also? Sehen wir uns als Beispiel die folgende Tabelle an, eine Aufstellung der Entwicklung der Studierendenzahlen in Deutschland nach Bundesländern in den Wintersemestern 2008/09 bis 2010/11 (Quelle: Statistisches Bundesamt):

Bundesland	**2008/09**	**2009/10**	**2010/11**
Baden-Württemberg	261.324	277.367	290.286
Bayern	258.839	272.666	287.432
Berlin	135.327	140.070	147.030
Brandenburg	46.865	49.633	50.941
Bremen	31.405	31.160	31.848
Hamburg	71.911	75.503	80.115
Hessen	171.249	185.996	196.545
Mecklenbg.-Vorp.	36.817	38.907	39.562
Niedersachsen	140.239	143.927	149.899
Nordrhein-Westfalen	484.118	508.534	535.454
Rheinland-Pfalz	107.116	109.478	113.069
Saarland	21.618	22.821	25.343
Sachsen	107.355	109.363	109.761
Sachsen-Anhalt	52.034	52.924	54.078
Schleswig-Holstein	48.366	50.307	52.344
Thüringen	50.724	52.522	53.587

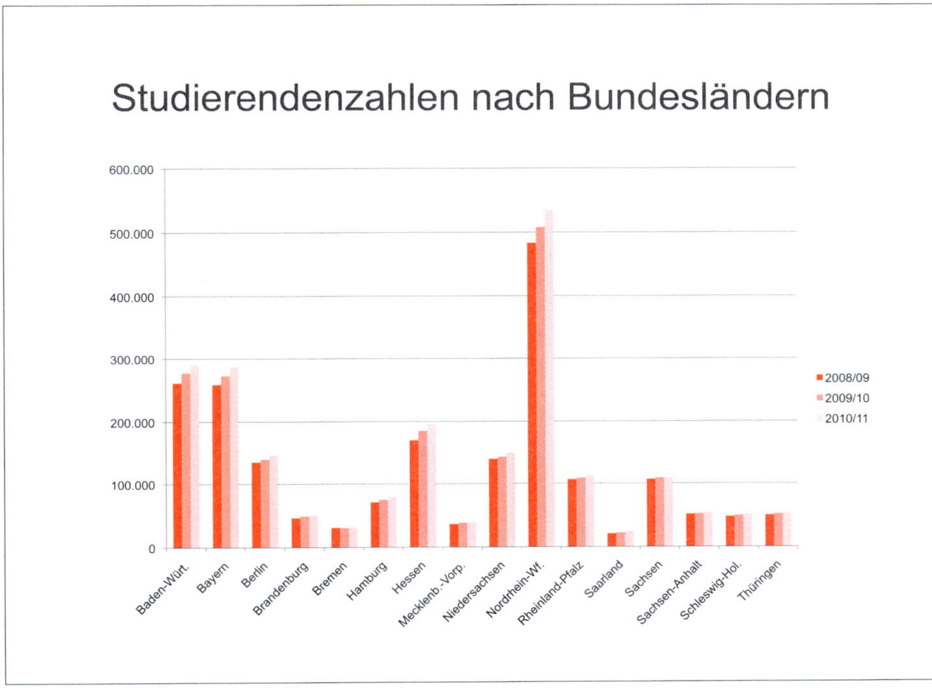

Folie 5-23: Säulendiagramm

Umsetzung als Balkendiagramm

Wenn Sie eine solche Tabelle in einem Tabellenkalkulationsprogramm anlegen, dann können Sie sich daraus leicht eine grafische Umsetzung erzeugen lassen. Dabei stehen Ihnen verschiedene Möglichkeiten offen, von einfachen Balkendiagrammen bis hin zu perspektivisch angelegten Flächenverläufen. Generell ist auch hier zu empfehlen, eine einfache, klare Geometrie gegenüber komplexeren Umsetzungen zu bevorzugen (s. Folie 5-23).

Zusatzauswertungen

Was wollen Sie mit einem solchen Säulendiagramm eigentlich zeigen? Hier werden offensichtlich absolute Werte angezeigt. Wenn es Ihnen aber darum geht, den Anstieg der Studierendenzahlen in den Bundesländern darzustellen, ist dieses Säulendiagramm denkbar ungeeignet, denn die Veränderungen in der Höhe der Säulen ist ja in Relation zu setzen zu ihrer Höhe überhaupt. Sie sollten Ihre Inhalte also so weit aufbereiten, dass auch darstellbare Informationen hervortreten. Sie könnten dazu bei diesem Beispiel etwa die prozentuale Veränderung von 2009/10 und 2010/11 gegenüber 2008/09 berechnen:

Bundesland	Veränderung zu 2008/09 in ... 2009/10	2010/11
Baden-Württemberg	6,1	11,1
Bayern	5,3	11,0
Berlin	3,5	8,6
Brandenburg	5,9	8,7
Bremen	-0,8	1,4
Hamburg	5,0	11,4
Hessen	8,6	14,8
Mecklenbg.-Vorp.	5,7	7,5
Niedersachsen	2,6	6,9
Nordrhein-Westfalen	5,0	10,6
Rheinland-Pfalz	2,2	5,6
Saarland	5,6	17,2
Sachsen	1,9	2,2
Sachsen-Anhalt	1,7	3,9
Schleswig-Holstein	4,0	8,2
Thüringen	3,5	5,6

Aufgrund einer derartigen Zusatzauswertung können Sie Detailinformation in dem Säulendiagramm gezielt einblenden und mit Hervorhebungen verbinden.

Hervorhebung durch Farbe

Zur Hervorhebung kann auch die gezielte Einfärbung einzelner Säulen dienen (s. Folie 5-24). Sind in der Darstellung etwa alle Säulen in grau gehalten, sticht es natürlich deutlich heraus, wenn eine dieser Gruppen in Rottönen erscheint. Wenn Sie eine derartige Hervorhebung, bei der also nur die Farbe geändert wird, unmittelbar hinter eine Folie stellen, in der das gleiche Diagramm ohne farbige Hervorhebungen zu sehen ist, dann können Sie über den Folienübergang interessante Animationseffekte erzeugen. Über „Wischen von unten" werden die Säulen von unten nach oben gleitend eingefärbt, beim Übergang „Verblassen" in einem kontinuierlichen Farbwechsel von grau zu rot.

Hervorhebung in Tabelle

Wenn Sie doch nicht umhin kommen, tatsächlich eine Tabelle anzuzeigen, sollten Sie grafische Hervorhebungen einsetzen.

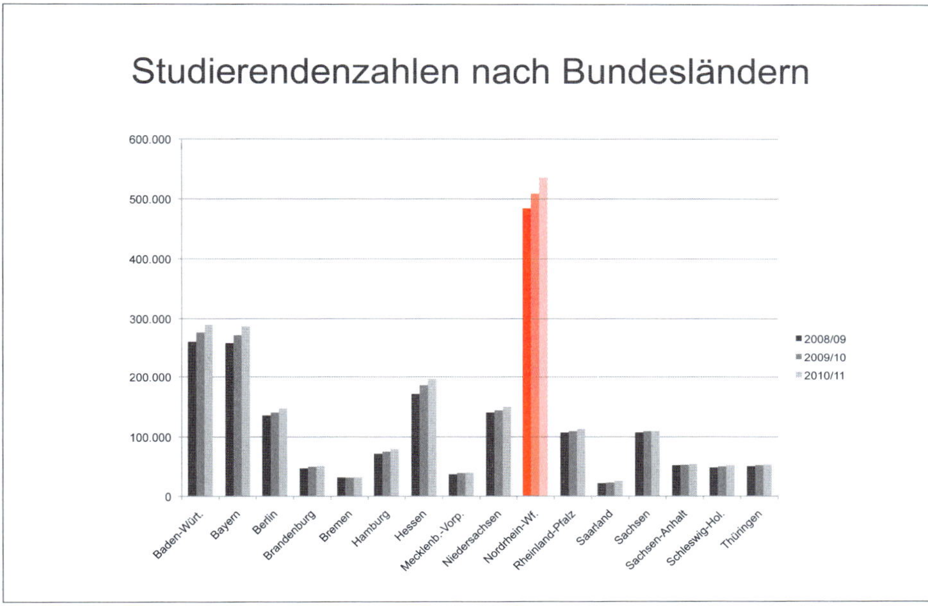

Folie 5-24: Säulendiagramm mit Hervorhebungen

Studierendenzahlen nach Bundesländern

Bundesland/Semester	**2008/09**	**2009/10**	**2010/11**
Baden-Württemberg	261.324	277.367	290.286
Bayern	258.839	272.666	287.432
Berlin	135.327	140.070	147.030
Brandenburg	46.865	49.633	50.941
Bremen	31.405	31.160	31.848
Hamburg	71.911	75.503	80.115
Hessen	171.249	185.996	196.545
Mecklenbg.-Vorp.	36.817	38.907	39.562
Niedersachsen	140.239	143.927	149.899
Nordrhein-Westfalen	484.118	508.534	535.454
Rheinland-Pfalz	107.116	109.478	113.069
Saarland	21.618	22.821	25.343
Sachsen	107.355	109.363	109.761
Sachsen-Anhalt	52.034	52.924	54.078
Schleswig-Holstein	48.366	50.307	52.344
Thüringen	50.724	52.522	53.587

Folie 5-25: Tabelle mit Hervorhebungen

Animation der Hervorhebungen

Überlegen Sie sich von vornherein, in welcher Reihenfolge Sie die Werte diskutieren wollen. Sie können dann mit einer Tabelle ohne Hervorhebungen beginnen, dann zunächst einen Wert, eine Spalte oder eine Zeile hervorheben (hier zum Beispiel die Zeile vom Bundesland mit den Höchstwerten durch einen roten Kasten), dann eine zweiten (hier die niedrigsten Werte beispielsweise durch einen schwarzen Kasten, s. Folie 5-25).

Genau inszenieren!

Damit Sie eine solche Tabelle mit vielen Werten wirklich gewinnbringend in einer Präsentation einsetzen können, ist sehr viel Inszenierungsaufwand vonnöten, und Sie sollten mit jedem Klick genau zu dem Wert kommen, auf den Sie bei der Aufführung der Präsentation in diesem Moment hinweisen wollen.

Animation von Diagrammen

Diagramme sind auch einzeln animierbar. Wenn Sie etwa ein Säulendiagramm durch das Tabellenkalkulationsprogramm Excel erstellen lassen, dann kann dieses nach Übernahme in Powerpoint in der Weise animiert werden, dass einzelne Datenreihen, Kategorien oder sogar jeder einzelne Wert erst auf Knopfdruck erscheinen. Sehr sinnvoll ist das nicht: Der „Wert“ einer Säule im Säulendiagramm liegt in ihrer Relation zu den Nachbarsäulen. Das animierte Erscheinen einzelner Datenpunkte in einem Diagramm ist demnach nur dann zu empfehlen, wenn es sich um zusätzliche Daten handelt, die mit einem schon bestehenden Darstellungszusammenhang in Beziehung gesetzt werden.

Spannungsaufbau durch Animation

Allerdings hängt es auch hier von den thematischen Voraussetzungen ab: Wollen Sie Ihre Ergebnisse wie die Hochrechnungen nach einer Wahl mit einem Überraschungseffekt präsentieren und gibt es vor allem einen Bezugsrahmen (zum Beispiel Daten einer ersten Messreihe), dann können Sie tatsächlich so vorgehen. Auch bei einem Tortendiagramm kann es aus Gründen der Aufmerksamkeitslenkung sinnvoll sein, die verschiedenen „Tortenstücke“ nacheinander erscheinen zu lassen.

Eine Extremform: Der „Animierte Präsentationsstil“

Folie als Tafel

Die Darstellungen der Möglichkeiten der Animation in den vorangegangenen Abschnitten haben bei Ihnen vielleicht noch eine andere Überlegung aufkommen lassen: Warum fassen wir Präsentation überhaupt noch als eine Abfolge von Folien auf, warum setzen wir die Möglichkeiten der Dynamisierung also nicht so

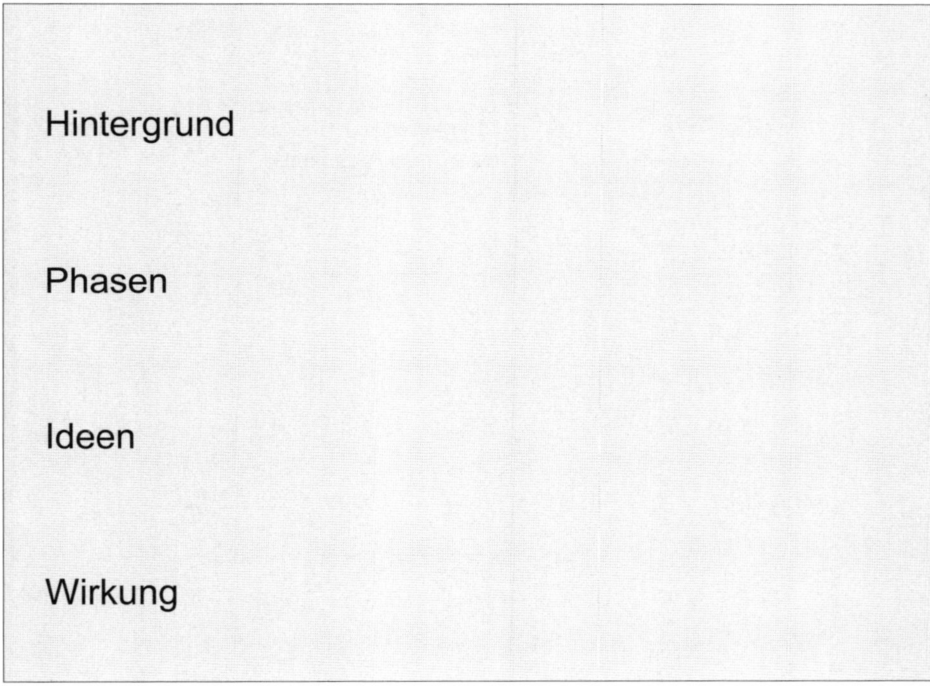

Folie 5-26: Animierter Stil 1

ein, dass für die Zuschauer gar kein wahrnehmbarer Folienwechsel mehr stattfindet? Stattdessen bildet die Folie eine Art Tafel oder Pinnwand, auf der die neuen Informationen erscheinen, alte hingegen überdeckt werden oder wieder verschwinden.

Folien nur für technische Realisierung

In der Tat kann ein solcher Präsentationsstil auch in folienbasierten Präsentationsprogrammen leicht realisiert werden. Folien werden dabei wie im kreativen Stil nicht als thematische Einheiten verstanden, aber auch nicht wie dort als „mikrothematische" Einheit, Folien bilden dann nur noch die Grundlage der technischen Realisierung und bleiben als solche weitgehend unsichtbar.

Beispiel: Sichtbar bleibende Gliederung

Wie kann nun so etwas konkret aussehen? Einen Ausgangspunkt kann beispielsweise die Gliederung bilden, die während der ganzen Präsentation zu sehen ist (s. Folie 5-26). Eine Textfläche kann dann mit einem dieser Gliederungspunkte verbunden werden (s. Folie 5-27).

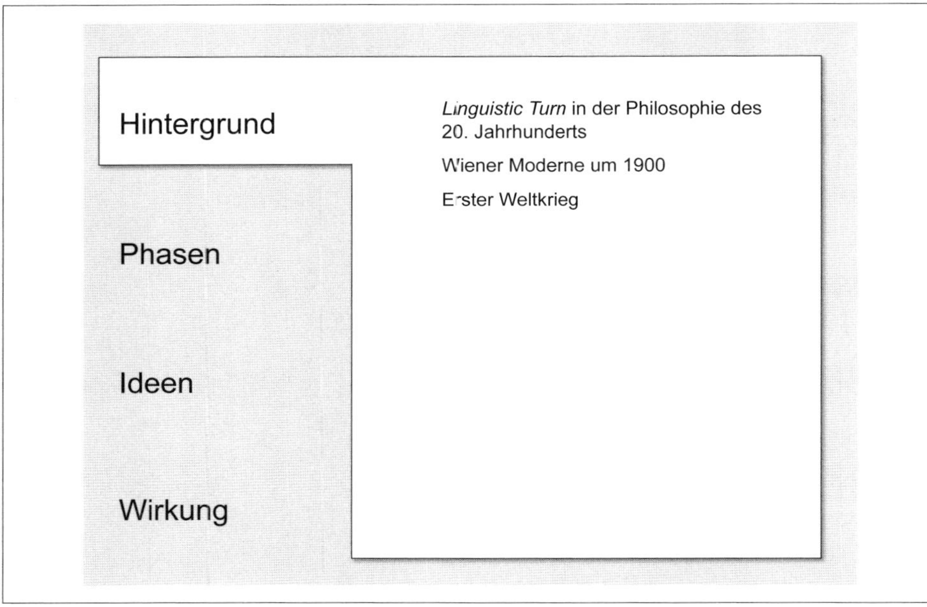

Folie 5-27: Animierter Stil 2

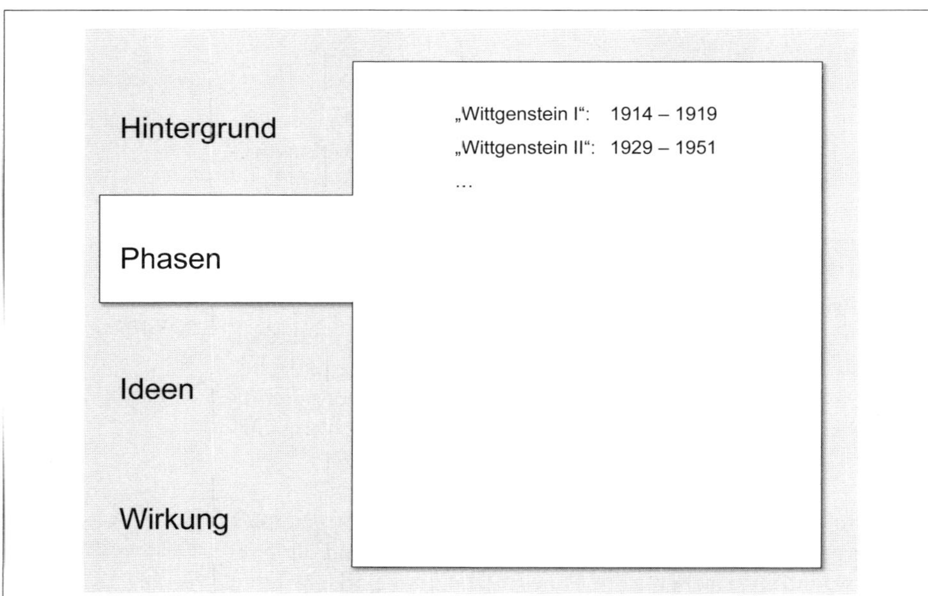

Folie 5-28: Animierter Stil 3

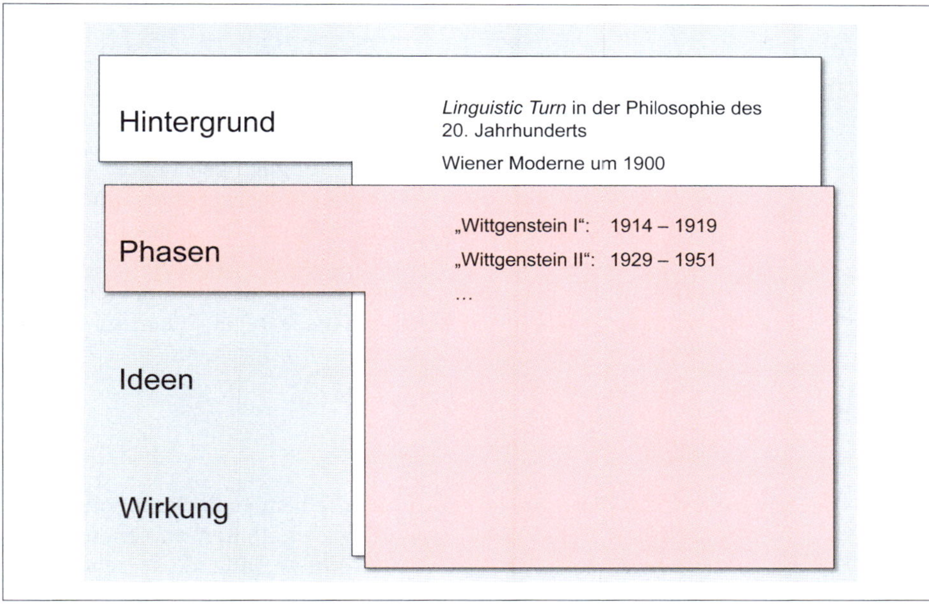

Folie 5-29: Animierter Stil 4

Beim Übergang zum nächsten Gliederungspunkt wird die Textfläche entsprechend verschoben (s. Folie 5-28).

Beispiel: Überlagernde Flächen

Ein anderer interessanter Effekt ergibt sich, wenn mehrere Textflächen wie auf einer Pinnwand übereinander gelegt werden und dabei Teile der überdeckten Fläche sichtbar bleiben (s. Folie 5-29). So vermag die Projektionsfläche als eine Art Gedächtnis zu fungieren, und Sie können Ihre Präsentation so anlegen, dass Sie auf sichtbare Teile der früheren Abschnitte später noch einmal Bezug nehmen, zum Beispiel im Rahmen einer abschließenden Zusammenfassung.

Vorsichtig einsetzen!

Bei diesen Beispielen handelt es sich um einige wenige aus einem unendlich großen Raum an Möglichkeiten. Viele weitere Darstellungsoptionen sind denkbar, auch in Verbindung mit Pfad-Animationen oder fließenden Übergängen zwischen Farben und Formen. Bei einem derartigen Vorgehen empfiehlt es sich allerdings gerade bei wissenschaftlichen Präsentationen, vorab etwa unter Kommilitonen oder Kollegen zu testen, ob die eingesetzten Darstellungsmethoden nicht doch zu stark vom Inhalt ablenken, sondern trotz aller Raffinesse die Vermittlung des Inhalts optimal unterstützen.

5.4 Interaktionen

Rechner-Interaktionen vermeiden!

Dieser Abschnitt ist zwar mit „Interaktionen“ betitelt, könnte aber auch „Keine Interaktionen!“ heißen. Wenn Sie weitere Medien oder Programme in Ihre Präsentation einbauen wollen, dann sollte dies so „glatt“ wir nur möglich geschehen. Im Normalfall sollten Sie so wenig mit dem Präsentationsrechner interagieren müssen wie nur irgend möglich. Die einzige sinnvolle Interaktion mit diesem besteht darin, den Knopf der Fernbedienung zu drücken, um zum nächsten Präsentationsereignis zu gelangen. Ausnahmen bestätigen diese Regel. Sehen wir uns die zu vermeidenden Interaktionen im Einzelnen an.

Navigation

Kein Links!

Auf komplexere Navigation innerhalb einer Präsentation sollten Sie verzichten. Zuweilen sind Präsentationen zu sehen, wo in einem Navigator die Gliederungspunkte mit Links versehen sind, die der Präsentator während der Aufführung anzuklicken hat, um zum nächsten Abschnitt zu gelangen. Manche Präsentationsprogramme bieten in der Tat die Möglichkeit, Textstücke und Grafiken als Links zu deklarieren, um durch Anklicken oder bloßes Herüberfahren mit der Maus zu einer anderen Stelle in der Präsentation zu gelangen oder eine Aktion auszulösen.

Problematik der Maus-Nutzung

Niemals habe ich gesehen, dass eine solche Interaktion während der Aufführung tatsächlich elegant und flüssig vonstatten gegangen ist. Der Präsentator muss oftmals eine gebeugte Haltung einnehmen, um die Maus zu bedienen und ihren Pfeil zu sehen. Verzichten Sie also auf eine solche Komplikation – die einzige Navigation, die Sie in Ihrer Präsentation vornehmen, ist die zur nächsten Folie. In Abschnitt 5.3 haben wir uns angesehen, wie auch dabei die Illusion einer komplexeren Navigation, beispielsweise über eine größere Fläche hinweg, erzeugt werden kann. Um zu einer bereits gezeigten Folie zurückzukehren, sollten Sie diese lieber duplizieren.

Alternative Möglichkeiten

Wenn Sie tatsächlich einen Bedarf haben, zu früher gezeigten Stellen der Präsentation zurückzugehen, ohne zu wissen, um welche es sich handelt (das kann durchaus in der Präsentation geschehen), gibt es andere Möglichkeiten, die wir uns im folgenden Kapitel ansehen werden: In einem Präsentationsprogramm wie Powerpoint kann jede Folie über ihre Position in der Foliensequenz direkt angesteuert werden.

Tablet-Nutzung

Stift statt Maus

Eine andere Situation liegt vor, wenn Sie Ihre Präsentation auf die Verwendung mit einem Tablet-PC ausgelegt haben. Bei einem solchen Laptop wird ja nicht nur die Maus-Funktion von einem integrierten Stift übernommen, man kann mit diesem Stift auch viel genauer zeigen, schreiben und zeichnen, als es mit einer Maus je möglich wäre. Allerdings setzt dies voraus, dass der Tablet-PC wie ein Schreibblock vor dem Präsentator liegt und er den Stift in einer angenehmen Körperhaltung halten kann.

Tablet-Präsentationen mit besonderen Anforderungen

Sind diese Voraussetzungen gegeben, dann kann eine Präsentation sehr stark auf die Bedienung durch einen Stift ausgerichtet werden. Anstatt Animationen einzubauen, kann der Präsentator mit dem Stift wie an einer Wandtafel Darstellungselemente eintragen und Beschriftungen vornehmen. Die Folien, auf denen dies geschieht, müssen dabei von vornherein verknappt gestaltet und mit entsprechenden Freiräumen ausgestattet sein. Es ist zu empfehlen, auch einen solchen Tablet-basierten Präsentationsstil auf ein vernünftiges Maß zu beschränken, da *ad hoc* vorgenommene Zeichnungen auf Folien sehr schnell sehr unübersichtlich werden können. Trotzdem bietet die Verwendung des Tablets gerade in Lehrsituationen eine interessante Alternative, die Vorteile der Wandtafel mit denen der Folien-Präsentation zu verbinden.

Videos

Einbindung in Präsentation

Wenn Sie Videosequenzen während Ihrer Präsentation zeigen wollen, dann binden Sie sie in Ihre Präsentation ein. Die meisten Präsentationsprogramme erlauben es ohne weiteres, ein Video genauso wie eine Grafik oder ein Foto auf einer Folie zu platzieren. Es ist von großem Vorteil, mit Videos in dieser Weise zu verfahren: Sie können in das Design der gesamten Präsentation eingefügt werden, es können erläuternde Texte oder eine Überschrift angezeigt werden und Sie können das Video durch einen einzigen Klick starten – oder sogar vollautomatisch beim Folienwechsel. Die Alternative bestünde darin, in ein Programm zur Medienwiedergabe zu wechseln und dort das Abspielen des Videos in Gang zu setzen, doch dies wäre wiederum mit unpraktischen und fehleranfälligen Rechner-Interaktionen während der Präsentationsaufführung verbunden. Die Einbindung von Videos direkt in die Präsentation hat außerdem den Vorteil, dass der

Bildausschnitt angepasst, die gezeigte Videosequenz auch zeitlich gekürzt oder als Endlosschleife angezeigt werden kann.

Kommentierung durch Folien

Eine weitere interessante Funktion einiger Präsentationsprogramme besteht darin, ein Video über mehrere Folien hinweg auf der Projektionsfläche zeigen zu können. Dadurch wird es nicht nur ermöglicht, das Video gewissermaßen im Hintergrund „weiterlaufen" zu lassen, sondern in einer Sequenz von Folien unterschiedliche Kommentare und textuelle Hinweise vorzusehen, die sich jeweils auf einen Abschnitt des Videos beziehen. Wenn Sie den Übergang zur jeweils nächsten Folie mit einer vorgesehenen Einblendezeit automatisieren, dann kann eine solche Video-Kommentierung sogar ganz von selbst ablaufen. Dies wie auch andere normalerweise vorgesehene Funktionen, etwa Helligkeit, Kontrast oder Farbigkeit des Videos zu manipulieren, stellt somit ein einfaches Mittel dar, eine Videosequenz für die Präsentation aufzubereiten, ohne es dabei aufwändig mit einer Spezialsoftware bearbeiten zu müssen.

Sound und Tonstrecken

Einbindung von Ton-Dateien

Für die Verwendung von Tönen bzw. Tonstrecken gilt mehr oder weniger das gleiche wie für Videos: Sie sollten in die Präsentation integriert und nicht durch ein externes Programm oder gar durch Anklicken einer Datei im Datei-Explorer zu aktivieren sein. Es versteht sich von selbst, dass damit keine „lustigen" Geräusche gemeint sind, die von Präsentationsprogrammen zur Verfügung gestellt werden und bei Folienübergängen oder Animationen genutzt werden können. So etwas hat in einer wissenschaftlichen Präsentation nichts zu suchen.

Technisch ist die Einbindung von Ton-Dateien in den meisten Präsentationsprogrammen kein Problem – ein Medienobjekt „Sound" kann ebenso wie ein Video auf die Folie gesetzt werden, und es kann festgelegt werden, wie dieses Medienobjekt in der Aufführung aktiviert werden soll.

Visuelles Feedback

Allerdings gibt es dabei einen Unterschied. Während bei einem Video eine Wiedergabefläche auf der Folie dargestellt wird, gibt es bei einer Ton-Datei naturgemäß keine visuelle Ebene. Ein Präsentationsprogramm wie Powerpoint behilft sich dadurch, dass ein kleines Lautsprecher-Symbol dargestellt wird, wohl als eine Art Erinnerung für den Präsentator, dass eine Ton-Aufnahme folgt. Die Aktivierung der Wiedergabe kann wie bei einem Video automatisch oder durch Klicken erfolgen.

Folie 5-30: Einbindung von Sound 1

Auswahl eines geeigneten Symbols

Dieses Symbol ist allerdings keine besonders augenfällige Darstellung, so dass Sie sich überlegen sollten, wie eine Ton-Wiedergabe besser visualisiert werden kann. Dies kann beispielsweise dadurch erfolgen, dass Sie als erstes statt des vorgesehenen Lautsprecher-Symbols ein Bild oder ein Symbol verwenden, das besser zum Stil Ihrer Präsentation passt, und es beispielsweise im kreativen Stil prominent auf einer Folie platzieren (s. Folie 5-30).

Animation des Sound-Symbols

Nun legen Sie eine komplexere Animationsreihenfolge fest. Das erste Ereignis, das beim Klick aktiviert wird, ist die Wiedergabe der Tonsequenz. Gleichzeitig könnten Sie durch eine zurückhaltende Aktion auf der Grafik den Vollzug dieses Ereignisses visualisieren. Dafür bietet sich etwa eine leichte Vibration des Bildes an. Zusätzlich erscheint, ebenfalls zur gleichen Zeit, ein Kommentar, der das zu Hörende näher beschreibt (s. Folie 5-31). Nach dem Ende der Wiedergabe sollte dann die Vibration der Grafik beendet werden.

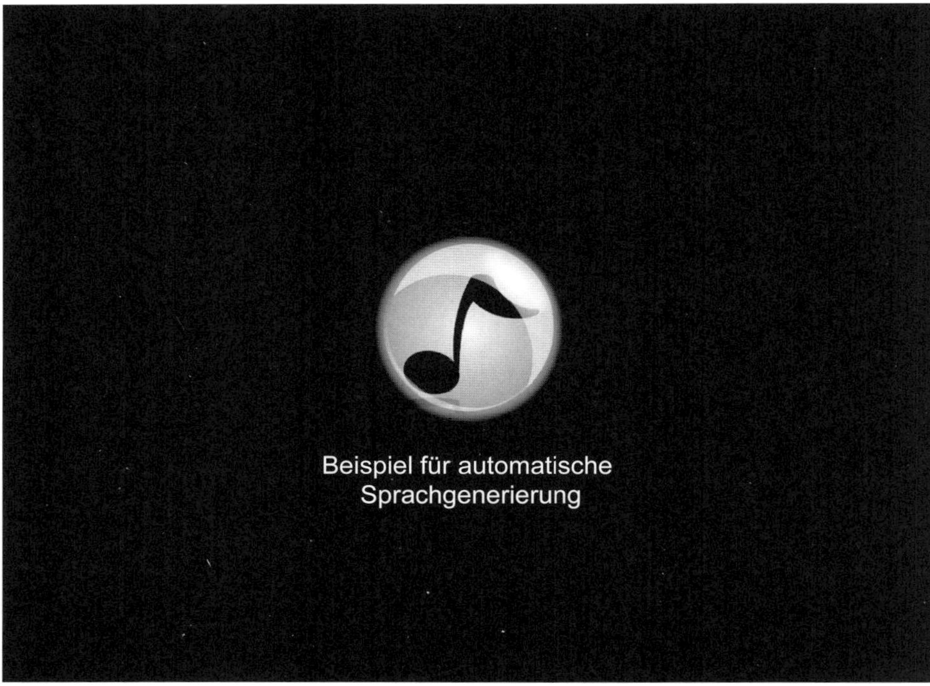

Folie 5-31: Einbindung von Sound 2

Externe Programme

Nicht integrierbar

Ein besonderes Interaktionsproblem stellen externe Programme dar, die beim besten Willen nicht in die Präsentation eingebaut werden können. Dieses Problem kann auftreten, wenn Sie in Ihrer Präsentation die Arbeit mit einem ganz bestimmten Programm in realistischer Form darstellen oder dessen Funktionsweise erläutern wollen. Aber auch dafür gibt es Tricks, mit deren Hilfe sich der Übergang zu solchen Programmen leichter gestalten lässt.

Hyperlink setzen

Trick Nummer Eins: Sie aktivieren das externe Programm per Hyperlink. Einen Hyperlink auf eine beliebige Datei können Sie in Powerpoint für jedes Objekt definieren, beim Anklicken während der Aufführung wird die Datei im dafür vorgesehenen Standardprogramm geöffnet. Ist die Datei bereits in diesem Programm im Hintergrund geöffnet (was aufgrund der dann vermeidbaren Ladezeiten zu empfehlen ist), wird zu der im Programm geöffneten Datei gewechselt. Dabei müssen Sie natürlich sicherstellen, dass auch während der Aufführung der Präsentation die externe Datei gefunden werden kann. Am einfachsten ist es daher, die Datei sowohl bei der „Programmierung“ als auch bei der Aufführung im selben Verzeichnis abzulegen wie die Präsentation.

Aktion festlegen

Trick Nummer Zwei: Sie legen für ein Objekt auf der Folie eine Aktion fest. Das ist zwar so ähnlich wie ein Hyperlink, ermöglicht Ihnen aber auch, ein Programm als solches zu starten, also ohne eine Datei, und den Programmstart gegebenenfalls durch Parameter noch weiter zu kontrollieren. Bei der Festlegung einer Aktion, muss für das auszuführende Programm natürlich angegeben werden, wo es auf der Festplatte des Rechners zu finden ist. Wenn Sie das nicht wissen, können Sie unter Windows mit der rechten Maustaste auf eine Verknüpfung klicken, denn in dem erscheinenden „Eigenschaften“-Menü ist unter „Ziel“ auch der vollständige Pfad zum Programm angegeben. Kopieren Sie diesen heraus und tragen Sie ihn im entsprechenden Feld des Aktion-Dialogs ein.

Vorsicht bei Übertragung auf anderen Rechner

Die Abhängigkeit von der Installation des Programms an einem bestimmten Platz stellt allerdings eine Beschränkung dieses Verfahrens dar. Wenn Sie den Aufruf externer Programme in Ihrer Präsentation vorsehen, dann sollten Sie unbedingt denselben Rechner, auf dem Sie die Präsentation entwickelt haben, auch während der Aufführung verwenden.

Screenshot-Serie erstellen

Trick Nummer Drei: Sie verzichten ganz auf den externen Programmaufruf und arbeiten stattdessen mit Screenshots. Vielleicht klingt das auf den ersten Blick wenig überzeugend, diese Methode besitzt aber einige Vorteile.

Sichere Nutzung

Der erste Vorteil besteht darin, dass Sie tatsächlich alles, was Sie für Ihre Präsentation benötigen, in Ihrer Foliensequenz abgelegt haben. Sie müssen nicht zwischen mehreren Programmen hin- und herschalten, selbst wenn Sie dies über Hyperlinks oder Aktionen realisieren. Sie begeben sich außerdem nicht in die Abhängigkeit zu einem bestimmten Rechner und können Ihre Präsentation auf beliebigen Rechnern abhalten.

Dokumentation ist möglich

Der zweite Vorteil betrifft die Dokumentation Ihrer Präsentation (s. dazu auch Abschnitt 7.1). Ist eine Dokumentation beispielsweise als PDF-Datei für Ihre Präsentation vorgesehen, müssen die Abschnitte, in denen das externe Programm genutzt wird, nicht ausgelassen werden. Durch die Screenshots wird auch dieses dokumentiert.

Illusion realer Programmausführung

Auch mit Screenshots können Sie einen sehr realistischen Eindruck von einem externen Programm vermitteln. Dazu sollten Sie das mithilfe eines „Schnappschuss"-Tools als Grafik-Datei gespeicherte Programmfenster immer in Originalgröße in Ihre Präsentation einfügen, am besten in voller Foliengröße. Statt der üblichen Programmleisten und Ränder, die sonst noch zu sehen sind, sollten Sie das Programmfenster vor einem schwarzen Hintergrund platzieren.

Engtaktige Schreenshot-Sequenz

Sparen Sie bei der Darstellung der Arbeitsweise des Programms nicht mit Screenshots. Wenn Sie jeden einzelnen Schritt durch ein Bild dokumentieren und in der ursprünglichen Reihenfolge in Ihre Präsentation einbauen, dann ergibt sich für die Zuschauer schnell die Illusion, als ob man tatsächlich der Interaktion mit dem Programm beiwohnt. Verstärkt werden kann dieser Eindruck noch dadurch, dass durch die Wahl von geeigneten Folienübergängen sich die im Programm vorkommenden Animationen, etwa ein sich von oben nach unten entfaltendes Menü, nachzeichnen lassen. Während der Aufführung sollten Sie die Maus benutzen – Positionieren Sie den Pfeil auf genau der Stelle des Screenshots, die im Programm tatsächlich anzuklicken wäre, und klicken Sie darauf. Obwohl man ja im Aufführungsmodus des Präsentationsprogramms immer mit einem Mausklick zur nächsten Folie gelangt, wird in diesem Fall nun der Eindruck erweckt, dass der Klick tatsächlich eine Aktion bewirkt hat, obwohl lediglich der passende nächste Screenshot angezeigt wird.

5.5 Die Vortragsnotizen

Vom Inszenierungskonzept zu den Vortragsnotizen

Kehren wir noch einmal zu dem schriftlichen Inszenierungskonzept zurück. In Abschnitt 5.2 hatten wir uns ja angesehen, wie Sie durch den schrittweise erfolgenden Ausbau der inhaltlichen Gliederung nach und nach zu einem Inszenierungskonzept gelangen, bei dem die Verteilung der Information auf Folien und Rede festgelegt ist. Sie können nun von diesem Konzept ausgehend Ihre Vortragsnotizen erstellen.

Zweck der Notizen

Das Ziel der Notizen ist es, Sie zu befähigen, schon vorher zu wissen, was beim nächsten Klick passieren wird, und Ihnen alles das, was nicht auf den Folien zu sehen oder zu lesen ist, präsent zu machen. Deshalb verbietet es sich, lediglich Konzeptausdrucke der Folien selbst als Notizen zu verwenden, auch wenn dies eine Funktion ist, die von Präsentationsprogrammen angeboten wird. Die Notizen müssen dabei so angelegt sein, dass Sie sie während der Aufführung Ihrer Präsentation leicht nutzen können.

Bei der Erstellung Ihrer Aufführungsnotizen sollten Sie in den folgenden vier Schritten vorgehen:

Erstellung der Notizen in vier Schritten

1. *Tilgung rein visueller Informationen*
   Entfernen Sie aus Ihrem Konzept all diejenigen Teile, die Ihnen dazu gedient haben, Folien oder Animationen zu erstellen. Behalten Sie nur die Markierungen, dass eine neue Folie folgt („Folie"), es auf eine Folie einen Animationsschritt gibt („Klick") oder eine Strukturfolie („Schwarz") folgt. Es ist zu empfehlen, diese Teile der Gliederung beispielsweise in eckige Klammern zu setzen, um in den Notizen deutlich zu machen, dass es sich nicht um vorzutragende Teile handelt.
2. *Ergänzung um weitere Ausführungen und Ausformulierungen*
   Ergänzen Sie Ihr Konzept um weitere Notizen zu Punkten, die Sie mündlich vortragen möchten. Empfehlenswert ist es auch, an besonders wichtigen Punkten der Präsentation (Anfang, Ende, Abschnittswechsel) einige Sätze auszuformulieren und diese in das Konzept einzutragen.
3. *Reduktion der Gliederung*
   Streichen Sie aus Ihren Notizen überflüssig gewordene Gliederungspunkte. Es ist allerdings sinnvoll, die Segment-Markierungen beizubehalten, da Ihnen diese auch als eine Orientierung in der Präsentationsdynamik (Pausen, Betonungen, Blick ins Publikum usw.) dienen können.
4. *Layout der Notizen*
   Bringen Sie Ihre Notizen in ein Format, dass Ihnen eine gute Nutzbarkeit während der Aufführung sichert. Sehr übersichtlich ist es, wenn Sie jeden Abschnitt Ihrer Präsentation auch auf einem eigenen Blatt beginnen lassen. Fügen Sie auch großzügig Zwischenräume ein, durch die Ihnen beim schnellen Blick auf die Notizen die Orientierung erleichtert wird. Ein weiteres Hilfsmittel besteht darin, die wichtigsten Wörter fett hervorzuheben und die Interaktionspunkte mit einem Textmarker in einer bestimmten Farbe zu markieren. Die Schriftgröße sollte außerdem vergrößert werden. Wenn Sie an einem Pult stehen, dann ist DIN-A4 als Format für Ihre Notizen geeignet. Werden Sie Ihre Präsentation nicht hinter einem Pult, sondern frei auf der „Bühne" stehend halten, ist DIN-A5 im Querformat zu empfehlen.

Beispiel „Wittgenstein"-Thema

Sehen wir uns das Beispiel an, mit dem wir dieses Kapitel begonnen haben. Dort war am Ende der Planungsphase ein Konzept entstanden, dessen erster Teil so aussah:

Inszenierungskonzept

Abschnitt 2: Hintergrund
Folie: Abschnittsnavigator – Hervorhebung Abschnitt 1 „Einleitung“
- zum Verständnis wichtig, persönlichen und historischen Hintergrund seines Lebens zu kennen

Folie: Abschnittsnavigator – Hervorhebung Abschnitt 2 „Hintergrund“
- vergleichsweise ausführlich Darstellung
- Basisdaten
- biografische Forschung zu Wittgenstein
- historische Situation

Schwarz
<u>Segment 1:</u> Faszination für Wittgensteins Leben
- Wittgensteins Faszination?
- in einer der reichsten Familien der k.u.k.-Monarchie aufgewachsen
- vielfältige Bezüge zu Wien um 1900
- radikale Lebensführung, radikale Philosophie
- faszinierender Schreibstil

Tilgung visueller Information

Eine Tilgung von Gliederungselementen ist hier nicht durchzuführen, wohl aber die visuelle Aufbereitung, Ausformulierungen und die Änderung des Text-Layouts:

[*Abschnitt 2: Hintergrund*]
[**Folie:** Abschnittsnavigator – Hervorhebung Abschnitt 1 „Einleitung“]
- Wir haben gesehen, dass es zum **Verständnis von Wittgensteins Philosophie** besonders wichtig ist, den **persönlichen und historischen Hintergrund** seines Lebens zu kennen.

[**Folie:** Abschnittsnavigator – Hervorhebung Abschnitt 2 „Hintergrund“]
- Deshalb soll dieser Hintergrund hier **vergleichsweise ausführlich dargestellt** werden.
- Zunächst möchte ich Ihnen einige **Basisdaten** zu seinem Leben vermitteln, dann kurz die **biografische Forschung** zu Wittgenstein darstellen. Abschließend werfen wir noch einen Blick auf die **historische Situation**, die zu seinen Lebzeiten bestanden hat.

[**Schwarz**]

[Segment 1: Faszination für Wittgensteins Leben]
- **Warum** hat Wittgenstein so viel Menschen **fasziniert**, schon **zu seinen Lebzeiten** und auch **noch heute**?
- Ist in einer der **reichsten Familien** der k.u.k.-Monarchie aufgewachsen
- vielfältige Bezüge zu **Wien um 1900**
- Sein Leben ist geprägt durch **Radikalität**: radikale **Lebensführung**, radikale **Philosophie**
- Nicht zuletzt hat auch sein faszinierender **Schreibstil**, der so ganz anders ist als der der akademischen Philosophie, immer wieder aufs Neue die Leser fasziniert.

Im zweiten Teil des Präsentationskonzepts wurde die Karte von Mitteleuropa eingeführt, in der die verschiedenen Wege visualisiert werden:

Ergänzung weiterer Informationen

2.1 Basisdaten zu Wittgensteins Leben
Segment 2: Visualisierung der Lebensstationen
- Lebensspanne überdeckt Ersten und Zweiten Weltkrieg
- Pendeln zwischen Österreich und England

Folie: animierte Karte von Mitteleuropa
- 1898-1906: Wien – Kindheit und Schulzeit
- 1906-1914: Berlin, Manchester, Cambridge – Studium Maschinenbau, später Philosophie
- 1914-1929: Erster Weltkrieg (Oberitalien), Niederösterreich – Tätigkeit als Lehrer, Gärtner, Architekt
- ...

Bei der Überführung in die Aufführungsnotizen ist es für diesen Abschnitt besonders wichtig, die Interaktionspunkte genau festzulegen und mit den Stichworten für die Rede abzugleichen. Die Unterüberschrift kann hier entfernt werden:

Reduktion überflüssiger Gliederungspunkte

[Segment 2: Visualisierung der Lebensstationen]
- Lebensspanne überdeckt **Ersten** und **Zweiten Weltkrieg**
- Pendeln zwischen **Österreich** und **England**
- Im Folgenden soll Wittgensteins **Lebensweg anhand einer Karte** dargestellt werden.

[Folie: animierte Karte von Mitteleuropa]
[Klick: Hervorhebung Wien]
- 1898-1906: Wien – **Kindheit und Schulzeit**

Hervorhebungen einfügen

[Klick: Pfeil nach Cambridge]
- Ab 1906 **Studium**
- Maschinenbaustudium, zunächst in Berlin, ab 1908 in Manchester
- ab 1911 Philosophie in Cambridge

[Klick: Pfeil zurück nach Wien]
- Im Ersten Weltkrieg ab 1914 **Soldat** in Oberitalien
- 1919-1926 **Lehrer** in Niederösterreich
- bis zur Rückkehr nach Cambridge 1929 **Gärtner und Architekt** in Wien

[Klick: Pfeil zurück nach Cambridge]
- ...

5.6 Ergebnis

In diesem Kapitel haben Sie Überlegungen angestellt, auf die manche Präsentatoren noch nie gekommen sind – die Inszenierung zielt immer auf ein Publikum ab und versucht die Vermittlung der Inhalte auf die Erwartungen, Kenntnisse und Emotionen der Zuschauer abzustimmen. Durch eine gute Inszenierung kann eine Atmosphäre erzeugt werden, wie sie in den Inhalten selbst gar nicht angelegt sein muss. Für eine wissenschaftliche Präsentation geht es um eine Atmosphäre der Authentizität von Gegenständen und Redner, um eine Synthese von Inhalt und Form. Indem Sie die Gestaltungsmittel Ihrer Präsentation ganz auf die Vermittlungsinteressen und die Rezeptionsmöglichkeiten Ihres Publikums auslegen, wird diese zu einem ganzheitlichen wissenschaftlichen Erlebnis, bei dem die Wirkung des Inhalts durch die Form und die Technik ihrer Vermittlung maximiert wird.

5.7 Übungen

1. Entwickeln Sie aus Ihrem inhaltlichen Konzept aus Kapitel 3 ein Inszenierungskonzept im konventionellen oder im kreativen Stil.
2. Erstellen Sie für das Inszenierungskonzept einen dynamischen Navigator.
3. Entwickeln Sie für die drei in Kapitel 3 erstellten zentralen Visualisierungen Animationen: Eine animierte Version, in

der die Visualisierung schrittweise aufgebaut wird, eine Version, in der durch Animation die Aufmerksamkeit nacheinander auf verschiedene Teile der Grafik gelenkt wird, und eine Version, in der eine komplexe Darstellung durch Animationen vereinfacht wird (Grafik-Elemente verschwinden).

4. Versuchen Sie Ihr Präsentationskonzept im animierten Stil zu realisieren.
5. Erstellen Sie eine Animation, in der ein Video, Sound-Clips und externe Programme eingebaut sind.

5.8 Auf einen Blick

- Das Inszenierungskonzept geht Schritt für Schritt aus dem inhaltlichen Konzept hervor. Es enthält sowohl Inhalte, die visuell, als auch solche, die sprachlich dargestellt werden.
- Das Inszenierungskonzept umfasst die Aufteilung in Folien und berücksichtigt auch Phasen, in denen keine Projektion beabsichtigt ist.
- Der Folienübergang sollte eine Funktion für die Dynamik der Präsentation besitzen, etwa zur Markierung von Hauptteilen oder Exkursen.
- Der Einsatz von Navigatoren ermöglicht es dem Zuschauer, dem Aufbau einer Präsentation besser zu folgen.
- Im kreativen Stil erfolgt der Folienwechsel schnell und häufig.
- Folien können durch Gestaltung und Übergänge zu virtuellen Flächen verbunden werden.
- Durch Animationen können komplexe Visualisierungen schrittweise aufgebaut und in ihrer Komplexität verständlich gemacht werden.
- Animationen sollten eingesetzt werden, um die Aufmerksamkeit des Betrachters gezielt zu lenken.
- Es ist sinnvoll, Textfolien absatzweise zu animieren.
- Durch die Animation von Diagrammen und Tabellen können wesentliche Ergebnisse hervorgehoben werden.
- Die Navigation in der Präsentation sollte so einfach wie möglich gestaltet werden.
- Videos und Sound sollten, wenn möglich, in die Präsentation integriert und nicht durch externe Programme aktiviert werden. Externe Programme können als Screenshots eingebaut werden.

6 Aufführung

Die Aufführung Ihrer Präsentation ist natürlich das Ziel und der Höhepunkt Ihrer Bemühungen. Sie haben sich systematisch bis zu diesem Punkt vorgearbeitet – Konzeption, Visualisierung und Inszenierung stehen, und Sie sind die Präsentation schon mehrmals in Gedanken durchgegangen. Trotzdem ist die Aufführung etwas ganz besonderes, weil Stress und Lampenfieber alles durchkreuzen können. In diesem Kapitel werden wir sehen, dass dieses Risiko nicht sehr groß ist, wenn man gut vorbereitet ist und sich auch mit der Aufführungssituation vorab ein wenig auseinandergesetzt hat. Auch für die Aufführung selbst gibt es Tricks und Hinweise, die Ihnen dabei gut helfen können.

6.1 Die Vorbereitung

Bevor es ernst wird mit der Aufführung Ihrer Präsentation, müssen Sie verschiedene Vorbereitungen treffen und sollten Sie auch eine Hauptprobe dort, wo die Aufführung stattfinden wird, durchführen, falls Sie Gelegenheit dazu haben. Für die übrigen Vorbereitungen müssen Sie noch nicht am Ort des Geschehens sein. An Ihrem Schreibtisch kontrollieren Sie vorher die Foliensequenz, bereiten die Präsentationsnotizen vor, prägen sich wichtige Redeteile ein und überlegen sich, wie Sie die „Bühne“ Ihrer Aufführung gestalten wollen.

Durchlaufprobe

Test der Inszenierung

Den Übergang von der Phase der Inszenierung Ihrer Präsentation bildet der komplette Durchlauf durch Ihre Foliensequenz im Präsentationsmodus. Dabei sollten Sie überprüfen, ob

- alle *Folienübergänge* so aussehen und wirken wie geplant
- die *Animationen* in der richtigen Reihenfolge aktiviert werden
- die dafür zu tätigenden *Klicks* zum richtigen Zeitpunkt und mit den beabsichtigten Wirkungen erfolgen
- die *Strukturfolien* vollständig und den jeweiligen Präsentationsteile korrekt zugeordnet sind
- in den *Gliederungsübersichten* die Abschnittstitel mit denen auf den Abschnittstitelfolie übereinstimmen

- die *Folien insgesamt* hinsichtlich Terminologie, Gestaltung und Stil homogen sind

Details berücksichtigen!

Glauben Sie nicht, dass all diese Anforderungen sehr schnell einzulösen sind. Seien Sie sehr kritisch mit sich und bearbeiten Sie wirklich alle Details, die Ihnen auffallen. Die Güte und der Erfolg einer Präsentation hängen zwar nicht von den Details ab, aber einzelne Fehler in Details der Präsentation können die Wirkung einer Präsentation sehr beeinträchtigen.

Präsentationsnotizen

Abgleich Klicks mit Notizen

Im nächsten Vorbereitungsschritt befassen Sie sich mit Ihren Notizen. Am Ende des vorangegangenen Kapitels haben wir gesehen, wie Sie das Inszenierungskonzept schrittweise in ein gegliedertes Manuskript überführen und dabei auch die „Klickpunkte" festgelegt haben. Deshalb ist es zunächst einmal notwendig, dass Sie alle diese Interaktionspunkte mit der Fassung Ihrer Präsentation, die aus der Durchlaufprobe hervorgegangen ist, abgleichen. Jeder Klick sollte sich in Ihren Präsentationsnotizen an genau der richtigen Stelle befinden, und es sollten darin auch keine „Altlasten", also Klicks, die inzwischen weggefallen sind, mehr enthalten sein.

Verschiedene Umsetzungsmöglichkeiten

Für die tatsächliche Bereitstellung Ihrer Notizen haben Sie verschiedene Möglichkeiten: auf Papier, als Word-Dokument oder als Notizen Ihres Präsentationsprogramms. Je nachdem, welche Realisationsform Sie wählen, ergeben sich unterschiedliche Nutzungsweisen.

1. *Notizzettel auf Papier*

Einfach und sicher

Notizzettel auf Papier stellen die sicherste Variante dar, sie „funktionieren" immer. Wenn Sie Ihre Präsentation an einem Pult halten, empfiehlt es sich, DIN-A4-Zettel zu verwenden, sonst DIN-A5. Vergrößern Sie für Ihren gesamten Text die Zeichengröße und möglicherweise auch den Zeilenabstand. Neue Kapitel sollten auf einer neuen Seite beginnen, innerhalb der Kapitel sollten die Abschnitte durch große Zwischenräume voneinander abgegrenzt werden. Das alles hat den Zweck, Ihnen auch trotz der Anspannung in der Aufführungssituation eine sichere „Navigation" in Ihren Notizen zu gewährleisten. Wenn Sie sich die Klicks farblich, etwa durch Leuchtstift, und wichtige Begriffe durch Fettdruck markieren, dann können Sie sich auch noch unter Stress in Ihren Notizen zurechtfinden. Der Ausdruck Ihrer Notizen auf Papier hat außerdem den Vorteil, dass Sie weitere Notizen handschriftlich ergänzen können. Das ist insbesondere dann ein Vorteil, wenn Sie vor Ihrer eigenen Präsentation schon längere Zeit anderen Präsentationen beizuwohnen haben und Ihnen dabei noch Ideen kommen oder Sie Bezüge herstellen möchten. Allerdings müssen Sie sich mit Papiernotizen auf zwei verschiedene Blickpunkte einstellen: einerseits die Notizen, andererseits der Kontrollmonitor für die Präsentation, der ebenfalls in Ihrem Blickfeld zum Publikum aufgestellt sein muss.

Handschriftliche Ergänzungen

2. *Notizen auf dem Laptop als Word-Dokument*

Die zweite Methode können Sie immer dann wählen, wenn Sie auf Papiernotizen verzichten wollen und für Ihre Notizen ein eigenes Laptop nutzen können. Haben Sie nämlich Ihre Notizen beispielsweise in Word erstellt, können Sie sie im sogenannten „Vollbild-Lesemodus" anzeigen lassen. Die Texte werden dann in einer fürs Lesen auf dem Computer-Display optimierten Weise dargestellt und können auch beliebig in der Größe skaliert werden, ohne dass dabei das Layout verändert wird. Diese technisierte Nutzung von Vortragsnotizen hat einige Vorteile, die nicht unmittelbar ins Auge fallen:

Zweites Laptop notwendig

Beliebig darstellbar

- Die Notizen sind auch in einer sehr dunklen Umgebung sichtbar,
- die Notizen lassen sich mit einem Tastendruck – auch von einem Presenter – weiterschalten; das Hantieren mit den Papierblättern entfällt,
- sie lassen sich auf eine beliebige Größe skalieren, so dass es im Prinzip auch möglich ist, das Laptop einige Meter entfernt vom Vortragenden aufzustellen und so der Eindruck erweckt wird, dass er ganz frei spricht.

Vorteile

Die letztgenannte Möglichkeit kann allerdings nur dann gewählt werden, wenn es eine zweite Person gibt, die die Notizen oder die Folien bedient – auf die simultane Bedienung von zwei Laptops sollten Sie nämlich lieber verzichten.

Höhere Komplexität

3. *Notizen als Powerpoint-Notizen*

Die dritte Möglichkeit besteht darin, dass Sie Ihre Notizen in Ihre Präsentation integrieren, sofern Ihr Präsentationsprogramm dies zulässt. In Powerpoint etwa ist es möglich, neben der Autoren- („Normal") und der Präsentationsansicht („Bildschirmpräsentation" oder „Leseansicht" auch eine Ansicht zu wählen, auf der jede Folie oben auf einer weißen Seite erscheint, unter der dann

Notizen direkt bei der Folie

Notizen in textueller Form eingetragen werden können. Diese Notizen werden auch in der Normalansicht in einem variablen Fenster angezeigt. Wenn Sie also Ihre Notizen auf die verschiedenen Folien aufteilen, dann können Sie sich einen Ausdruck Ihrer Foliensatzes herstellen, bei dem passend zu jedem inhaltlichen Segment Folie und Notizen auf einer Seite erscheinen.

Nur für konventionellen Stil geeignet

Aus genau diesem Grund ist die Kopplung von Notizen und Folien aber nur geeignet für Präsentationen im konventionellen Stil. Haben Sie sich für den kreativen oder gar den animierten Stil entschieden, sollten Sie Notizen und Folien voneinander entkoppeln, denn sonst wird Ihre Aufführung vor allem dadurch geprägt sein, dass Sie vor Ihrem Auditorium mit einen dicken Stoß Papier hantieren.

Verwendung des Präsentationsmonitors

Eine oft übersehene Funktion

Die Verbindung von Folien und Notizen, wie sie gerade dargestellt worden ist, eröffnete eine weitere Möglichkeit, die vielleicht als die bestmögliche gewertet werden kann. Selbst geübte Präsentatoren, die seit langem mit Powerpoint arbeiten, wissen oftmals nicht, dass es sie gibt: Die Präsentation in zwei verschiedenen Ansichten, bei der der Präsentator auf seinem Laptop-Display etwas anderes sieht als das Auditorium im Saal. Der Präsentator sieht auf dem Laptop dabei nicht nur die jeweils aktuelle Folie, sondern auch seine Notizen, die vorangegangene und die nachfolgenden Folien sowie einige weitere nützliche Informationen, etwa die seit Beginn der Präsentation verstrichene Zeit (s. Abb. 6-1).

Technische Voraussetzungen

Es müssen verschiedene Voraussetzungen erfüllt sein, um die sogenannten Referentenansicht nutzen zu können: Erstens muss Ihr Laptop über eine Grafik-Karte verfügen, durch die zwei verschiedene Bildschirme angesteuert werden können. Ist das der Fall, dann können Sie beide Bildschirme zu einer Art Gesamtbildschirm zusammenschalten. Mausbewegungen etwa gehen dann auf Bildschirm 2 weiter, wenn der äußere Rand von Bildschirm 1 erreicht ist. Das System erlaubt es allerdings nur dann, diese Bildschirmerweiterung zu aktivieren, wenn tatsächlich ein zweiter Bildschirm am System angeschlossen ist. Auch ein Beamer wird als ein Bildschirm aufgefasst. Sie sollten also einmal versuchen, ob Ihr Präsentationslaptop dazu in der Lage ist, indem Sie einen Beamer oder einen gewöhnlichen externen Monitor anschließen und die Bildschirmerweiterung unter „Anzeige“ → „Bildschirmauflösung“ im Menü „Anzeige“ aktivieren.

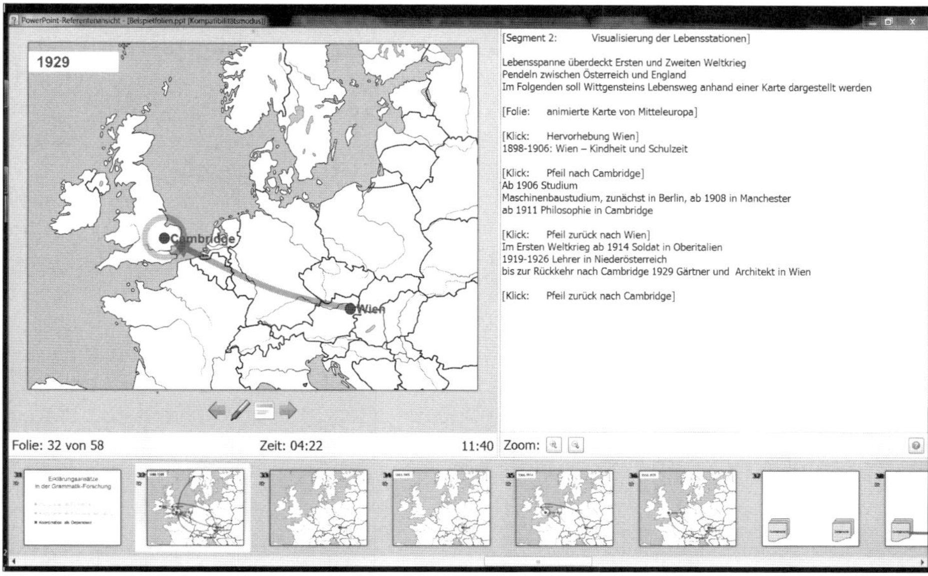

Abb. 6-1: Referentenansicht

Ist diese Vorbereitung getroffen, dann können Sie in Powerpoint unter „Bildschirmpräsentation" ein Häkchen in das Kästchen „Referentenansicht" setzen; Sie gelangen dann beim Start der Präsentation an Ihrem Laptop in eben diese Referentenansicht, während das Publikum über den Beamer die normale Präsentationsansicht der Folien gezeigt bekommt.

Vorteile

Die Verwendung der Referentenansicht hat eine Menge Vorteile: Folien und Notizen werden auf einer Ebene, auf einem Display gezeigt, so dass Sie nicht zwischen dem ohnehin notwendigen Laptop-Bildschirm und Ihren Notizen hin- und herblicken müssen. Besonders nützlich ist es, angezeigt zu bekommen, welche Folien nach der aktuellen Folie folgen werden. Insbesondere bei einem freien Vortragsstil können Sie sich frühzeitig auf die nächste thematische Einheit einstellen und brauchen erst dann die nächste Folie erscheinen zu lassen, wenn Sie sie tatsächlich benötigen. Im Gegensatz zu folienorientiert gestalteten Notizblättern, die ja eines nach dem anderen umgeblättert werden müssen, ist die Verwendung der Referentenansicht auch in Ver-

Auch für kreativen Stil geeignet

bindung mit dem kreativen Stil geeignet, da mit einem Klick bei Folie *und* Notizen weitergegangen werden kann. Bei einer hohen Zahl von Folien, die im kreativen Stil zu durchlaufen sind, können die Notizen in kleine Portionen aufgeteilt und mit den Folien verbunden werden. In der Referentenansicht sind die Notizen trotzdem bei jedem Folienwechsel sofort zu sehen.

Technische Risiken

Die Verwendung der Referentenansicht setzt allerdings voraus, dass Sie auf den Präsentationsrechner zugreifen und die notwendigen Einstellungen bei der Bildschirm-Ansteuerung vornehmen können. Um damit bei der Aufführung Ihrer Präsentation kein Risiko einzugehen, sollten Sie die Referentenansicht grundsätzlich nur in Verbindung mit Ihrem eigenen Rechner nutzen, es sei denn, Sie können die technischen Einstellungen mit ausreichendem zeitlichen Vorlauf vornehmen und austesten.

Auswendig lernen?

Memoria

In der klassischen Rhetorik gehört die *memoria* fest zu den vorbereitenden Phasen einer Rede. Der Redner sollte sie Wort für Wort ausformulieren, auswendig lernen und dann so wiedergeben, als ob ihm Argumente und rhetorische Figuren im Moment zufliegen würden. Und eine Gerichtsrede konnte gut und gern mal einige Stunden dauern. Die Methodik, wie man einen so langen Text überhaupt im Gedächtnis behalten kann, bildete deshalb einen nicht unerheblichen Teil der klassischen Rhetorik.

Frei gehaltene Präsentationen

Das ist heute glücklicherweise anders. Wissenschaftliche Präsentationen werden größtenteils tatsächlich frei gehalten. Sind sie vorher ausformuliert worden, dann ist es nicht verpönt, den Text zu verlesen. Beides birgt jedoch auch Risiken: Völlig frei gehaltene Präsentation sind zuweilen sprachlich so holperig, dass etwas mehr Überlegung zu einzelnen Formulierungen der Wirkung gut getan hätte, und das Ablesen eines Redemanuskripts führt nicht selten zu einem sehr monotonen Rededuktus, der das Auditorium die manchmal sehr schriftsprachlichen, langen Sätze noch schwerer verstehen lässt.

Erinnern statt Auswendiglernen

Um diese Risiken zu verringern, haben Sie ja das Konzept Ihrer Präsentation integriert entwickelt, und dort finden sich inhaltliche Notizen und einzelne ausformulierte Passagen. Sie brauchen diese nicht auswendig zu lernen, sollten Ihr Konzept aber so oft durchgegangen sein und so gut kennen, dass Sie während der Präsentation die jeweils aktuellen Notizen nicht wirklich *lesen* müssen, sondern sich eher daran *erinnern*. Es ist nämlich sehr schwierig, als Notizen gedachte Textabschnitte, die frei in Rede umzusetzen sind, im Vollzug dieser Rede tatsächlich zu lesen. Gehen Sie also insbesondere wichtige Präsentationen so oft durch, dass Sie bei einem Blick auf die zu einer Folie gehörenden Notizen sofort wissen, worum es geht, und Sie sich allenfalls die Abfolge der einzelnen Unterpunkte, nicht aber ihren Inhalt vergegenwärtigen müssen.

Auswendig am Anfang

Eine andere Regel gilt für den Anfang Ihrer Präsentation: Wenn Sie mit Lampenfieber zu kämpfen haben, dann ist es hilfreich, an den Anfang Ihrer Rede ein Textstück zu setzen, dass Sie komplett ausformuliert und auch auswendig gelernt haben. Es ist ebenfalls sinnvoll, dass Sie sich auch für das Ende Ihrer Präsentation ein paar Sätze zurechtgelegt haben, in denen Sie die Kernaussagen zusammenfassen und ein Fazit ziehen. Für alle Teile dazwischen gilt, dass Sie in den Probeläufen durch Ihre Präsentation ein Gefühl dafür bekommen haben sollten, wie Sie Ihre Notizen in freie Rede umsetzen wollen. Und dafür lohnt es sich, sehr intensiv an diesen Notizen zu arbeiten.

Erstellung von Handouts

Handouts lenken ab

Bei der Vorbereitung Ihrer Präsentation stellt sich auch die Frage, welche Art von Unterlagen Sie Ihren Zuhörer an die Hand geben wollen. In meinen Augen sollte jede gut vorbereitete, das heißt gut konzipierte, gestaltete und inszenierte Präsentation auf Handouts irgendeiner Art verzichten. Wenn Ihre Zuhörer ein Handout vor sich liegen haben, werden Sie es sich ansehen, und zwar noch vor dem Zeitpunkt, für den Sie das eigentlich vorgesehen haben, und auch während Sie eigentlich ihre Aufmerksamkeit auf sich ruhen sehen wollen. Ein Handout lenkt zunächst einmal von Ihnen ab.

Keine Folienausdrucke austeilen!

Das Allerschlimmste, was in einer Präsentation gemacht werden kann, ist, den Zuhörern zu Beginn einen Ausdruck sämtlicher Folien auszuhändigen. Wir werden im folgenden Kapitel noch sehen, dass es einen großen Unterschied gibt zwischen den Folien, wie sie von Ihnen gezeigt werden, und den Folien, wie Sie sie vielleicht *nach* der Präsentation zu Dokumentationszwecken zur Verfügung stellen müssen. Viel schlimmer ist es allerdings, dass Sie sich selbst damit jeglichen Überraschungseffekts berauben und Ihre Präsentation wie das sklavische Abarbeiten einer vorher festgelegten Foliensequenz erscheinen lassen – natürlich ist es das auch teilweise, aber Sie müssen um Himmels willen versuchen, diesen Eindruck zu vermeiden. Trotz aller Vorbereitung soll Ihre Präsentation überraschend und Ihre Rede spontan wirken.

Handout mit Mehrwert

Nun ist es in einigen Fächern üblich, in einem Handout ergänzendes Material zur Verfügung zu stellen, Tabellen mit genaueren Werten, zusätzliche Diagramme, eine Literaturliste, Beispielsätze und so weiter. Wenn Sie meinen, dies auch machen zu müssen, dann bereiten Sie ein Handout vor, das tatsächlich einen Mehrwert gegenüber Ihren Folien aufweist, und teilen Sie es erst nach Ihrer Präsentation aus. Auf diese Weise können Sie gleichzeitig den Anforderungen nach Offenlegung und Überprüfbarkeit Ihres Materials Genüge tun und doch die Aufmerksamkeit Ihres Publikums während der Präsentation uneingeschränkt an sich binden. Ein Handout, das wirklich notwendig ist, um Ihrer Präsentation folgen zu können, sollten Sie vermeiden – arbeiten Sie lieber Ihre Präsentation so um, dass sie auch ohne Handout verständlich wird.

Planung des Aufführungssettings

Räumliche Gegebenheiten

Den Übergang zur ersten Phase des Probens bildet die genauere Planung des Aufführungssettings. Damit ist gemeint, wie die Bühne für Ihre Präsentation aussehen soll, wo und wie Sie darauf agieren und welche Geräte Sie einsetzen wollen.

Den Ort, an dem Ihre Präsentation aufgeführt wird, können Sie sich normalerweise nicht selbst aussuchen. Sie müssen sich also den Gegebenheiten anpassen, zugleich aber auch Ihre Spielräume nutzen. Zu allererst ist die grundsätzliche Frage zu klären, ob Sie im Sitzen oder im Stehen präsentieren werden. Eigentlich ist diese Frage ganz leicht zu beantworten: Sie sollten dabei immer stehen. Allerdings gibt es Situationen, in denen es nicht angemessen ist, wenn Sie, möglicherweise als einziger in einer Folge von Referenten, stehen, oder wo die räumlichen Bedingungen nicht dafür geeignet sind. Dies kann beispielsweise in kleineren Besprechungsräumen der Fall sein, wo alle Teilnehmer am „Runden Tisch“ (der auch ein Karree sein kann) sitzen. Auch kulturell bedingte Unterschiede gibt es: In asiatischen Ländern ist es auch bei wissenschaftlichen Tagungen eher üblich, während einer Präsentation zu sitzen.

Stehen oder sitzen?

Positionierung des Laptops

Wenn Sie Ihre Präsentation im Stehen halten können, dann ist es besonders wichtig, Ihren Standort und die Position des Laptops, auf dessen Display Sie die Folien oder die Referentenansicht sehen, zu bestimmen. Steht Ihnen ein Pult zur Verfügung, dann sollten Sie dieses nicht für Ihr Laptop verwenden, sofern Sie mit

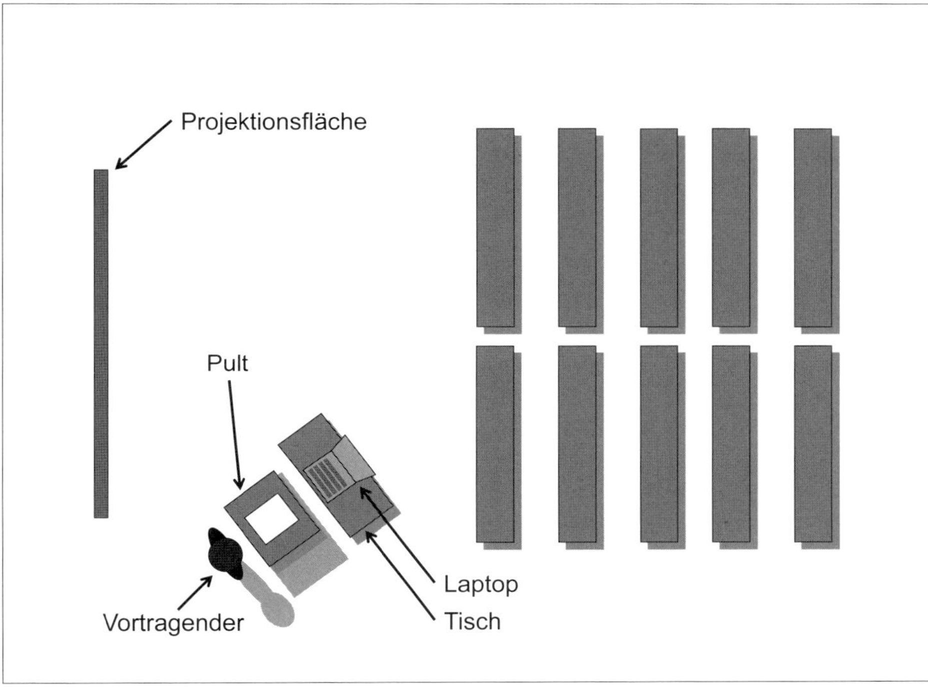

Abb. 6-2: Aufführungssetting

ausgedruckten Notizen arbeiten. Es braucht ja nicht in Reichweite von Ihnen stehen, wenn Sie es über einen Presenter bedienen. Der optimale Platz ist dann zwischen dem Pult und dem Auditorium, so dass Sie sowohl Ihre Notizen auf dem Pult als auch das Display des Laptops im Blick haben können, und das mit einer Ausrichtung hin zum Publikum (s. Abb. 6-2).

Laptop auf dem Pult ...

Wenn Sie Ihre Präsentation in der Referentenansicht auf Ihrem Laptop öffnen, dann können Sie es auch auf dem Pult platzieren. Dabei müssen Sie aber aufpassen, dass es sich dann nicht zu hoch befindet und Sie dahinter wie verschanzt wirken. Ist kein Pult für den Vortragenden vorgesehen, sollten Sie Ihr Laptop in ähnlicher Weise platzieren wie in der Abbildung oben. Ist gar kein Tisch oder Pult für den Präsentator vorgesehen, können Sie sich frei vor der Projektionsfläche bewegen. Da Sie aber auch dann auf das Display des Laptops blicken können müssen, könnten Sie es in so einem Setting auf dem Boden vor der ersten Publikumsreihe platzieren.

... oder auf dem Boden

6.2 Die Probe

Nachdem Sie die im vorangegangenen Abschnitt beschriebenen Vorbereitungen getroffen haben, sind Sie gerüstet, die Aufführung Ihrer Präsentation mit einer Probephase anzugehen. Diese Probe hat drei Funktionen: Das Präsentationssetting muss auf Funktionstüchtigkeit und Praktikabilität getestet werden, die technischen Vorrichtungen müssen überprüft werden und Sie selbst sollen sich mit den Gegebenheiten Ihrer Präsentation vertraut machen. Selbst wenn Sie offiziell keine Gelegenheit zu einer Probe erhalten, so sollten Sie doch versuchen, in einer Art Schnelldurchlauf alle drei Teile der Probe durchzuführen.

Die erste Probe: Setting

Settingprobe nicht übergehen!

Während der Vorbereitung haben Sie sich schon dafür entschieden, in was für einem Setting Sie Ihre Präsentation aufführen wollen. In dieser Probe geht es nun darum, dass Sie sich die Bühne genauso herrichten, wie es für eine wirkungsvolle und gut gehaltene Präsentation notwendig ist. Selbst wenn vor Ihrer schon eine Reihe von Präsentationen gehalten wurde und sich dabei eine Gewohnheit herausgebildet hat, wo der Präsentator steht und wo das Laptop platziert ist, muss das für Sie nicht heißen, dass Sie dieser Praxis folgen. Auch die Herrichtung des Settings durch freundliche Gastgeber oder Tagungsleiter sollte für Sie nicht sakrosankt sein – ändern Sie sie, wenn sie meinen, dass es nicht perfekt für Sie ist.

Ist alles richtig positioniert und erreichbar?

Worauf sollten Sie nun achten? Das wichtigste ist der Platz, an dem Sie während Ihrer Präsentation stehen. Er sollte nicht zu sehr seitlich positioniert sein, sondern Sie sollten aus der Perspektive der Zuschauer direkt neben der Projektionsfläche zu sehen sein. Das Pult oder der Tisch, an dem Sie während der Präsentation stehen, sollte dem Publikum zugewandt sein, allerdings nicht so weit, dass Sie die Projektionsfläche nur mit Mühe sehen können. Die zweite wichtige Entscheidung ist die, wo Ihr Laptop steht – im vorangegangen Abschnitt haben wir dies ausführlicher behandelt. Das Laptop sollte immer zwischen Ihnen und dem Publikum stehen und nie seitwärts von Ihnen – optimal ist es positioniert, wenn Sie beim Blick ins Publikum zugleich das Laptop-Display im Auge haben und der Blick aufs Laptop kaum vom Blick ins Publikum zu unterscheiden ist. Überprüfen

Sie bei der Setting-Probe auch genauer das Pult: Ist es in der Höhe verstellbar, wo legen Sie Ihre Uhr ab, wo die Notizen?

Licht und Beleuchtungssteuerung

Ein weiterer Punkt für diese Probe: Die Beleuchtung. Es ist oft zu erleben, dass der Präsentator in einer Art Zwielicht steht, weil das Raumlicht heruntergeregelt wird, damit die Projektion klar hervortritt. Wenn das wirklich notwendig ist – neuere Beamer sind so lichtstark, dass sie eigentlich auch bei normalem Licht ein passables Bild an die Wand werfen –, sollten Sie prüfen, ob es nicht eine Pultbeleuchtung gibt, die nicht auf die Projektionsfläche gerichtet ist. Gerade bei wissenschaftlichen Konferenzen hat man oft die Situation, dass sich niemand mit den technischen Gegebenheiten in einem Vortragssaal auskennt, so dass keine ideale Beleuchtung hergestellt wird. Wenn es vor Ihrer Präsentation eine Pause gibt, sollten Sie diese also nutzen, dies herauszubekommen.

Die zweite Probe: Technik

Auch wenn die Überprüfung des Settings manchmal sehr knapp ausfallen mag, die Technik-Probe ist unumgänglich. Insgesamt sind bis zu zehn einzelne Tests dabei auszuführen:

Test 1: Wird der Beamer richtig angesteuert?

Umschalten auf Beamer

Bei einer Präsentation wird das Bild des Laptop-Displays auf den Beamer übertragen. Das geschieht über eine bestimmte Tastenkombination auf dem Laptop, zumeist „Fn“ und eine Funktionstaste. Weil Beamer gewöhnlich eine geringere Auflösung besitzen als das Display eines Laptops, wird bei dieser Umstellung auch das Laptop-Bild verändert. Die Präsentation wird dadurch gewöhnlich nicht beeinflusst, aber bei anderen Programmen, die Sie möglicherweise während Ihrer Präsentation nutzen wollen, kann dies Auswirkungen auf die Darstellung der Oberfläche haben. Wollen Sie die Referentenansicht nutzen, ist die Überprüfung der korrekten Ansteuerung des Beamers besonders wichtig. Die erwähnte Tastenkombination öffnet normalerweise ein Menü, bei dem Sie sofort auf die erweiterte Bildschirmeinstellung kommen, sofern Ihr Laptop das unterstützt. Neben der Übertragung des Bildes sowohl auf das Laptop als auch auf den Beamer gibt es bei der Umstellung des Bildschirmsignals auch andere Möglichkeiten, beispielsweise die Übertragung ausschließlich auf den Beamer. Akzeptieren Sie auf keinen Fall eine Einstellung, bei der Sie nicht auch auf dem Laptop das projizierte Bild sehen können.

Referentenansicht

Test 2: Ist die Projektion in Ordnung?

Überrpüfung der Projektion

Schauen Sie sich nun die Projektion selbst an: Sind die Seitenverhältnisse korrekt wiedergegeben, oder ist die Projektion verzerrt? Falls dies der Fall ist, ist entweder am Laptop oder am Beamer selbst eine falsche Einstellung vorgenommen worden. Ist die Projektion genau rechteckig, oder wird sie zu einem Trapez verzerrt? Dies lässt sich normalerweise direkt am Beamer über die sogenannten „Keystone"-Tasten einstellen. Auch Helligkeit, Kontrast und Farbsättigung sollten Sie, wenn möglich, kontrollieren. Verwenden Sie sehr helle Farben in Ihrer Präsentation, kann es sein, dass diese bei einer zu geringen Farbsättigung oder zu geringem Kontrast nicht mehr zu erkennen sind. Kontrollieren Sie die Projektion auch dann, wenn zuvor schon andere Referenten präsentiert haben – das heißt nämlich noch lange nicht, dass alles korrekt eingestellt ist.

Test 3: Ist die Stromversorgung des Laptops sichergestellt?

Strom und Akku

Wenn Sie mit Ihrem eigenen Laptop präsentieren, sollten Sie sicherstellen, dass es voll aufgeladen ist und für die Dauer Ihrer Präsentation über den Akku ausreichend mit Strom versorgt wird. Dann müssen Sie nämlich vor Ihrer Präsentation nicht mit einem Netzteil hantieren und womöglich unterm Tisch eine freie Steckdose suchen. Erfolgt Ihre Präsentation nicht auf Ihrem eigenen Laptop, dann sollten Sie auf einer Netzversorgung bestehen, da Sie ja den Ladestand des Akkus nicht kennen und auch nicht wissen, wie lange er überhaupt den Rechner am Laufen zu halten vermag. Vergewissern Sie sich, dass bei einem ans Stromnetz angeschlossenen Laptop auch tatsächlich die externe Stromversorgung angezeigt wird – Sie wären nicht der erste, der feststellen muss, dass Strombuchsen und Mehrfachstecker auch ausgeschaltet sein können.

Test 4: Befindet sich das Laptop im Präsentationsmodus?

Einstellung des Laptops

Kaum etwas ist für die Zuschauer enervierender, wenn während einer Präsentation der Bildschirmschoner angeht oder ein Fenster erscheint, mit dem zur Aktualisierung des Systems aufgefordert wird. Die typische Reaktion des Referenten besteht darin, auf den „dummen" Rechner zu schimpfen. Wenn hier aber jemand dumm ist, dann ist es der Referent selbst, denn es gibt bei allen Laptops einen Präsentationsmodus, in dem derartige Aktionen unterbunden werden. Auch die Helligkeit des Displays wird passend eingestellt, die Lüftung und damit das Belüftungsgeräusch reduziert, und überhaupt das ganze System für die Präsentation hergerichtet.

Test 5: Ist die Referentensicht aktiv?
Wenn Sie die Referentensicht von Powerpoint verwenden, sollten Sie die verschiedenen darin enthaltenen Bereiche für Ihre Wünsche einrichten. Das betrifft die Größe der Folie und des Feldes mit den Notizen, aber auch die Schriftgröße der Notizen.

Referentenansicht

Test 6: Funktioniert der Presenter?
Der kleine, per Bluetooth mit dem Laptop verbundene Presenter (s. Abschnitt 3.4) ist Ihr wichtigstes Arbeitsgerät während der Aufführung. Überprüfen Sie den Ladestand der Batterie und testen Sie anhand Ihrer Präsentation, ob Sie Folien vor- und zurückschalten können.

Presenterfunktion

Test 7: Funktioniert der Sound?
Wenn Sie Tonsequenzen in Ihrer Präsentation einsetzen, ist ein Soundcheck unerlässlich. Spielen Sie eine Ton-Sequenz ab und stellen Sie von vornherein die Lautstärke so ein, dass Sie sie während der Aufführung nicht ändern müssen. Wenn Sie per Mikrofon sprechen, sollten Sie auch dies vorher austesten, sofern dies möglich ist. Dabei brauchen Sie jemanden, der Ihnen sagen kann, ob die Verstärkung richtig eingestellt ist. Wenn der Ton optimal, das heißt für die Zuhörer im angenehmen Lautstärkerbereich eingestellt ist, kann es in kleineren Vortragsräumen der Fall sein, dass Sie von der Verstärkung Ihrer Stimme kaum etwas merken. Das sollten Sie beim Soundcheck herauszufinden versuchen, um nicht von diesem Effekt überrascht zu sein. Überprüfen Sie dabei auch, aus welcher Entfernung das Mikrofon Sprache am besten wiedergibt. Mikrofone besitzen eine sogenannte Charakteristik, durch die die akustischen Eigenschaften in sehr unterschiedlicher Weise festgelegt sind. Es könnte nämlich passieren, dass bestimmte von Ihnen geäußerte Laute zu sehr unschönen Knall- oder Zisch-Geräuschen führen, die durch zu große Nähe zum Mikrofon hervorgerufen werden. Richten Sie also das Mikrofon entsprechend ein, wenn es sich um ein Pult-Mikrofon handelt.

Soundcheck

Eigenschaften des Mikros

Test 8: Werden Videos richtig wiedergegeben?
Ein häufiger vorkommendes Problem besteht darin, dass Video-Sequenzen über den Beamer nicht wiedergegeben werden, man nur den Ton hört, die für die Darstellung des Videos vorgesehene Fläche aber schwarz bleibt. Gehen Sie also testweise auf eine Folie, die ein Video enthält, und lassen Sie es ein paar Sekunden laufen. Darstellungsprobleme haben meistens etwas mit der eingestellten Bildschirmauflösung zu tun – ändern Sie diese, falls notwendig, an Ihrem Laptop oder am Beamer.

Video-Wiedergabe

Test 9: Sind notwendige weitere Programme aktiv?

Weitere benötigte Programme nutzbar

Wenn Sie während Ihrer Präsentation in andere Programme gehen müssen, dann aktivieren Sie sie bereits, damit die Zuschauer während der Aufführung nicht dem Ladevorgang beiwohnen müssen. Im Windows-Betriebssystem müssen Sie übrigens nicht per Maus auf die Taskleiste klicken, um ein anderes, bereits laufendes Programm zu aktivieren, Sie können auch per gedrückter Alt-Taste und mehrfach gedrückter Tabulatortaste zwischen den Programmen hin- und hergehen. Gerade in der Aufführungssituation ist das das wesentlich elegantere, weil unauffälligere Vorgehen beim Umschalten zwischen Programmen.

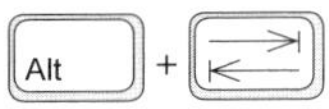

Test 10: Wie wird das Saallicht bedient?

Beleuchtungssteuerung

Ganz zum Schluss sollten Sie noch, falls Sie bei Ihrer Aufführung selbst dafür zuständig sein sollten, einen Blick auf die Bedienung des Lichts werfen. Manche Seminarräume und Hörsäle haben heute eine derartig komplizierte Beleuchtungssteuerung, dass es nicht so ohne Weiteres herauszufinden ist, wie die Raumbeleuchtung herunter-, die Pultbeleuchtung heraufgeregelt werden kann und wie womöglich die Verdunklung zu bedienen ist. Das Publikum möchte nicht miterleben müssen, wie Sie gleich am Anfang Ihrer Aufführung an der Beleuchtungstechnik scheitern.

Gehen Sie keine Kompromisse ein!

Versuchen Sie also insgesamt, alle technischen Belange in den Griff zu bekommen. Zwar kann man oft erleben, wie Präsentatoren während der Aufführung mit irgendeinem technischen Detail zu kämpfen haben und dies dann gern darauf zurückgeführt wird, dass „die Technik nicht mitspielt". Die beste Präsentation ist aber immer noch diejenige, bei der das Publikum überhaupt nicht merkt, dass hinter den Inhalten und ihrer Wirkung eine Menge Technik steckt und diese von Ihnen ohne Aufhebens bedient wird. Für technische Probleme bei der Aufführung einer Präsentation gibt es eigentlich keine Entschuldigung, denn sie sind immer auf mangelhafte Vorbereitung zurückzuführen.

Die dritte Probe: Situation

Vertraut machen mit der Situation

Nachdem Sie sich nun das Setting eingerichtet und die Technik überprüft haben, kommt die vielleicht wichtigste Probe von allen: die Probe der Aufführung in der eigentlichen Präsentationssituation. Vielleicht kann diese nur sehr kurz ausfallen, vielleicht haben Sie aber auch mehr Zeit: Wichtig ist, dass Sie sich auf die Bühne und an das Pult stellen, Ihre Notizen hinlegen, den Presenter in die Hand nehmen und sich vorzustellen versuchen, dass Sie jetzt losreden müssen. Fassen Sie das Pult an, drehen Sie sich zur Projektionswand, machen Sie testweise eine Zeigegeste, nehmen Sie den Saal so in den Blick, als ob dort Ihr Publikum säße (vielleicht sitzt es sogar schon da). Dieses In-sich-Aufnehmen der Situation hilft Ihnen, den Einstieg zu finden und Lampenfieber abzubauen. Denn Lampenfieber hat viel damit zu tun, dass man in eine Situation hineinzukommen meint, die man nicht richtig abschätzen kann. Versuchen Sie sich also vorab möglichst genau vorzustellen, wie es sein wird, in diesem Raum an diesem Pult zu stehen und Ihre Präsentation zu halten.

Machen Sie sich ein Bild von der Aufführungssituation!

Wenn es sich um eine für Sie besonders wichtige Präsentation handelt, könnten Sie einige Tage vorher versuchen, in den Vortragsraum zu gelangen, um sich mit der Situation dort vertraut zu machen. Aber auch dann, wenn dies nicht möglich ist, gibt es bei der Vorbereitung Ihrer Präsentation, in einer Pause, gleich am Morgen oder auch unmittelbar zuvor sicherlich die Gelegenheit, diese Situationsprobe in Kurzversion durchzuführen.

Gelegenheiten

6.3 Die Aufführung

Die Situation ist da, wie Herbert Wehner gesagt hätte – Sie stehen am Pult und sollen mit Ihrer Präsentation beginnen. Ganz neu ist dies natürlich für Sie nicht – Sie haben bestimmt schon einmal ein Referat oder eine Präsentation gehalten. Trotzdem oder gerade deshalb ist es sehr sinnvoll, zu reflektieren, was dort geschieht, mit Ihnen und mit dem Publikum. Viel hängt dabei von Ihrer eigenen Einstellung zu der Situation ab, weshalb wir uns diesen Punkt zuerst ansehen werden. Danach geht es um das Verhalten während der Aufführung, die technische Seite dabei und vermeidbare Fehler.

Mentale Vorbereitung

Die richtige Einstellung

Vieles in unserem Verhalten hängt davon ab, mit welcher Einstellung wir es tun. Ich glaube zwar nicht, dass alles nur auf Autosuggestion beruht und man sich ständig ein positives Denken verordnen sollte, um Erfolg zu haben, doch bei der Aufführrung einer Präsentation kann man damit schon etwas bewirken, sicherer auftreten und Lampenfieber abbauen, wenn man sich einige simple Wahrheiten vergegenwärtigt. Ich habe die wichtigsten in fünf „Mantren“ zusammengefasst, die Sie sich vorsagen können, wenn Sie aufgeregt sind:

Gute Vorbereitung

Mantra 1: *Ich bin gut vorbereitet, deshalb kann mir nichts passieren.* Unsicherheit und Lampenfieber entstehen, wenn man in eine Situation kommt, von der man meint, sie nicht vollständig kontrollieren zu können, und glaubt, beurteilt zu werden. Wir haben Angst vor Dingen, die passieren können, und stellen uns vor, dass wir dann nicht mehr wissen, was zu tun ist, und uns blamieren. Wenn Sie sich anhand dieses Buches auf Ihre Präsentation vorbereitet haben, kann eigentlich nicht sehr viel passieren, das Sie nicht schon einmal durchdacht haben. Auch Ihre Erarbeitung der Konzeption, der visuellen Gestaltung, der Inszenierung und der Vorbereitung der Aufführung lassen Sie jetzt hervorragend vorbereitet vor Ihrem Publikum stehen. Außerdem erwartet niemand von Ihnen, dass Sie eine außerordentliche, absolut herausragende Leistung erbringen. Es gibt eine Art Normalerwartung an wissenschaftliche Präsentationen, die Sie aufgrund Ihrer Vorbereitung leicht überschreiten werden. Der Eindruck, den Sie hinterlassen, wird entweder neutral oder positiv sein. Für ein wirklich schlechtes Ergebnis sind Sie jetzt einfach zu gut vorbereitet.

Nicht ohne Lampenfieber

Mantra 2: *Es geht nicht ohne Lampenfieber.*
Viele große Schauspieler oder Musiker haben gegen Lampenfieber zu kämpfen. Das ist nicht ohne Grund so: Der Körper zeigt diese besondere Form von Stress und bereitet Sie so auf eine Situation vor, in der Sie eine hohe Leistungsfähigkeit besitzen müssen. Glauben Sie also nicht, dass es überhaupt ganz ohne Lampenfieber gehen kann. Übersteigertes Lampenfieber ist zwar zu viel des Guten, aber ein gewisses Maß an Lampenfieber gehört einfach dazu, wenn man vor Publikum auf einer Bühne steht – und das geschieht ja auch bei einer wissenschaftlichen Präsentation.

Nervosität ist kaum bemerkbar

Mantra 3: *Meine Nervosität ist vom Publikum nicht zu bemerken.*
Wenn sich Ihr Magen zusammenkrampft, Ihr Gesicht erhitzt, die Hände feucht und die Kehle trocken sind, ist das zwar nicht so schön für Sie, doch die Menschen im Publikum merken gar nichts davon. Die meisten Anzeichen von Lampenfieber und Stress sind nach außen nicht sichtbar. Gerade in solchen Situa-

tionen können die Eigenwahrnehmung und die Wahrnehmung der Außenwelt weit auseinanderklaffen. Es kann durchaus sein, dass Sie als ruhig und gelassen wahrgenommen werden, während es in Ihnen tobt. Machen Sie sich daraus nichts – es geht nicht darum, dass Ihr inneres Befinden vom Publikum erkannt wird, sondern dass Sie Ihre Präsentation gut zur Aufführung bringen.

Mantra 4: *Es macht mir Spaß, nun endlich die Ernte meiner Arbeit einzufahren.*

Das Happy-End ist nah

Sie haben lange und intensiv an Ihrer Präsentation gearbeitet und sind in jeder Hinsicht gut vorbereitet. Sie können stolz auf sich sein und sich darauf freuen, die Ergebnisse Ihrer Arbeit anderen zeigen zu können. Und wenn Sie trotzdem nicht zufrieden sind, dann freuen Sie sich darauf, dass Sie Ihre Präsentation bald hinter sich haben werden.

Mantra 5: *Die Leute im Publikum blicken mir nicht feindselig entgegen, sondern interessiert und nett.*

Das Publikum ist nett

Wenn Sie vorne auf der Präsentationsbühne stehen, dann blicken Sie in eine Menge Gesichter. Das ist manchmal überraschend, denn Sie blicken frontal in diese Gesichter und sehen diese so, wie Gesichter nun einmal aussehen, wenn man interessiert einem Vortrag folgt. Normalerweise geschieht dies nicht mit einem Lächeln auf den Lippen, sondern mit einem neutralen Gesichtsausdruck. Dieser Gesichtsausdruck kann bei einigen Menschen ablehnend, reserviert, missmutig oder gar feindselig aussehen, selbst wenn sie dies überhaupt nicht so empfinden. Lassen Sie sich also nicht durch die Gesichter, in die Sie blicken, verunsichern – Ihre Zuhörer bringen Ihnen insgesamt eine eher freundliche Grundhaltung entgegen. Das werden Sie merken, wenn das Publikum bei dem kleinsten Witz dankbar zu lachen beginnt. Wenn Sie aber von dem Eindruck nicht loskommen, in lauter missmutige Gesichter zu blicken, dann suchen Sie diejenigen darunter, die am freundlichsten blicken, und schauen Sie diese zwischendurch an.

Lampenfieber nimmt durch Erfahrung ab

Weil Präsentieren eine Menge mit Erfahrung zu tun hat und sich auch das Lampenfieber davor durch immer wiederkehrende Übung eindämmen lässt, sollten Sie so oft wie möglich Präsentationen halten, um mit der Situation vertraut werden zu können. Das Lampenfieber geht dann ganz von allein zurück. Und die fünf Mantren helfen Ihnen dabei, es in Schach zu halten und sich nicht die Leistungsfähigkeit rauben zu lassen.

Verhalten

Der Anfang

Nun stellen Sie sich vors Publikum und beginnen Ihre Präsentation. Nehmen Sie sich einige Sekunden Zeit, um Ihre Notizen zurechtzulegen und den Presenter in die Hand zu nehmen. Stellen Sie sich gerade und dem Publikum zugewandt hin, verteilen Sie das Gewicht auf beiden Beinen und blicken Sie ins Publikum. Dies ist der Moment, mit dem Reden zu beginnen. Versuchen Sie gerade am Anfang, den Kontakt zum Publikum aufrecht zu erhalten, indem Sie noch nicht Ihre Notizen nutzen oder auf das Laptop blicken.

Reden und Gestik

Wenn Sie Ihre Position eingenommen haben, können Sie eigentlich so bleiben. Im Gegensatz zu einem Schauspieler wird von Ihnen keine ausgeprägte „Performance“ erwartet. Bleiben Sie einfach gerade und dem Publikum zugewandt stehen. Da Sie in der einen Hand den Presenter halten, müssen Sie sich für diese Hand auch keine „Beschäftigung“ suchen. Mit der anderen Hand werden Sie vermutlich automatisch gestikulieren und Zeigegesten ausüben. Wenn nicht, dann legen Sie sie einfach aufs Pult. Gibt es kein Pult, denn lassen Sie sie einfach hängen. Versuchen Sie darauf zu verzichten, sich durch die Haare zu fahren, die Hand in den Nacken zu legen, mit einem Stift herumzuspielen oder sonstige Verlegenheitshandlungen auszuführen. Neigen Sie zu so einer immer wiederkehrenden Handlung, dann kleben Sie sich einen bunten Post-It-Zettel auf Ihr Manuskript oder den Rahmen Ihres Laptop-Bildschirms und erinnern Sie sich durch einen kurzen Satz selbst daran, was sie vermeiden wollen: „Nicht am Ohrring zupfen!“ etwa.

Blick ins Publikum

Während Ihrer Präsentation sollten Sie immer wieder den Blickkontakt mit den Menschen im Auditorium suchen. Es gibt kaum eine stärkere Wirkung als die, direkt angeblickt zu werden. Und lächeln Sie doch auch mal. Es steht nirgends geschrieben, dass wissenschaftliche Präsentationen immer nur mit einem todernsten Gesicht abgehalten werden müssen.

Nicht in die Luft gucken!

Wenn Ihre Präsentation so richtig zum Laufen gekommen ist und Sie sich auf die Inhalte und Ihre womöglich freien Formulierungen konzentrieren, kann es sein, dass Sie das Publikum vergessen. Gewöhnen Sie es sich deshalb an, regelmäßig aufzublicken und den Blickkontakt mit Mensch im Publikum zu suchen. Manche Präsentatoren blicken stattdessen an die Saaldecke oder aus dem Fenster – beides ist nicht zu empfehlen. Zwar zeigt der Blick an die Saaldecke an, dass Sie intensiv denken, und der Blick aus dem Fenster gibt den Zuschauern einen Eindruck davon, dass es für Sie auch ein Leben nach dieser Präsentation gibt (denn so wirkt ein Blick aus dem Fenster), viel besser ist es jedoch, dem Publikum das Gefühl zu geben, dass man es wahrnimmt, ernst nimmt und nur für dieses Publikum diese Ausführung macht.

Auf- und Abgehen

Führen Sie Ihre Präsentation auf einer Bühne auf, auf der es kein Pult gibt, sondern viel Platz für den Redner, so dass sich dieser während der Aufführung darauf hin- und herbewegen kann, sollten Sie dieser Versuchung nicht allzu widerstandslos erliegen. Sie brauchen einen festen Platz auch auf einer solchen Bühne, eine Heimatbasis, von der aus Sie „Ausflüge" unternehmen können, zu der Sie aber immer wieder zurückkehren sollten. Alles andere würde zu unruhig wirken. Auf der Bühne wandernd zu dozierenden, womöglich mit gesenktem Kopf und immer nur seitlich dem Publikum zugewandt – das überlassen Sie lieber den anerkannten Gurus Ihres Faches. Bei Nachwuchswissenschaftlern wirkt das einfach nur übertrieben.

Der Abschluss

Am Schluss der Präsentationsaufführung sollten Sie erneut den intensiven Augenkontakt suchen und dabei möglichst frei reden. Wenden Sie sich dem Auditorium ganz zu, blicken Sie es an und beenden Sie die Aufführung mit einem schlichten „Vielen Dank!". Außer einem solchen klaren Statement ist nichts nötig, auch keine Folie, auf der „Vielen Dank!" steht. Die Aufmerksamkeit des Publikums soll am Anfang und am Ende der Aufführung ganz auf Ihnen liegen.

Zeigen

Die wichtigste sichtbare Handlung, die Sie während Ihrer Präsentation ausführen, ist die des Zeigens. Beim Zeigen ist zwischen spezifischen und unspezifischen Zeigegesten zu unterscheiden. Mit spezifischen Zeigegesten zeigt man auf ein bestimmtes Element der Projektion, zum Beispiel ein Wort oder eine Region eines Bildes, bei unspezifischen Zeigegesten wird auf die Projektion generell gezeigt, oft in Verbindung mit einer Aussage wie „Wie Sie hier sehen." Die Stellen, an denen spezifische Zeigegesten ausgeführt werden sollen, sollten Sie zuvor bereits festgelegt haben. Gibt es sehr viel zu zeigen, dann sollten Sie die Aufmerksamkeitslenkung in Ihre Präsentation eingebaut haben, wie wir es uns im vorangegangenen Kapitel angesehen haben. Unspezifische Zeigegesten dagegen passieren gewöhnlich einfach so. Das ist völlig in Ordnung, sofern Sie nicht statt

Spezifisches Zeigen

Unspezifisches Zeigen

auf die Projektionsfläche auf Ihr Laptop zeigen – das passiert öfter, als Sie glauben. Interessanterweise funktioniert es sogar, denn die Zuschauer wissen ja, dass der Präsentator das gleiche sieht wie sie. Das Hinwenden und Anblicken der Projektionsfläche funktioniert ebenfalls als eine Zeigegeste; indem Sie Ihre eigene Aufmerksamkeit der Projektionsfläche zuwenden, zeigen Sie den Zuschauern, dass auch sie dies tun sollen. Unspezifische Zeigegesten sollten Sie also einsetzen, wenn Sie die Aufmerksamkeit der Zuschauer generell von sich weglenken wollen hin zur Projektionsfläche.

Klare Zeigegesten

Kehren wir erneut zum spezifischen Zeigen zurück: Ihre Zeigegesten sollten klar sein und sparsam eingesetzt werden. Sehen Sie sich einmal an, wie die Meteorologen bei der Wettervorhersage im Fernsehen ihre Zeigegesten einsetzen. Es sind relativ wenige, klare Bewegungen, obwohl sie eigentlich die ganze Zeit über auf die Karte zeigen könnten.

Varianten des Zeigens

Sie haben verschiedene Möglichkeiten, Ihre Zeigegesten zu „realisieren“: durch Zeigen mit der Hand, mit einem Zeigestock, per Laserpointer oder mit der Computermaus. Die beste und natürlichste Art zu zeigen ist die mit der Hand, weil die eigentliche Zeigegeste dabei vom ganzen Körper unterstützt wird und sie dadurch ganz einfach sehr leicht nachzuvollziehen ist. Mit einem Zeigestock zu zeigen ist sehr aus der Mode gekommen, vielleicht weil man heute ja auch noch weitere technische Geräte zu bedienen hat. Wenn Sie zeigen, dann zeigen Sie direkt vor der Projektionsfläche und nicht irgendwo in der Luft zwischen Beamer und Projektion, um einen Schatten zu erzeugen. Dieses „Schattenzeigen“ ist sehr ungenau und beinhaltet oft eine zu langwierige Suche des richtigen Punkts im Raum.

Zeigen mit Laserpointer

Wenn die Projektionsfläche so platziert ist, dass Sie dort nicht direkt zeigen können, bietet sich der Laserpointer oder die Computermaus an. Ein Laserpointer ist in dem Presenter, den Sie ohnehin in der Hand halten, integriert, so dass Sie in der Tat Ihren Arm leicht damit „verlängern“ können. Wenn Sie ihn einsetzen, sollten Sie den Arm trotzdem zeigend ausstrecken, damit die Zuschauer überhaupt erkennen können, dass Sie gerade eine Zeigegeste ausüben. Der Nachteil des Laserpointers ist die geringe Größe der Punkt-Markierung, die erzeugt wird. Auf der Projektionsfläche ist der Punkt manchmal nicht sehr gut zu erkennen. Durch die Entfernung, über die mittels eines Laserpointers aus dem Handgelenk gezeigt wird, besteht ein weiterer Nachteil darin, dass der Punkt sehr schwer ruhig zu positionieren ist, und wenn Ihre Hände auch noch ein wenig zittern, wird dieses Zittern für das ganze Publikum sichtbar auf die Leinwand übertragen.

Zeigen mit Maus

Deshalb ist die zu bevorzugende unterstützte Zeigetechnik die mit der Computermaus. Sie können auch im Präsentationsmodus den Mauspfeil sichtbar machen und damit auf Ihrer Folie Zeigegesten durchführen. In der Referentenansicht müssen Sie dazu die „Strg“-Taste drücken, weil die Maus in dieser Ansicht für den Referenten immer sichtbar bleibt. In Powerpoint gibt es außerdem die Möglichkeit, in der Präsentationsansicht den Mauspfeil in einen Stift zu verwandeln, mit dem Sie Elemente der Folie wie mit einem Textmarker hervorheben können. Die Stiftoptionen erscheinen unten links auf der Folie, wenn man die Maus dort hinbewegt. Während eines Präsentationsdurchlaufs bleiben diese Markierungen erhalten.

Reden

Das zweite Element neben Ihrem Verhalten ist natürlich das Sprechen, die mündliche Rede, die Sie während der Aufführung Ihrer Präsentation von sich geben. Sprecherziehung ist ein Fachgebiet für sich, und im Rahmen dieser Einführung kann Ihnen deshalb nicht vermittelt werden, wie Sie Ihre Stimme kräftiger oder klangvoller machen. Es gibt aber ein paar Grundsätze, die unabhängig davon Ihre Rede sehr positiv beeinflussen können.

Langsamer

1. *Sprechen Sie langsamer als normal!*
   In Stress-Situationen tendieren wir dazu, schneller zu sprechen. Wiedersetzen Sie sich diesem Mechanismus, indem Sie ganz bewusst langsamer sprechen, als es für Sie natürlich wäre.

Lauter

2. *Sprechen Sie lauter als normal!*
   Wenn Sie es nicht gewohnt sind, vor einer größeren Gruppe von Menschen länger zu sprechen, werden Sie automatisch zu leise sprechen. Sprechen Sie deshalb bewusst etwas lauter, als es Ihnen natürlich vorkommen würde.

Ohne Floskeln

3. *Vermeiden Sie Floskeln der Selbstbestätigung!*
   Oft kann man Zeuge werden, wie ein Präsentator nach dem Folienwechsel auf das Laptop-Display schaut, sich offenbar zunächst vergegenwärtigen muss, was dort steht und dann den nächsten Redeabschnitt mit „Genau“ beginnt. Alternativ sind auch „So“, „Okay“ und „Gut“ beliebt. Versuchen Sie,

gerade bei einem thematischen Wechsel auf derartige Floskeln zu verzichten und glatt mit einer inhaltlichen Aussage zum nächsten Abschnitt zu beginnen.

Keine Aufzählungsbetonung!

4. *Vermeiden Sie die Aufzählungsintonation!*
Ein sehr oft vorkommender Fehler: Ein Präsentator erläutert eine Bulletpoint-Liste auf der Folie und tut dies mit genau der Intonation, wie man eine Liste vortragen würde: Am Ende eines Satzes senkt sich die Intonation nicht etwa, sondern geht nach oben. Auch wenn Sie ohnehin keine 08/15-Bulletpoint-Folien in Ihrer Präsentation haben sollten, kann dies trotzdem leicht passieren, wenn Sie Ihre Notizen etwa in Listenform gegliedert haben.

Sprechen mit Mikrofon

Eine besondere Herausforderung ist das Sprechen mit Mikrofon und Verstärkung. Wenn Sie dies noch nie getan haben, ist es zunächst sehr überraschend, sich selbst durch die Lautersprecher im Saal zu hören. Eine andere Überraschung kann es sein, wenn Sie gar nichts Besonderes hören – dann ist die Verstärkung so eingepegelt, dass bei Ihnen weniger ankommt, damit Sie Ihren natürlichen Höreindruck bewahren. In beiden Fällen sollten Sie sich schon beim Sound-Check in der Pause kurz eingewöhnt haben, um Ihre Präsentation nicht mit Nachfragen nach der richtigen Lautstärke beginnen zu müssen.

Headset und Pultmikro

Die in Hörsälen verwendeten Mikrofone sind meist sehr klein und können vorn an der Kleidung befestigt werden. Dadurch werden Sie nicht behindert. Anders ist es, wenn Sie eines der Headsets verwenden müssen, die über die Ohren gehängt werden und bei denen das Mikro sich an einem Gestänge direkt über vor Ihrem Mund befindet. Versuchen Sie sich mit so einem Headset bereits vor Ihrer Aufführung vertraut zu machen, denn sie sind manchmal recht schwer aufzusetzen und fühlen sich auch sehr gewöhnungsbedürftig an. Haben Sie ein Pultmikro, wiederstehen Sie der Versuchung, sich zu diesem hinzubeugen – die Verstärkung muss stattdessen so eingestellt werden, dass Ihre Stimme bei normaler, aufrechter Körperhaltung optimal verstärkt wird. Das ist für den Redner selbst oft weniger laut als erwartet.

Zeitmanagement

Zeit einhalten!

Wenn Sie eine 20-minütige Präsentation halten sollen, dann halten Sie eine 20-minütige Präsentation – und nicht eine, die eigentlich 30 Minuten gedauert hätte und in der Aufführung auf

23 Minuten gekürzt wird. Jede noch so gute Präsentation verliert ihre Wirkung, wenn sie *ad hoc* verkürzt wird. Und auch wenn Ihnen niemand ins Wort fällt, um Sie auf das Ende Ihrer Zeit hinzuweisen, so haben doch alle Ihrer Zuhörer bemerkt, dass Sie sich anscheinend das Recht herausnehmen, ungefragt länger als die anderen zu reden.

Uhr im Blick halten

Um bei der Aufführung Ihrer Präsentation in der Zeit zu bleiben, müssen Sie immer eine Uhr im Blickfeld haben. Machen Sie es sich zum Ritual, bei jedem Vortrag Ihre Armbanduhr oder eine andere Uhr aufs Rednerpult zu legen. Der Blick auf die Uhr ist dann so unauffällig, dass er nicht vom Blick auf die Notizen unterschieden werden kann. Eher kurios sieht es aus, wenn Sie während der Präsentation Ihr Handy aus der Tasche kramen, um darauf die Uhrzeit nachzusehen. Sie brauchen den ständigen Blick auf die Uhr, und die Uhr soll Sie ständig daran erinnern, sich nicht zu verplaudern, sondern auf die Zeit zu achten.

Die Presenter-Uhr reicht nicht

Viele Presenter besitzen eine Art eingebaute Präsentationseieruhr, die man zu Beginn der Aufführung auf die beabsichtigte Dauer der Präsentation einstellen kann und die dann beginnt, die Zeit herunterzuzählen. Auch wenn das eigentlich eine ganz nützliche Funktion darstellt, so hat man die Uhr dabei aber nicht immer im Blick. Eine Uhr, die Sie auf das Pult legen und dadurch im Blickfeld behalten, ist und bleibt die bessere Lösung.

Umgang mit Zeit-Hinweisen

Bei Tagungen kommt es sehr oft vor, dass ein Sektionsleiter den Referenten fünf oder zwei Minuten vor dem Ende ihrer Vortragszeit einen Zettel mit der Anzahl der noch verbleibenden Minuten hinhält. Wenn Sie dies schon zuvor bemerkt haben, dann wird das auch bei Ihnen so sein, und Sie sollten zu der betreffenden Zeit gelegentlich zu dem Sektionsleiter herüberschauen. Wenn Ihnen schließlich das Zeitzeichen hingehalten wird, quittieren Sie es mit einem kurzen Nicken – jeder weitere Kommentar erübrigt sich.

Das Zeitmanagement nicht thematisieren

Das beste Zeitmanagement sieht so aus, dass es niemand bemerkt und Sie keine Bemerkungen darüber machen müssen. Sie beginnen Ihre Präsentation und merken sich die Anfangszeit, behalten den Zeitverlauf im Auge und beenden Ihre Präsentation rechtzeitig – aber auch nicht wesentlich zu früh. Wenn es tatsächlich passieren sollte, dass Sie merken, mit der Zeit nicht auszukommen und Folien überspringen zu müssen, dann überspringen Sie sie auch wirklich konsequent. Das bedeutet: Sie klicken sich so schnell wie möglich durch die auszulassende Foliensequenz und unterlassen dabei Kommentare dergestalt, wie interessant dieses oder jene Beispiel eigentlich gewesen wäre. Halten

Sie beim Überspringen auch nicht an, wenn Ihnen etwas Wichtiges im übersprungenen Teil auffällt – überspringen Sie Teile Ihrer Präsentation ganz oder gar nicht, am besten aufgrund erfolgreichem Zeitmanagements gar nicht.

Steuerung der Präsentation

Steuerung durch Tastaturkürzel

Die dritte Herausforderung bei einer Präsentation neben dem persönlichen Verhalten und dem Reden ist die Steuerung der Präsentation im technischen Sinne. Das sollte ja eigentlich ganz einfach sein: Sie durchlaufen die Folien, indem Sie auf die entsprechende Taste auf Ihrem Presenter drücken. Es gibt aber noch einige andere Dinge, die Sie über die Steuerung wissen sollten. Ein Präsentationsprogramm wie Powerpoint umfasst eine Vielzahl praktischer Tastaturkürzel, die nur in der Präsentationsansicht funktionieren. Sie können sich eine Übersicht über diese Befehle im Hilfebereich anzeigen oder diese auch über die Aktionsfelder unten links in der Präsentationsansicht erscheinen lassen. Sehen Sie sich diese Liste unbedingt einmal an und prägen Sie sich die wichtigsten Kürzel für Ihre nächste Präsentationsaufführung ein:

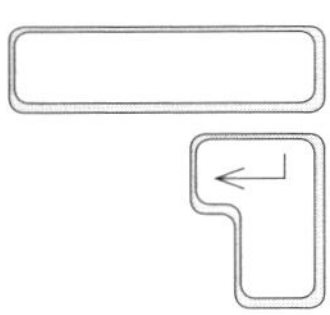

1. *Weiterschaltung zur nächsten Folie*
   Dafür sind praktischerweise alle möglichen Tasten vorgesehen, nicht etwa nur die Pfeil-nach-rechts-Taste. Wenn Sie direkt am Laptop stehen und ohne einen Presenter zur nächsten Folie weiterschalten wollen, dann eignen sich die Leertaste und die Eingabetaste aufgrund ihrer Größe dafür besonders gut.

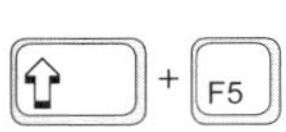

2. *Aktivieren der Präsentation*
   Neben der Weiterschaltung ist dies das zweitwichtigste Tastaturkürzel: Die F5-Taste. Mit ihr kommen Sie in Powerpoint von der Autorenansicht in die Präsentationsansicht, und zwar auf die erste Folie der Foliendatei. Sie brauchen also nicht, wenn Sie schon am Pult stehen, mühsam mit der Maus das kleine Leinwand-Symbol am Fensterrand suchen – drücken Sie einfach F5. Wenn Sie die aktuelle Folie, bei der Sie gerade in der Autorenansicht sind, im Präsentationsmodus anzeigen lassen wollen, geht das mit Umschalt+F5.

3. *Navigation innerhalb der Präsentationsansicht*
   Wenn Sie doch gezwungen sein sollten, zu einer bestimmten Folie zu springen, dann ist es eine sehr schlechte Idee, dafür von der Präsentationsansicht in die Autorenansicht zurück-

zukehren, die Folien durchzuklicken und dann erneut die Präsentationsansicht zu aktivieren. Sie können sich mit Strg+S eine Liste der Folien in Ihrer Foliendatei anzeigen lassen und daraus leicht die gewünschte auswählen. Noch besser ist es, wenn Sie sich für die wichtigsten Folien in Ihrer Präsentation gemerkt oder auf einem Spickzettel notiert haben, welche Nummer sie besitzen. Wenn Sie diese nämlich in der Präsentationsansicht mit Ihrer Laptop-Tastatur eingeben und danach die Eingabe-Taste betätigen, kommen Sie direkt zu der entsprechenden Folie, mit 1+Eingabe entsprechend zurück an den Anfang. Es macht einen hervorragenden Eindruck, wenn Sie ohne viel Aufhebens in der Diskussionsphase nach Ihrem Vortrag wie durch Zauberhand zu einer Folien zurückspringen können, auf die sich ein Fragesteller bezieht.

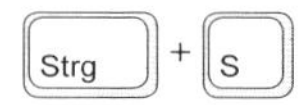

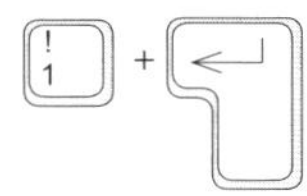

4. *Schwarz- und Weiß-Schaltung*
   Zwar sollten Sie Ihre Präsentation in Phasen, in denen Sie nichts zeigen wollen, mit Schwarz-Folien ausgestattet haben, doch kann es am Anfang, am Ende oder in der Diskussionsphase notwendig sein, dass Sie die Projektion ausschalten wollen. Das lässt sich in der Präsentationsansicht mit den Tasten B (für black/schwarz) und W (für weiß) bewerkstelligen. Beim schwarzen Bildschirm ist die Projektion überhaupt nicht mehr zu erkennen, so dass die Aufmerksamkeit voll auf dem Redner liegen kann. Mit dem weißen Bildschirm leuchtet die Leinwand hell, ohne etwas zu zeigen, was in dunkleren Räumen am Anfang und am Ende sinnvoll sein kann.

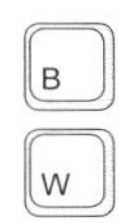

5. *Wechsel in andere Programme*
   Wenn Sie während der Präsentation in ein anderes Programm wechseln müssen, dass sollten Sie dies tun, ohne die Präsentationsansicht zu verlassen. Dafür gibt es zwei Möglichkeiten: Die schlechtere besteht darin, sich mit Strg+T die Taskleiste anzeigen zu lassen und dort mit der Maus das gewünschte Programm auszuwählen. Eine elegantere Lösung ist die, über die durch Windows vorgesehene Tastenkombination Alt+Tabulator direkt zum anderen Programm zu springen und mit dieser Tastenkombination anschließend auch wieder in den Präsentationsmodus zurückzukehren.

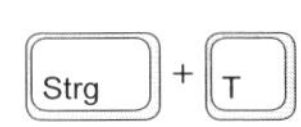

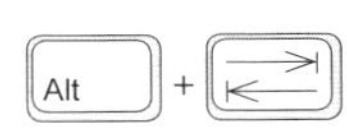

Tastaturkürzel sind effektiv

Sie haben vielleicht bemerkt, dass all diese Hinweise ohne die Nutzung der Maus (oder des Touchpads vom Laptop) auskommen. Das kommt nicht von ungefähr: Tastaturkürzel erlauben eine schnellere und unauffälligere Steuerung des Programms, was gerade während der Aufführung das Ziel sein sollte. Die Technik sollte so unauffällig und selbstverständlich wie möglich in die Präsentation integriert sein, dass sich die Zuschauer ganz auf den Inhalt und auf Sie als Präsentator konzentrieren können.

Reden Sie nicht über die Technik

Jedes Wort, dass Sie während der Aufführung über die Technik verlieren, ist eines zu viel. Die besten Präsentatoren lassen auch eine noch so komplizierte Präsentationstechnik ganz in den Hintergrund treten.

Vermeidbare Fehler

Immer wieder kann man bei Präsentationen Fehler beobachten, die leicht zu beheben sind, wenn man sie kennt. Hier sind die häufigsten:

Sich verstecken
Sie brauchen überhaupt nicht versuchen, sich als Präsentator vorn am Pult zu verstecken, Sie werden ja doch von allen gesehen. Trotzdem ist dies manchmal zu beobachten: Zusammengesunken mit gesenktem Kopf will sich ein Referent hinter seinem Laptop unsichtbar machen. Finden Sie sich damit ab: Sie sind zu sehen, dann zeigen Sie sich auch so, wie Sie sind, und öffnen Sie sich zum Publikum.

Sich zum Publikum öffnen!

Blickkontakt vermeiden
Eine andere Form des Versteckens: das Publikum gar nicht erst anblicken. Zeigen Sie stattdessen, dass Sie Interesse an Ihrem Publikum haben, indem Sie es anblicken. Außerdem bringen Sie dadurch zum Ausdruck, dass Sie Ihre Präsentation so gut kennen, dass Sie nur manchmal auf das Laptop oder Ihre Notizen blicken müssen.

Das Publikum anblicken!

Die Projektionsfläche ansehen
Zwar blickt das gesamte Publikum zuweilen auf die Projektionsfläche, Sie aber sollten sich dadurch nicht dazu verleiten lassen, ebenfalls dorthin zu blicken. Sie haben das Laptop-Display in Ihrem Blickfeld Richtung Publikum, und Sie blicken nur dann auf die Projektionswand, wenn Sie dort auf etwas ganz Bestimmtes mit einer Zeigegeste hinweisen wollen.

Das Laptop-Display nutzen!

Zu informell sein
Auf Tagungen kann man auch ein Verhalten erleben, das das Gegenteil von Lampenfieber und Unsicherheit zu sein scheint:

die übersteigerte Lässigkeit, der zu informelle Auftritt. Dies kann sich im Verhalten, in der Art zu reden und der ganzen Aufmachung niederschlagen. Bei einem öffentlichen Auftritt, und eine wissenschaftliche Präsentation stellt das dar, wird mangelnde Formalität als mangelnder Respekt gegenüber Situation und Publikum ausgelegt. Sie sollten als Präsentator dem Publikum gegenüber immer eine gewisse Verantwortung empfinden, diesem Ihre Inhalte optimal zu vermitteln, und das beißt sich mit einem zu informellem Verhalten.

Kontrolliert bleiben!

Ticks
Sehr quälend kann es für die Zuschauer sein, wenn ein Präsentator unbewusst irgendeine Handlung ausübt und diese ständig wiederholt. Es können Kleinigkeiten sein, und trotzdem lenken diese von Ihnen und Ihrer Präsentation ab. Bitten Sie doch einmal jemanden, während einer Präsentation darauf zu achten, ob solche Ticks auch bei Ihnen auftreten. Wenn Sie sie kennen, ist das schon der erste Schritt, sie zu vermeiden.

Automatismen abgewöhnen!

Keine gerade Körperhaltung einnehmen
Wenn es auf einer Tagung ein Rednerpult gibt, hat man zuweilen den Eindruck, als müsse es nicht die Notizen des Redners, sondern ihn selbst tragen. Vermeiden Sie es, sich am Pult festzuklammern oder sich gar halb darauf zu lehnen. Bleiben Sie stattdessen auf eigenen Füssen davor stehen. Zwar können Sie ruhig die Hände drauflegen, aber mehr ist nicht nötig. Stützen Sie sich nicht ab am Pult, lehnen Sie sich nicht an, denn all das verschlechtert Ihre Beweglichkeit und Ihre Stimme.

Gerade stehen!

Analyse von Blickbewegungen während der Präsentation

Eine Arbeitsgruppe um Hans-Jürgen Bucher von der Universität Trier wollte wissen, wohin die Zuschauer bei einer Präsentation schauen und wie ihr Blick durch den Präsentator und die Präsentation gesteuert wird. Dazu setzten sie in realen wissenschaftlichen Präsentationen bei Freiwilligen einen portablen *Eye Tracker* ein, ein Gerät zur Aufzeichnung von Blickbewegungen. Die gefundenen Erkenntnisse sind sehr aufschlussreich (Bucher *et al.* 2010).
Generell besitzt eine Folie ein sehr hohes Ablenkungspotenzial. Wenn ein Präsentator eine Folie erscheinen lässt, auf die er nicht näher eingeht, lassen die Versuchspersonen es sich nicht nehmen, die Folie trotzdem mit ihren Blicken genau zu untersuchen. Weil man das, was angesehen wird, auch für den Fokus der Aufmerksamkeit hält, zeigt sich, dass nur etwas visuell dargeboten werden soll, wenn es auch Gegenstand der aktuellen Rede ist.

Zeigen ist eine einfache Methode der Aufmerksamkeitssteuerung, und die Trierer Wissenschaftler konnten nachweisen, dass Zeigegesten, ob mit der Hand oder dem Laserpointer, tatsächlich dazu geeignet sind. Interessant ist ihr Ergebnis für Animationen: Wird eine Bulletpoint-Liste auf einen Schlag eingeblendet, schauen sich die Versuchspersonen alle darin aufgeführten Punkte auf einmal an – selbst wenn der Präsentator einen nach dem anderen durchgeht. Erscheint die Liste aber Punkt für Punkt in animierter Form, dann funktioniert das Wechselspiel zwischen Präsentator und Projektion: Die Versuchspersonen lassen Ihren Blick zwischen beidem hin und her wandern.
Komplexe Bildfolien stellen allerdings eine schwierigere Herausforderung für die Zuschauer dar, und man kann anhand der Blickbewegungen gut erkennen, dass die Versuchspersonen grundsätzlich versuchen, sich ihren eigenen Reim aus dem Dargestellten zu machen. Dabei spielt das Wissen, das der Betrachter mitbringt, eine wichtige Rolle.
Bei eigenen Untersuchungen dieser Blickbewegungsaufzeichnungen konnten wir nachweisen, dass unspezifisches Zeigen auf die Leinwand tatsächlich zum gewünschten Effekt führt und die Aufmerksamkeit der Zuschauer auf die Projektion lenkt. Interessanterweise klappt dies sogar, wenn ein Präsentator versehentlich auf sein Laptop-Display zeigt anstatt auf die Leinwand.

6.4 Die Diskussionsphase

Sie haben die Aufführung Ihrer Präsentation gut zu Ende gebracht, jetzt schließt sich eine Diskussion an. Was tun? Auch auf diese Phase sollten Sie sich vorbereiten, und wir sehen uns an, wie Sie das machen können.

Am Ende der Aufführung

Nichts tun

Zunächst ist zu klären, was geschehen soll, wenn Sie Ihre Präsentation beendet haben. Die Projektion ist schwarz und das Publikum hat applaudiert. Es ist nun die Aufgabe des Seminarleiters oder Organisators Ihrer Präsentation, die Diskussionsphase zu initiieren und zu leiten. Wenn es eine also eine Fragerunde oder eine Diskussion gibt, dann müssen Sie jetzt nichts unternehmen. Sie brauchen deshalb nicht zu sagen „Wenn es Fragen gibt, beantworte ich sie gerne“ oder Ähnliches. Richtig peinlich wird es, wenn ein Referent dem Sektionsleiter die Diskussionsleitung abnehmen will, indem er selbst um Handzeichen bittet und erste Fragesteller aufruft.

Ihr Part ist es also, abzuwarten und durch Ihre Körperhaltung zum Ausdruck zu bringen, dass die Arbeit noch nicht getan ist. Sortieren Sie also noch nicht Ihre Unterlagen zusammen und beenden Sie auch nicht den Präsentationsmodus Ihres Präsentationsprogramms. Wenn es eine Sitzgelegenheit gibt, dann können Sie sich setzen, ansonsten bleiben Sie an Ihrem Pult stehen. Falls Sie selbst die Steuerung des Lichts vornehmen müssen, vergessen Sie nicht, es so hell einzustellen, dass sich die Menschen im Publikum gegenseitig sehen können. Es sollte aber noch nicht so hell sein im Raum, dass man die Projektion nicht mehr erkennen kann. Wenn es eine elektrische Fensterverdunklung gibt, sollten Sie auch diese noch nicht öffnen, weil das meistens mit einem längeren lauten Geräusch verbunden ist.

Stehen bleiben

Diskussionsleitung

Manchmal kommt es allerdings auch vor, dass Sie die Diskussion selbst leiten müssen. Entweder gibt es keinen Diskussionsleiter, was in selbstorganisierten Seminaren oder Workshops vorkommen kann, oder jemand, der eigentlich dafür zuständig wäre, unternimmt einfach nichts. Dann müssen Sie also ran. Leiten Sie die Diskussion bitte nicht nur mit „Fragen?“ ein, sondern leiten Sie ein wenig zu ihr über, vielleicht durch einen Satz „Ich glaube, wir haben noch ein wenig Zeit für ein paar Fragen oder Kommentare.“ Blicken Sie dann einen Moment ins Publikum – manchmal dauert es etwas, bis die erste Meldung erfolgt. Lassen Sie ruhig 15 bis 20 Sekunden verstreichen und sagen Sie nichts, es wird sich schon jemand melden. Gibt es mehrere Meldungen, dann sollten Sie sich gut die Reihenfolge merken, vielleicht sogar gleich eine Rednerliste anlegen, nach der Sie dann die Redner aufrufen. Das kann etwas schwierig sein, wenn Sie die Personen nicht kennen – in diesem Fall sollten Sie sich die Sitzposition vermerken, also beispielsweise „2. Reihe, 3. links“. Jedem, den Sie in die Rednerliste aufnehmen, sollten Sie mit einem Kopfnicken klar signalisieren, dass das erfolgt ist, damit er weiß, dass er sich nicht mehr melden muss. In der Diskussionsleitung ist Transparenz nämlich das A und O. Meldet sich auch nach einer gefühlten Ewigkeit wirklich niemand, denn ist das auch kein Beinbruch, das kann verschiedene Gründe haben. Verkneifen Sie sich deshalb alle Kommentare über das Schweigen des Publikums („Dann ist wohl alles klar gewesen.“ oder „Tja, dann war meine Präsentation wohl doch etwas zu theoretisch.“) und geben

Einleitung der Diskussion

Rednerliste

Keine Kommentare zur Diskussion

Sie das Podium mit Verweis auf den nächsten Vortrag oder die Kaffeepause frei.

Aufrufen von Diskussionsteilnehmern

Im Normalfall aber gibt es Meldungen. Rufen Sie Personen am besten einfach mit „Bitte" oder „Herr Müller bitte" auf. Wenn Sie eine Rednerliste führen, verlieren diejenigen, die sich gemeldet hatten, leicht den Überblick, in welcher Reihenfolge die Rednerliste abgearbeitet wird. Es ist deshalb zum Erhalt des „Diskussionsfriedens" sinnvoll, gelegentlich die nächsten drei oder vier Redner zu nennen: „Jetzt ist Herr Müller dran, danach Frau Meier, und dann hatte sich noch Herr Schulz gemeldet."

Die Diskussion organisieren

Haben sich sehr viele Diskutanten gemeldet, ist aber die Zeit zu knapp, sie alle aufzurufen, müssen Sie das bevorstehende Ende der Rednerliste bekanntgeben. Sagen Sie dazu so etwas wie: „Wir haben nur noch drei Minuten Zeit für die Diskussion, aber es haben sich noch vier oder fünf gemeldet." Um dieses Problem zu lösen, haben Sie zwei Möglichkeiten. Zum einen nehmen Sie nur noch, zum Beispiel, zwei Redner in die Liste auf und sagen dabei: „Wir können nur noch zwei Redner in die Liste aufnehmen. Die ersten beiden, die sich gemeldet hatten, waren Frau Schmidt und der Herr dort hinten." Sagen Sie etwas Vergleichbares auch dann, wenn Sie gar nicht so genau wissen, in welcher Reihenfolge die Meldungen eingegangen sind. Allein dadurch, dass Sie es mit Bestimmtheit sagen, werden die Gemüter schon besänftigt.

Sammeln von Redebeiträgen

Die andere Möglichkeit besteht darin die noch ausstehenden Meldungen zu sammeln, dabei um Kürze zu bitten und darauf nur eine zusammenfassende Antwort zu geben. Viele Wortmeldungen weisen ja tatsächlich Bezüge auf, so dass auch das eine Methode ist, eine Diskussion zu beenden, ohne sie „abzuwürgen". Wenn man als Präsentator die Diskussion der eigenen Präsentation zu leiten hat, stellt sich nämlich das Problem, dass ein zu rigoroses Umgehen mit Meldungen interpretiert werden könnte als der Versuch, missliebige Fragen zu unterbinden.

Ergänzende Materialen

Handout austeilen

In der Diskussionsphase können Sie weitere Materialien einsetzen. Wenn Sie ein Handout vorbereitet haben, ist der Beginn der Diskussionsphase der richtige Zeitpunkt, es zu verteilen. Sie sollten dann aber auch ein paar erläuternde Worte dazu sagen.

Wenn Sie Ihre Präsentation in einigen zentralen Aussagen zusammenfassen können, dann könnten Sie eine Folie, auf der diese zu lesen sind, bei Ihrer ersten Antwort einblenden. Dazu müsste diese Folie direkt hinter der die eigentliche Präsentation abschließenden Schwarz-Folie platziert sein. Merken Sie sich die Nummer dieser Folie, um sie möglicherweise später wieder direkt ansteuern zu können. Diese Folie ist durchaus anders aufzubauen als eine „Fazit"-Folie, wie sie am Ende der Präsentation sinnvoll ist. Eine Folie mit zentralen Aussagen fasst überblicksartig in maximal fünf Punkten die wichtigsten Ergebnisse zusammen. Als Titel kann eine solche Folie das Thema der gesamten Präsentation tragen.

Überblicksfolie zeigen

Wenn Sie bei der Entwicklung Ihrer Präsentation interessante Materialien auslassen mussten, dann können Sie diese als optionale Folien in eine Art Anhang verlagern. Auch Tabellen oder Diagramme zu Fakten, die Sie nur erwähnt, nicht aber genauer besprochen haben, können dort ihren Platz finden.

Optionale Folien

Wenn Sie die Diskussion sehr ausführlich vorbereiten wollen, dann sollten Sie einmal mit Kollegen oder Kommilitonen die Präsentation inklusive Diskussionsphase komplett durchspielen. Dabei werden sicherlich auch inhaltliche Punkte angesprochen, die Sie noch nicht bedacht haben. Versuchen Sie sich systematisch zu überlegen, was für Fragen zu Ihrer Präsentation gestellt werden könnten. Einige Fragen sind Klassiker jeder wissenschaftlichen Diskussionsrunde: Ist die Methodik angemessen? Ist die Datengrundlage ausreichend? Warum ist dieses und nicht jenes Modell gewählt worden? Was bedeutet das für Modell X oder Theorie Y? Es ist gut, zu derartigen Fragen, die auch ohne eine tiefere Kenntnis der Materie leicht gestellt werden können, Antworten parat zu haben.

Inhaltliche Vorbereitung der Diskussion

Spontane Navigation in Präsentationen

Oft wird in der Diskussion Bezug genommen auf eine Folie Ihrer Präsentation. Wir haben im vorangegangenen Abschnitt gesehen, dass man Folien über ihre Sequenznummer direkt ansteuern kann, ohne den Präsentationsmodus verlassen zu müssen. Als Vorbereitung für die Diskussionsphase ist es deshalb sehr nützlich, sich die Nummern der zentralen Folien Ihrer Präsentation einzuprägen oder diese in einer Liste zusammenzutragen, die Sie sich ans Ende Ihrer Notizen stellen. Damit ist dann jederzeit eine sehr gezielte Navigation gewährleistet.

Liste wichtiger Folien

Nicht animierte Varianten bereit halten

Etwas Bearbeitung kann dabei vonnöten sein, wenn Sie viele Animationen einsetzen oder vielleicht sogar dem „animierten Stil" gefolgt sind. Dann empfiehlt es sich, nicht animierte Varianten besonders wichtiger Folien zu erstellen und diese für die Präsentation auszublenden. Wenn Sie diese im normalen Präsentationsverlauf nicht berücksichtigte Folie im Präsentationsmodus über ihre Sequenznummer direkt ansteuern, dann erscheint sie trotzdem.

6.5 Ergebnis

Wenn Sie dieses Kapitel durchgearbeitet haben, liegt die Aufführung Ihrer Präsentation wahrscheinlich noch vor Ihnen. Sie können sich jetzt aber sehr gut vorbereitet fühlen, und eine gute Vorbereitung ist die beste Maßnahme gegen Unsicherheit in öffentlichen Situationen. Das Beste liegt noch vor Ihnen! Eine umfassend vorbereitete Präsentation zu halten, ist nicht nur das Ziel, sondern auch der Höhepunkt Ihrer Arbeit. Stellen Sie sich vor, wie Ihnen hinterher für Ihre eindrucksvolle Aufführung, die tolle Strukturierung, die eingängigen Visualisierungen und die bis ins Detail auf den Zuschauer abgestimmte Inszenierung gedankt wird.

Letztlich geht es darum: Sie haben etwas zu sagen, haben hart daran gearbeitet, es verständlich zu vermitteln, und mit der Aufführung zeigen Sie, was Sie erreicht haben. Seien Sie stolz auf sich! Freuen Sie sich auf Ihren Auftritt!

6.6 Übungen

1. Bilden Sie eine Gruppe und spielen Sie eine Präsentationssituation von A bis Z durch: die verschiedenen Proben, die Aufführung, die Diskussionsphase.
2. Besorgen Sie sich einen Beamer und machen Sie sich mit der Referentenansicht von Präsentationen in Powerpoint vertraut. Übertragen Sie Ihre Notizen auf die Folien und nutzen Sie die Referentenansicht in einer simulierten Präsentationssituation.
3. Machen Sie sich mit den Tastaturkürzeln im Präsentationsmodus für das von Ihnen gewählte Präsentationsprogramm vertraut. Versuchen Sie das Programm ganz ohne Verwendung der Maus zu bedienen.

4. Spielen Sie in einer Gruppe Powerpoint-Karaoke (s. Kasten S. 17). Jeder sucht per Suchmaschine eine Präsentation im Netz, die jemand anderes, ohne sie zuvor durchgesehen zu haben, als Präsentation „aufführen" muss.
5. Verabreden Sie sich zu einer Pecha-Kucha-Veranstaltung (s. Kasten S. 17). Verändern Sie dazu Ihre Präsentation so, dass sie aus genau 20 Folien besteht und jede Folie für genau 20 Sekunden zu sehen ist, bevor automatisch zur nächsten Folie übergegangen wird.

6.7 Auf einen Blick

- Die Aufführungsphase beginnt mit mehreren Proben: einer oder mehreren Durchlaufproben, der Erprobung des Settings, der Technik-Probe und der Situationsprobe.
- Bei der Aufführung kann der Präsentationsmonitor (Referentenansicht) verwendet werden, durch den Folienanordnung und Notizen nur für den Präsentator sichtbar sind.
- Bei der Erprobung des Settings geht es darum, mit den räumlichen Gegebenheiten zurecht zu kommen und alles optimal einzurichten.
- Die Technik-Probe soll den reibungslosen Einsatz sämtlicher technischer Geräte gewährleisten.
- Die Situationsprobe bildet den Übergang in die mentale Vorbereitung. Dabei können verschiedene „Mantren" hilfreich sein.
- Während der Präsentation ist ein ruhiges, aufrechtes, dem Publikum zugewandtes Verhalten empfehlenswert. Übersprunghandlungen sollten dabei vermieden werden.
- Der Präsentator bleibt dem Publikum zugewandt und wendet sich nur bei spezifischen Zeigegesten der Projektion zu.
- Reden Sie langsamer und lauter als normal. Vermeiden Sie Floskeln und Aufzählungsintonation.
- Die Steuerung der Präsentation kann über spezielle Tastaturkürzel erfolgen. Auf die Mausbenutzung ist zu verzichten.
- Auch die Diskussionsphase gehört zur Aufführung. Darauf kann man sich mit ergänzenden Materialien und Navigationslisten vorbereiten.

7 Dokumentation und Online-Präsentationen

Sie haben Ihre Präsentation aufgeführt und die Diskussionsphase hinter sich gebracht. Nach dem wohlverdienten Schlussapplaus – Sie packen gerade Ihre Sachen zusammen und wollen das Laptop herunterfahren – kommt der Organisator Ihres Vortrags auf Sie zu und bittet Sie, ihm die Folien per Email zuzuschicken oder, noch besser, gleich auf seinen USB-Stick zu kopieren. Es sei so interessant gewesen und man möchte all denjenigen, die nicht dabei sein konnten, die Gelegenheit geben, sich zumindest einen Eindruck von Ihrer und den anderen Präsentationen zu verschaffen. Was nun?

Das Problem der Präsentationsdokumentation

Man kann mit Fug und Recht behaupten, dass eine wirklich angemessene Dokumentation von Präsentationen noch nicht erfunden ist. Präsentationen sind ja ganzheitliche Ereignisse, die sich in mehreren Modalitäten vollziehen, und eine Powerpoint-Datei liefert davon nur einen schwachen Abglanz. Eine Video-Aufzeichnung ist umfassender, aber nicht besonders gut dafür geeignet, sich einen schnellen Überblick zu verschaffen. Wenn Sie Ihre Präsentation so dokumentieren wollen, dass ein einigermaßen guter Eindruck von dem vermittelt wird, was Sie intendiert haben, dann kommen Sie nicht umhin, eine Nachbearbeitung vorzunehmen. Das werden Sie dem Veranstalter antworten müssen.

Was sehr lange überhaupt keine Rolle für Präsentationen gespielt hat, ist das Internet. Das hat sich jetzt jedoch geändert. Wir werden uns im abschließenden Teil dieses Kapitels ansehen, wie Online-Repositorien, die kollaborative Bearbeitung von Präsentationen und Präsentationen in Web-Konferenzen zu bewerten sind.

7.1 Folien-Dokumentation

„Slideumente“

Wenn man aus dem Foliensatz einer Präsentation eine PDF-Datei erstellt, dann handelt es sich nach Garr Reynolds nicht um ein Dokument, sondern um ein „Slideument“ (von engl. *slide* = „Folie“). „Folien sind Folien. Dokumente sind Dokumente“, stellt er fest und rät dann generell davon ab, aus Foliensätzen zu Dokumentationszwecken ausdruckbare Dokumente abzuleiten. Stattdessen solle man richtige Dokumente erzeugen, die nicht die Nachteile von Folien aufweisen. Sehen wir uns beides einmal genauer an.

Folien-Dokumente

Überführung nach PDF

Die Überführung eines beispielsweise mit Powerpoint erstellten Foliensatzes in ein PDF-Dokument ist technisch kein Problem. Wenn Adobe Acrobat auf Ihrem Rechner installiert ist, dann können Sie diesesProgramm als Drucker angeben und festlegen, was und wie gedruckt werden soll. In der Option „Handzettel" werden mehrere Folien (zwischen 2 und 9) auf eine Seite gedruckt, und es können auch Farbigkeit, Größe und Rahmung genauer festgelegt werden. Bei einer normalen Dokumentation eines Foliensatzes stellen zwei Folien pro Seite eine gute, genügend detailreiche Darstellung sicher. Da derartige Folien-Dokumente oft am Bildschirm betrachtet werden, sollten sie immer farbig in ein PDF-Dokument überführt werden.

Bearbeitung

Bei genauerer Betrachtung ergeben sich aber eine ganze Reihe von Problemen, die es erforderlich machen, aus der aufgeführten zunächst eine druckbare Präsentationsdatei zu machen:

Strukturfolien und Navigatoren teilweise überflüssig

- *Strukturfolien und Navigatoren*
  Strukturfolien können zwar auch das Foliendokument gliedern, aber wenn Sie animierte oder wiederkehrende Formen der Visualisierung beim Gang durch die Gliederung verwenden, müssen diese zunächst entfernt werden. Zeigen Sie beispielsweise am Ende von Abschnitt 2 die Gesamtgliederung Ihrer Präsentation, in der dieser Abschnitt hervorgehoben ist, um mit der nächsten Folie die Hervorhebung auf den Abschnitt 3 zu verlagern, sollten Sie auf die erste dieser beiden Folien verzichten. Wenn Sie Kapitelüberschriften in Ihrer Präsentation verwenden, sind zwischengeschaltete Gliederungsfolien nicht notwendig.

Schwarz-Folien entfernen

- *Schwarz-Folien*
  Wenn Sie an den Stellen, an denen Sie in Ihrer Präsentation nichts zeigen wollen, Schwarz-Folien eingebaut haben, müssen Sie diese vor der Erzeugung des Foliendokuments entfernen.

Bedeutungsvolle Folienübergänge

- *Folienübergänge*
  Weil bei der Erstellung eines Foliendokuments die animierten Folienübergänge unberücksichtigt bleiben (sie kommen ja nur in der Präsentationsansicht zum Tragen), müssen Sie sie nicht entfernen. Allerdings entfällt auch alles, was Sie durch spezifische Folienübergänge ausgedrückt haben wollen. Wenn Sie also einen Folienübergang einsetzen, um Beginn und Ende eines Exkurses zu markieren, sollten Sie erwägen, statt-

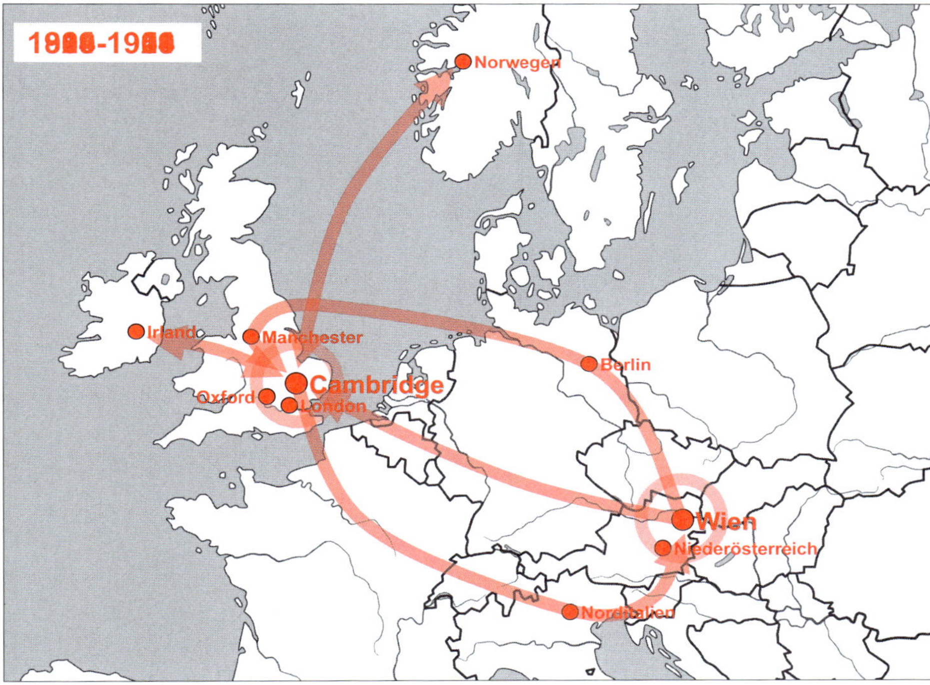

Folie 7-1: Wittgensteins Lebensweg, unverständlich dargestellt

dessen im Folien-Dokument eine Darstellungsvariante vorzusehen, bei der Beginn und Ende des Exkurses explizit zum Ausdruck gebracht werden. Das können Sie beispielsweise durch Einfügen entsprechender Strukturfolien erreichen.

- *Animationen*

  Animierte Folien statisch machen

  Eine intensive Verwendung von Animation innerhalb von Folien kann zu großen Problemen bei der Erstellung des Folien-Dokuments führen. Objekte, die zu einem bestimmten Zeitpunkt auf der Folie erscheinen oder verschwinden sollen, sind im Folien-Dokument immer zu sehen und überdecken dabei gegebenenfalls andere, zu anderen Zeitpunkten animierte Objekte. Es bleibt Ihnen in einer solchen Situation nichts anderes übrig, als die animierte Folie mehrfach zu duplizieren und durch Löschung von Elementen eine nachvollziehbare Animationsreihenfolge über mehrere Folien hinweg zu erstellen. Eine Folie etwa, auf der sämtliche Lebenswege von Wittgenstein enthalten sind, wird im Ausdruck unverständlich (s. Folie 7-1).

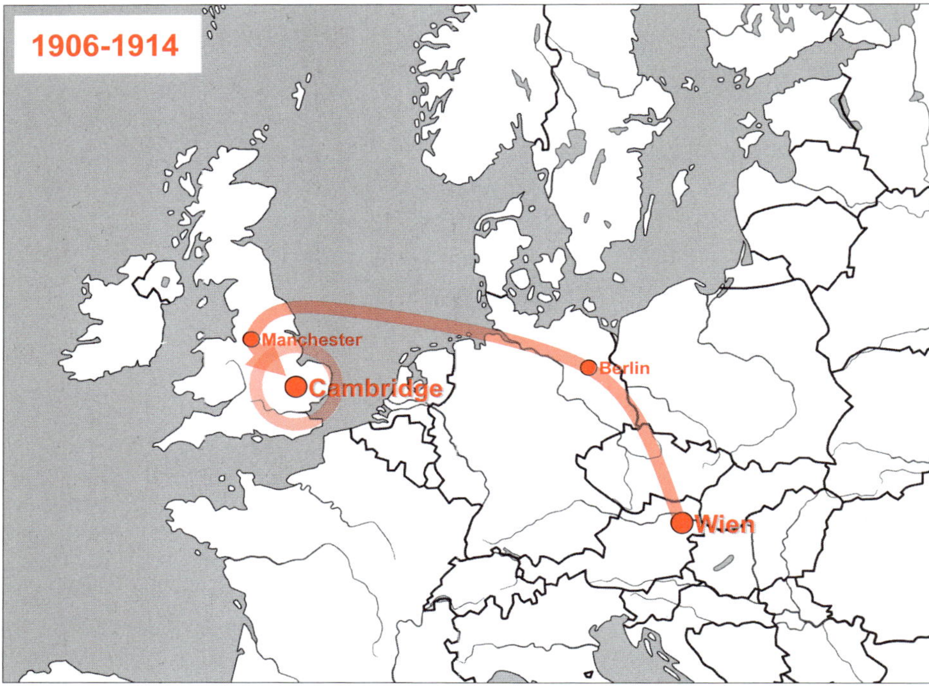

Folie 7-2: Phase in Wittgensteins Lebensweg

Folie duplizieren

Stattdessen müssen alle in der Animation enthaltenen Phasen in Einzelfolien überführt werden, die dann für sich verständlich sind (s. Folie 7-2). Sie müssen sich dabei nicht die Mühe machen, sämtliche Animationen von der Folie zu entfernen, denn bei der Erzeugung des Folien-Dokuments werden die Animationen ja ohnehin nicht berücksichtigt.

Strukturfolien und Navigatoren teilweise überflüssig

Ein noch schwierigeres Problem stellt die Bewegung von Objekten auf der Folie dar. Hier müssen Sie erwägen, ob Sie den dargestellten Bewegungsprozess auf zwei Folien verteilen, indem Sie das bewegte Objekt zunächst am Anfang, dann am Ende seiner Bewegung zeigen. Wenn die Bewegung selbst erhebliche Bedeutung hat (wie beispielsweise ein Weg auf einer Karte), dann sollten Sie den Bewegungspfad durch eine sichtbare Linie ersetzen.

- *Farbgebung*
  Auch die Farbgebung der Folien kann bei der Erstellung eines Folien-Dokuments zu Problemen führen. Wenn Sie einen schwarzen Hintergrund für Ihre Folien verwenden und dies auch so im Folien-Dokument belassen, dann werden sich darüber zwar die Hersteller von Drucker-Tonern freuen, nicht aber diejenigen, für die das Dokument gedacht ist. Sie müssten in diesem Fall die Farben umkehren und für den Druck zu schwarzer Schrift auf weißem Hintergrund zurückkehren, wenn andere Teile des Dokuments farbig bleiben sollen. Auch andere Arten zu großer Farbigkeit sind nicht für die Darstellung im Folien-Dokument geeignet. Bei der Generierung eines Folien-Dokuments in Graustufen lassen sich diese Probleme leichter lösen, allerdings entfallen dann natürlich auch die Farben für alle anderen Folien.

Farbpalette anpassen

All diese Maßnahmen können Ihnen helfen, aus einer Foliensequenz für eine Präsentation im konventionellen Stil ein Folien-Dokument zu machen, aus dem der Inhalt Ihrer Präsentation einigermaßen erkennbar hervorgehen mag. Natürlich werden niemals die Inhalte sichtbar, die Sie überhaupt nicht auf Folien umsetzen – und das Zusammenspiel der verschiedenen Ebenen – Folien, Rede und Verhalten – macht ja eine Präsentation erst interessant.[8]

Vieles ist nicht dokumentiert

Alternative Dokumente

Das Einfordern von Folien-Dokument in Workshops ruft einen bestimmten, langweiligen Präsentationsstil hervor. Nahezu unmöglich ist es schließlich, eine im kreativen oder animierten Stil entwickelte Präsentation in ein Folien-Dokument zu überführen. Wenn Sie sich dem nicht fügen wollen und besorgt sind, dass die Essenz Ihrer Präsentation durch ein Folien-Dokument geradezu zerstört wird, sollten Sie die Erstellung eines solchen Dokuments verweigern und sich eine alternative Dokumentationsmöglichkeit überlegen. Was kommt dafür in Frage? Sehen wir uns vier Möglichkeiten genauer an:

Dokumentation mit anderen Texten

[8] Grasshoff (2009) weist darauf hin, dass es in der Praxis der Unternehmensberatung üblich ist, Powerpoint-Folien als eigenständige Beratungsprodukte zu erstellen.

1. *Das klassische Handout*

Informativ, aber zu wenig Dokumentation

Die erste Möglichkeit besteht darin, Ihre Präsentation durch ergänzende Materialien weniger zu dokumentieren als zu komplementieren. Sie können beispielsweise eine grobe Gliederung der Hauptabschnitte Ihrer Präsentation vorsehen und zu jedem dieser Abschnitte weiterführende Literatur, Links und Quellenangaben anführen. Ein solches Handout ist oftmals sogar besonders informativ, deckt aber den Dokumentationswunsch nur zu einem geringeren Teil ab.

2. *Das überarbeitete Präsentationskonzept*

Einfache Möglichkeit

Wenn Sie, wie in diesem Buch beschrieben, Ihre Präsentation schrittweise aus einer inhaltlichen Konzeption heraus entwickelt haben, dann kann Ihnen auch dies als Grundlage für eine Dokumentation dienen. Es empfiehlt sich, dabei eine Fassung zu verwenden, die noch die komplette Gliederungsstruktur enthält und keine Markierungen zu einzelnen Folien. In diesen Text können Sie die Folien mit den zentralen Visualisierungen einfügen, so dass dadurch auch die visuell vermittelten Kernaussagen im Dokument enthalten sind.

3. *Das Redemanuskript*

Nur sinnvoll, wenn es schon existiert

Wenn Sie ein ausformuliertes Redemanuskript erstellt haben, bietet sich auch dieses als Dokumentation an. Allerdings sind auch hier Änderungen vorzunehmen: Falls ein sehr starker Situationsbezug vorgenommen wird (mit Wörtern wie „hier“, „jetzt“, „heute“ usw.), sollten Sie versuchen, diesen durch neutralere Begriffe abzuschwächen. Auch der Verweis auf die visuelle Ebene kann im Redemanuskript, das nicht von Folien begleitet wird, unverständlich erscheinen. Sie könnten an solchen Stellen einzelne Folien in den Text als Bilder oder Textinhalte von Folien integrieren.

4. *Das wissenschaftliche Paper*

Ein großer Schritt

Und selbstverständlich steht Ihnen auch die Möglichkeit offen, ein wissenschaftliches Paper aus Ihrer Präsentation hervorgehen zu lassen. Genaugenommen sind wissenschaftliche Präsentationen aus Aufsätzen entstanden, die auf Tagungen „präsentiert“ wurden. Die Entwicklung einer Präsentation jedoch kann auch als wissenschaftliche Tätigkeit angesehen werden, durch die neue Perspektiven auf einen Gegenstand eröffnet werden. Der Schritt von der Präsentation zum fertigen Paper ist dann vielleicht gar nicht mehr so groß.

7.2 Video-Aufzeichnung und E-Lecture

Eigenschaften der Video-Aufzeichnung

Eine ganz andere, einfachere Methode der Dokumentation einer Präsentation ist die Video-Aufzeichnung. Vermutlich würden Sie die nicht selbst herstellen, so dass Ihr Einfluss darauf auch nicht besonders groß sein dürfte. Video-Aufzeichnungen von Präsentationen haben den Vorteil, dass sie im besten Fall den Aufführungscharakter einfangen können. Eine Präsentation lebt vom Auftritt des Präsentators, und ein Video kann das erfassen. Trotzdem haben Sie, wenn überhaupt, bestimmt erst selten einen kompletten Vortrag auf Video angesehen – unabhängig von der realen Situation wirkt auch ein Video der Präsentation wie eine Konserve. Es kommt oftmals hinzu, dass die Projektion nicht besonders gut zu erkennen ist. Wird das Video im Internet zur Verfügung gestellt – was ja meistens der Fall ist –, besitzt das Bild eine eher geringe Auflösung, wodurch Details auf der Folie oftmals schlecht erkennbar sind. Wenn Sie also bei der Aufführung Ihrer Präsentation aufgezeichnet werden, sollten Sie sicherstellen, dass die Projektion ausreichend groß im Bild und hinsichtlich der Helligkeit gut ausgesteuert ist. Bei Video-Aufzeichnungen sollte der Präsentator sich besonders nah bei der Projektionsfläche befinden, um eine großflächige Aufnahme zu ermöglichen.

Sich von vornherein auf Aufzeichnung einstellen

Wenn Sie von vornherein wissen, dass Ihre Präsentation aufgezeichnet wird, können Sie schon die Gestaltung Ihrer Folien darauf ausrichten. Verwenden Sie starke Kontraste, eine große, dunkle Schrift auf weißem Hintergrund und in Grafiken keine zu dünnen Linien und keine zu kleinen Objekte. Bevor der Video-Mitschnitt verwendet wird, sollten Sie ihn überprüfen und erst dann freigeben, wenn Sie damit wirklich einverstanden sind. Vergessen Sie nicht: Eine Präsentation findet immer in einem geschlossenen Kreis statt, wenn dort etwas misslingt, ist es nicht so schlimm. Der Video-Mitschnitt einer misslungenen Präsentation allerdings kann durchaus jahrelang für jedermann im Netz zugreifbar sein – seien Sie aus Eigeninteresse kritisch mit dem, was Sie in der Aufzeichnung sehen.

E-Lecture

Eine interessante Alternative zu der Video-Aufzeichnung von Präsentationen stellt die E-Lecture dar. In Abbildung 7-3 ist ein frei zugängliches Beispiel der Universität Frankfurt zu sehen.

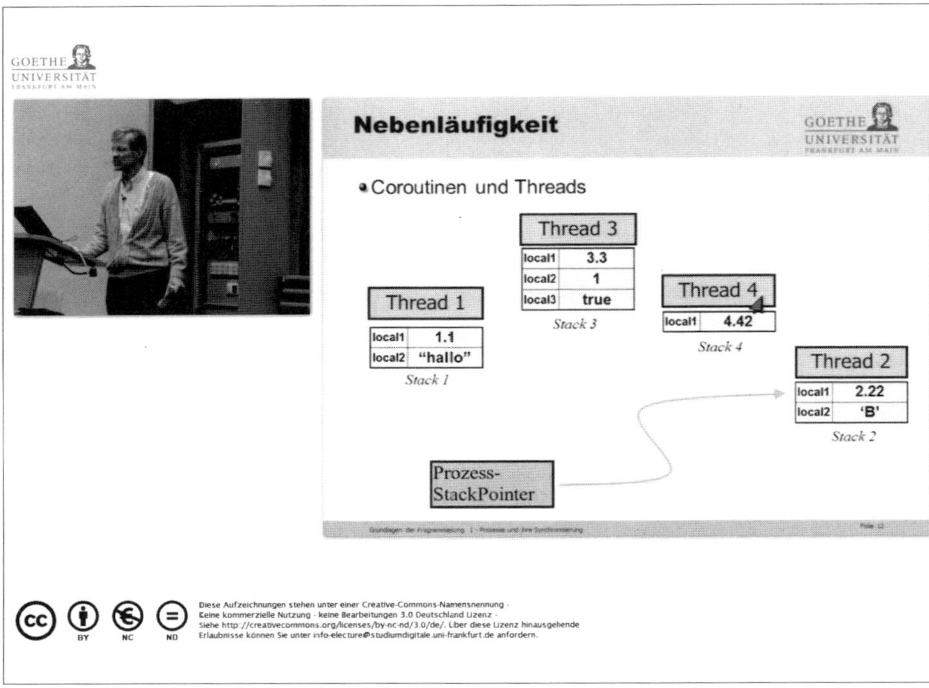

Abb. 7-3: E-Lecture

Eigenschaften

Bei einer E-Lecture wird nur der Präsentator gefilmt, nicht aber die Projektionsfläche. Dadurch kann dieser größer erscheinen und besser ausgeleuchtet werden. Die Folien, die der Redner zeigt, werden unabhängig von der Aufführung in einem eigenen Produktionsschritt aus der Original-Foliendatei in ein in der E-Lecture verwendetes Format überführt – oft handelt es sich um Flash. Die Folien nehmen den größten Teil des Bildschirms ein und werden in hoher Auflösung dargestellt.

Zeigegesten sind verboten!

Bei der Dokumentation einer Präsentation als E-Lecture ist es sehr wichtig, dass der Präsentator sich ganz auf diese Umsetzungsform einstellt. Da er ohne den Bezug zur Projektionsfläche gefilmt wird, muss er auf sämtliche Zeigegesten und performativen Bezugnahmen auf die Folien verzichten. Stattdessen sollten alle Hervorhebungen grafisch in die Folien integriert sein. Wenn eine Aufzeichnungssoftware verwendet wird, die auch die aktuellen Mausbewegungen erfasst, kann der Präsentator auch den Mauspfeil zum Zeigen verwenden.

Nachteile

Video-Aufzeichnung und E-Lecture stellen sehr elaborierte Formen der Dokumentation von Präsentationen dar, wie sie auf gewöhnlichen Tagungen normalerweise nicht zur Verfügung stehen. Der Nachteil beider Dokumentationsformen liegt allerdings auch darin, dass sie keinen schnellen Eindruck von einer Präsentation vermitteln können. Die Möglichkeit, sich sehr schnell über den Inhalt einer Präsentation zu informieren, ist wahrscheinlich einer der Gründe, warum sich das Folien-Dokument nach wie vor einer so großen Beliebtheit erfreut.

7.3 Online-Präsentationen

Präsentationen im Netz

Mit der Video-Aufzeichnung und der E-Lecture haben wir schon Dokumentationsformen von Präsentationen betrachtet, die eng mit der Möglichkeit der Speicherung und Distribution im Internet zusammenhängen. In letzter Zeit gewinnen auch einige von vornherein für die Verwendung von Präsentationen im Internet optimierte Entwicklungen immer mehr an Bedeutung. Dies sind zum einen sogenannte Online-Repositorien, also Sammlungen im Internet, die auf die spezifischen Merkmale von Präsentationen abgestimmt sind, zum anderen Web-basierte Präsentationssysteme, mit denen etwa Möglichkeiten der sozialen Vernetzung auch auf Präsentationen übertragen werden. Und schließlich gibt es Umgebungen, mit denen Präsentationen live im Internet abgehalten werden können.

Präsentationsrepositorien

Präsentation im Netz publizieren

Online-Repositorien für Präsentationen entsprechen Angeboten wie flickr.com für Bilder oder Youtube.com für Videos, übertragen auf Präsentationen. Die wohl verbreitetsten Repositorien sind Slideshare.net und Slideworld.com. Nutzer können nach einer Registrierung Ihre Präsentation dort hochladen und verschlagworten, so dass sie für andere Nutzer dieses Angebots per Suchfunktion oder über Ordnungskategorien auffindbar sind. Die Präsentationen laufen entweder automatisch ab oder werden folienweise weitergeschaltet, sie können eine Tonspur besitzen und weisen die Möglichkeit der Kommentierung auf (s. Abb. 7-4).

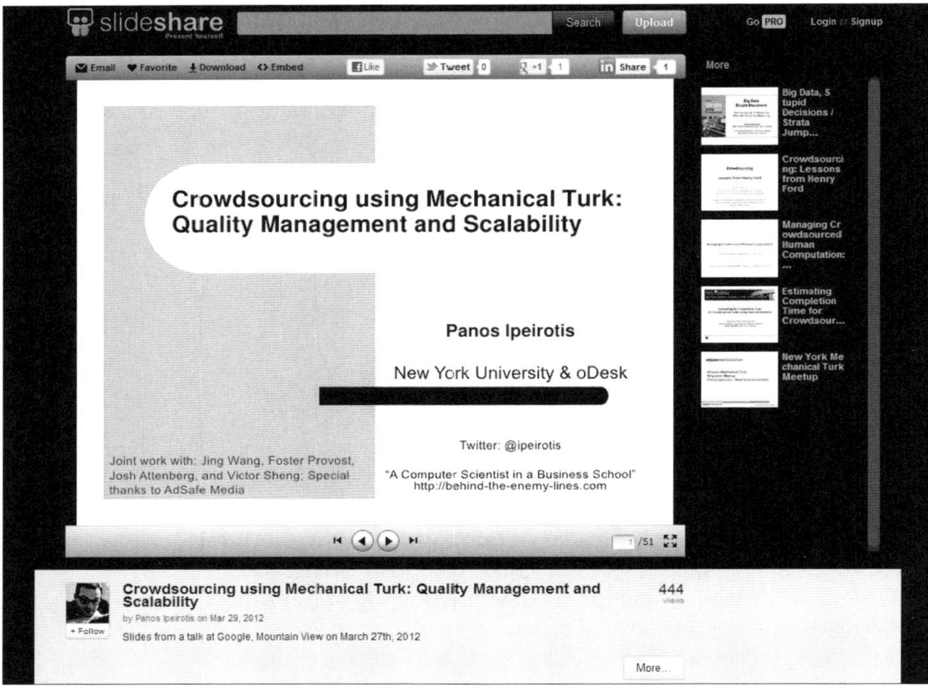

Abb. 7-4: slideshare.net

Im Browser ansehen und verlinken

Präsentationsrepositorien sind eine nützliche Sache. Wenn man seine Präsentation dort hochlädt, ist sie überall verfügbar, auch ohne dass man seinen eigenen Rechner dabei hat. Außerdem benötigt man keine Präsentationssoftware, denn die Repositorien erlauben es üblicherweise auch, eine Präsentation aus dem Web-Browser heraus im Vollbild-Modus abzuspielen. Man kann also selbst direkt aus dem Web heraus präsentieren oder anderen einen Link auf seine Präsentation schicken.

Problem: Animationen

Was die Präsentationen in Repositorien allerdings nicht beherrschen, sind Animationen. Eine Präsentation muss also auch für diese Verwendung angepasst werden. Die Präsentationen in den Repositorien verstehen sich zudem alle als „Stand alone"-Präsentationen, also solche, deren Inhalt sich auch ohne begleitende Rede erschließt. Damit dokumentieren die Präsentationen, die in Repositorien verfügbar sind, in ähnlicher Weise Folie-Dateien, wie es auch Folien-Dokumente tun. Allerdings geschieht dies in einer vielleicht zeitgemäßeren Form, bei der die Möglichkeiten der sozialen Vernetzung und Kommentierung mit der Dokumentationsabsicht verbunden wird.

Upload statt PDF

Sie könnten sich also beim nächsten Mal, wenn Sie nach einem PDF-Dokument mit Ihren Folien gefragt werden, überlegen, ob Sie Ihre Präsentation nicht gleich in eines dieser Repositorien hochladen. Mit einer geeigneten Verschlagwortung und Gliederungsinformationen ist es dann besser benutzbar als eine PDF-Datei, und Sie haben lediglich einen Link mitzuteilen.

Netzbasierte Bearbeitung von Präsentationen

Präsentationen im Netz erstellen

Einen Schritt weiter als Präsentationsrepositorien gehen Systeme, die von Anfang an ausgelegt sind auf die Nutzung im Netz. Dabei handelt es sich zum einen um Präsentationssysteme wie Prezi (s. Kasten S. 48), die netzbasiert arbeiten, aber keine kooperative Bearbeitung zulassen, zum anderen um solche Systeme, bei denen mehrere Nutzer gleichzeitig an einer Präsentation arbeiten können. Dies ist zum Beispiel bei *Google Documents* möglich und in noch ausgefeilterer Weise bei Sliderocket.com. Dieses kostenpflichtige Angebot umfasst ein sehr komfortables Autorensystem zur Erstellung von folienbasierten Präsentationen, zugleich enthält es aber auch Funktionen eines sozialen Netzwerks, durch die es möglich wird, Präsentationen in einer Arbeitsgruppe zu kommentieren, zu bewerten oder zu verändern. Foliensätze sind außerdem miteinander vernetzt – wenn einzelne Folien zwischen ihnen übernommen worden sind, wirkt sich eine Änderung an der einen Stelle auf alle anderen Stellen aus, an denen die Folie Verwendung findet.

Sliderocket

Präsentationen kooperativ erstellt

Mit derartigen Systemen zeichnet sich mittlerweile ab, dass auch Präsentationen in einen publikationstechnischen Workflow integriert werden können, wie es bei Dokumenten anderer Art längst der Fall ist. Interessant sind diese Systeme vor allem dann, wenn tatsächlich mehrere Personen gleichberechtigt eine Präsentation erstellen sollen. Vielleicht probieren Sie es einmal aus und beurteilen selbst, ob netzbasierte Präsentationssysteme eine Alternative für Sie darstellen können.

Präsentieren im Netz

Das Publikum im Netz

Ein letzter, konsequenter Schritt ist es nun, eine Präsentation nicht nur im Netz zu erstellen und zu bearbeiten, sondern sie dort auch noch zu halten. Das Publikum ist dabei nicht mehr physisch gegenwärtig, sondern ortsverteilt im Netz präsent, und es verfolgt per Computer-Bildschirm und Headset eine live abgehaltene Präsentation. Beim Präsentieren im Netz geschieht also die reale Aufführung einer Präsentation, womit es sich von E-Lectures oder den Präsentationen in Online-Repositorien unterscheidet.

PresenterNet

Es gibt verschiedene Systeme, die das Online-Präsentieren unterstützen. *PresenterNet* ermöglicht es, Präsentationen für bis zu 100 Teilnehmer im Web live oder *on demand* anzubieten. Registrierte Benutzer werden durch Benachrichtigungen zur Teilnahme an Präsentationen aufgefordert. Die Teilnehmer können in unterschiedlicher Weise aktiv an der Präsentation teilnehmen, der Präsentator erhält nach Beendigung der Präsentation einen Report, in der die Interaktionen für die Planung nachbereitender Aktivitäten dokumentiert sind. Ein solches System eignet sich für unternehmensinterne Schulungen auf besondere Weise, weniger gut denkbar ist die Integration in wissenschaftliche oder akademische Kommunikationszusammenhänge.

Adobe Connect

Adobe Connect ist ein Beispiel für ein Web-Konferenz-System. Dort wird auf einem zentralen Server ein virtueller Besprechungsraum eingerichtet, zu dem die Teilnehmer über einen Web-Link Zutritt erhalten. Die Besprechungsteilnehmer sind per Video und Ton miteinander verbunden, außerdem gibt es ein Chat-Fenster. Es ist nun möglich, dass einer der Teilnehmer eine Powerpoint-Datei in diesem System aktiviert, so dass die Präsentation für alle anderen Teilnehmer in der Präsentationsansicht sichtbar wird (s. Abb. 7-5).

Herausforderungen für Präsentator

Eine solche virtuelle Präsentationssituation stellt den Vortragenden vor einige ganz andere Herausforderungen als eine reale Situation. Die Oberfläche eines Web-Konferenz-Systems besitzt ein hohes Ablenkungspotenzial. Die der Präsentation folgenden Personen sind direkt neben den Folien in kleinen Fenstern zu sehen, und jede Bewegung von diesen wird unwillkürlich als eine Reaktion gewertet. Noch schwieriger ist es, während der Präsentation mit den interaktiven Elementen umzugehen, die Adobe Connect vorsieht. Dies ist zum einen das Bewertungssystem, bei dem jeder Teilnehmer seine Einschätzung des aktuellen Geschehens in Gestalt erhobener oder gesenkter Daumen deutlich machen kann (auf der linken Seite im mittleren Bereich).

Ablenkung durch Chat

Noch schwieriger ist es, auf den parallel ablaufenden Chat der Teilnehmer einzugehen. Die Probleme ergeben sich nicht allein aus dem Umstand, dass durch das Lesen und das Reagieren auf

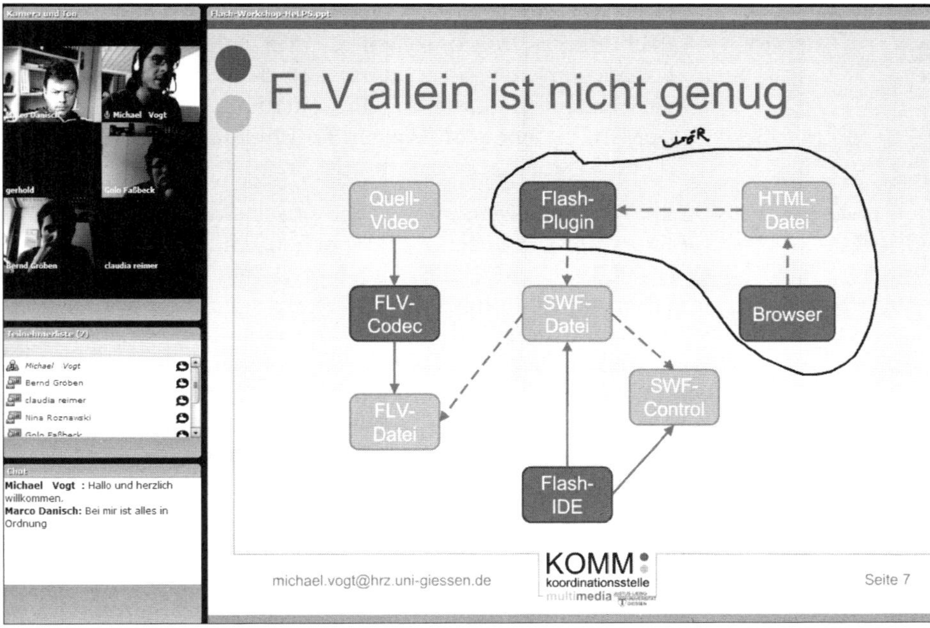

Abb. 7-5: Adobe Connect (Screenshot Rechenzentrum Universität Gießen)

die Äußerungen im Chat die Konzentration des Präsentators von der Präsentation abgezogen wird, sondern auch dadurch, dass es meist kleinere zeitliche Verzögerungen in diesem parallelen Kommunikationsstrang gibt. Was bedeutet dies für den Präsentator?

Konzentration auf Präsentation

1. Der Präsentator sollte sich beim Präsentieren ganz auf seine Präsentation konzentrieren und nicht versuchen, „nebenbei" den Chat oder andere interaktive Komponenten zu verfolgen.

Zeigegesten vermeiden

2. Die Präsentation muss vollständig darauf ausgerichtet sein, dass die Zuschauer keine Zeigegeste und auch keine Blicke des Präsentators wahrnehmen können. Der Präsentator sollte also während der Präsentation die Maus in der Hand halten und den Mauspfeil zur Aufmerksamkeitslenkung verwenden. Statt genereller Zeigegesten muss die Aufmerksamkeit außerdem mit sprachlichen Mitteln auf die Folie gelenkt werden.

Interaktionsphasen vorsehen

3. Um den interaktiven Möglichkeiten einer Web-Konferenz Rechnung zu tragen, sollten in einer Online-Präsentation in festgelegten Intervallen, zum Beispiel alle fünf Minuten oder nach jedem Hauptteil der Präsentation, Phasen eingeplant werden, in denen auf Fragen, Kommentare oder andere Bemerkungen eingegangen werden kann.

Konventioneller Präsentationsstil zu empfehlen

Da bei Online-Präsentationen die physische Präsenz des Präsentators und damit seine rhetorischen Einflussmöglichkeiten eingeschränkt sind, stellt sich generell die Frage, welcher Präsentationsstil in einem solchen Setting praktiziert werden sollte. Da auch für die Teilnehmer einer Web-Konferenz am eigenen Rechner ein großes Ablenkungspotenzial besteht, sind für Online-Präsentationen Folien mit einem hohen Informationsgehalt zu empfehlen, die zugleich auch die Inhalte insgesamt gut dokumentieren. Das ist gleichbedeutend mit dem konventionellen Präsentationsstil. Auch aus technischen Gründen ist der konventionelle Stil dem kreativen oder dem animierten Stil vorzuziehen: In der online erfolgenden Echtzeit-Übertragung werden Animation auf und zwischen Folien unter Umständen nicht in der Form realisiert, wie es auf einem *Stand alone*-Rechner erfolgt. Eine auch in dieser Hinsicht konventioneller inszenierte Foliensequenz birgt dann keine Darstellungsrisiken.

Leitung einer Online-Diskussion

Wenn es nach Ihrer Online-Präsentation noch eine Diskussion geben und Sie diese leiten sollen, sind Sie vor eine weitere Herausforderung gestellt. Die Leitung einer Online-Diskussion ist nämlich schwieriger als in der Offline-Welt, und das liegt darin, dass in einer realen Diskussionssituation sehr viel mit Blicken, Zeigegesten und generell räumlichen Bezugnahmen, die kommunikativ und sozial interpretiert werden, gearbeitet wird. Das alles entfällt bei einem Online-Meeting, und Ihnen bleibt dabei nur die Möglichkeit maximal explizit in allen Ihren Kommunikationsakten zu sein. Sagen Sie also ganz genau, was als nächstes erwartet wird – Meldungen, Gegenreden, Antworten usw. –, wer als nächstes das Rederecht erhält und wann es ausläuft. Auch die Abfolge der Diskussionsbeiträge ist von vornherein in einer Liste zu organisieren, vielleicht sogar in Gestalt einer für alle Teilnehmer einsehbaren Rednerliste.

7.4 Ergebnis

Sie werden in der nächsten Zeit mit Sicherheit erleben, dass Präsentationen aus der Abgeschiedenheit des Vortragssaals heraustreten in die Offenheit des Webs. Präsentationen verwandeln sich mehr und mehr in eine performative Vermittlung von Wissen unabhängig von Situation und Medium und treten damit in Konkurrenz zum klassischen Lehrbuch. Vielleicht sind ja gerade Präsentationen ideal dafür geeignet, Lernen im Web zu realisieren. Wir haben gesehen, dass es schon viele Zwischenstufen gibt und auch Ihre Präsentationen eine Online-Existenz bekommen werden.

7.5 Übungen

1. Erstellen Sie aus Ihrer Präsentation ein Folien-Dokument im PDF-Format.
2. Leiten Sie aus dem Präsentationskonzept eine Dokumentation ab.
3. Organisieren Sie eine Serie von Präsentationen und zeichnen Sie diese per Video auf. Sehen Sie sich gemeinsam die Aufzeichnungen an und diskutieren Sie, welche Qualitäten der Präsentation dabei verloren gehen. Stellen Sie Ihre Präsentation in ein Online-Repositorium ein und vergleichen Sie erneut, wie sie jetzt auf Sie wirkt.

7.6 Auf einen Blick

- Die Dokumentation der Präsentation durch ein Folien-Dokument erfordert eine Aufbereitung. Generell bildet ein Foliendokument eine aufgeführte Präsentation nur unvollkommen ab.
- Bei der Dokumentation einer Foliensequenz sind Strukturfolien und Navigatoren zu entfernen, Folienübergänge anzupassen und Animationen auf Folien in explizite Sequenzen zu überführen.
- Es gibt alternative Dokumentationsmöglichkeiten: das klassische Handout, das überarbeitete Präsentationskonzept, das Redemanuskript oder das wissenschaftliche Papier.
- Eine Präsentation, die aufgezeichnet und als Video zugänglich gemacht werden soll, muss auf diese Umsetzung ausgerichtet sein.

- Die Umsetzung einer Präsentation als E-Lecture erfordert dies in noch höherem Maße, da Zeigegesten nicht umgesetzt werden.
- Präsentationen können in Online-Repositorien zugänglich gemacht werden.
- Netzbasierte Präsentationssoftware erlaubt die kollaborative Bearbeitung von Präsentationen.

8 Nachwort: Präsentationen sind nicht böse

„Powerpoint ist böse", behauptete Edward Tufte 2003 in einem „Wired"-Artikel: „Powerpoint is Evil. Power corrupts. Powerpoint corrupts absolutely". Er kritisiert darin den kommerzialistischen Stil, der durch Powerpoint jedem Vortrag aufgezwungen werde und die damit verbundene Dominanz des Präsentators über das Publikum. Gleichzeitig werde eine Reduktion inhaltlicher Komplexität vorgenommen, da die verbreiteten Bulletpoint-Listen keine tiefer strukturierten Darstellungen vorzunehmen erlauben. Stattdessen würden die Informationen in einer Sequenz angeordnet, wodurch ihr jeweiliger Kontext und der Gesamtzusammenhang aus dem Blickfeld gerieten. Noch weiter geht der Publizist Josef Joffe 2007 in der „Zeit": Der „geistig-kulturelle Untergang nicht nur Deutschlands, sondern des gesamten Abendlandes [wird] implementiert, wenn nicht gar verwirklicht durch Powerpoint«.

Mit diesem Buch haben Sie gelernt, wie Sie Präsentationen zum Guten wenden und das Abendland retten können. Präsentationen sind nicht böse, wenn sie richtig konzipiert, inszeniert und aufgeführt werden. Wenn Sie eine Präsentation vorbereiten, schreiben Sie keinen grafisch aufbereiteten Text, den es dann möglichst wortreich zu kommentieren gilt. Und Sie vergehen sich auch nicht an den Idealen und Grundsätzen der klassischen Rhetorik, vielmehr entwickeln Sie ein Schauspiel, das sich an ein Publikum richtet, das Sie in allen Produktionsstadien im Blick haben. Dabei bewegen Sie sich auf einer sprachlichen und einer visuellen Ebene, und Sie verbinden diese Ebenen durch Ihr Verhalten miteinander. Sie zeigen Visualisierungen abstrakter Sachverhalte, die rein sprachlich viel schwerer dazustellen wären, und betten dies in eine Erzählung ein, durch die übergreifende Zusammenhänge hergestellt werden. Kurz gesagt: Sie respektieren Ihr Publikum und tragen Verantwortung dafür, dass es Ihre Inhalte tatsächlich aufnehmen und verstehen kann.

Programme wie Powerpoint sind also mehr als nur „Kommunikationskrücken, auf die sich die Gebrechlichen und Hilflosen, aber Ambitionierten in der Welt des Kommunikationsstresses stützen" können, wie es der Rhetorik-Professor Joachim Knape einmal formuliert hat. Sie erlauben es Ihnen, Ihrem Publikum ein ganzheitliches Erlebnis zu verschaffen, sie bilden die Voraussetzung für ein Schauspiel, in dessen Mittelpunkt Sie selbst stehen als der Hauptdarsteller Ihrer eigenen Wissens- und Erkenntnisgeschichte. Dies ist die Sprache der Wissensgesellschaft, und in dieser werden Sie sich von nun an differenziert ausdrücken können.

„Sprechen“ Sie so oft es geht in dieser neuen Sprache, probieren Sie unterschiedliche Stile, wagen Sie neue „Formulierungen“, spielen Sie mit den Möglichkeiten, gewinnen Sie Vertrauen mit sich und mit dem Publikum. Freuen Sie sich auf Ihre nächste Präsentation!

9 Anhang

9.1 Literaturverzeichnis

BIEBER, Christoph (2009): „Ist PowerPoint böse? Öffentliche Debatten um PowerPoint in Deutschland und in den USA". In: Coy/Pias (Hrsg.), 125-145.

BUCHER, Hans-Jürgen, Thomas Gloning und Katrin Lehnen (Hrsg., 2010): *Neue Medien – neue Formate. Ausdifferenzierung und Konvergenz in der Medienkommunikation* (= Interaktiva, 10). Frankfurt am Main/New York: Campus.

BUCHER, Hans-Jürgen, Martin Krieg und Philipp Niemann (2010): „Die wissenschaftliche Präsentation als multimodale Kommunikationsform: zur Rezeption von Powerpoint-Vorträgen". In: Bucher *et al.* (Hrsg.), 375-406.

BYRNE, David (2003a): „Learning to love Powerpoint". In: *Wired* 11/9, 11–15.

BYRNE, David (2003b): *Envisioning Emotional Epistemological Information.* Göttingen: Pace/MacGill.

COY, Wolfgang, und Claus Pias (Hrsg., 2009): *Powerpoint. Macht und Einfluss eines Präsentationsprogramms.* Frankfurt am Main: Fischer.

DUARTE, Nancy (2009): *slide:ology oder die Kunst, brillante Präsentationen zu entwickeln.* Beijing, Cambridge u.a.: O'Reilly.

DYNKOWSKA, Malgorzata, Henning Lobin und Vera Ermakova (2012): „Erfolgreich Präsentieren in der Wissenschaft? Empirische Untersuchungen zur kommunikativen und kognitiven Wirkung von Präsentationen". *Zeitschrift für Angewandte Linguistik* 56/2, 33-65.

JOFFE, Josef (2007): „An die Wand geworfen". In: *Die Zeit*, 27.7.2007, 42.

GRASSHOFF, Richard (2009): „Die Geschichten der Berater – PowerPoint als Text". In Coy/Pias (Hrsg.), 63-86.

KNAPE, Joachim (2007): „Powerpoint in rhetoriktheoretischer Sicht". In: Schnettler/Knoblauch (Hg.), 53–66.

KOSSLYN, Stephen M. (2007): *Clear and to the Point. 8 Psychological Principles for Compelling Powerpoint Presentations.* Oxford: Oxford University Press.

KUZBARI, Rafic, und Reinhard Ammer (2006): *Der wissenschaftliche Vortrag.* Wien, New York: Springer.

LOBIN, Henning „Textsorte ‚Wissenschaftliche Präsentation'. Textlinguistische Bemerkungen zu einer komplexen Kommunikationsform". In: Schnettler/Knoblauch (Hrsg.), 67–82.

LOBIN, Henning (2009): *Inszeniertes Reden auf der Medienbühne. Zur Linguistik und Rhetorik der wissenschaftlichen Präsentation* (= Interaktiva, 8). Frankfurt am Main/New York: Campus.

LOBIN, Henning (2009b): „Rhetorik ist nicht alles. Powerpoint geht über die Rede hinaus". In: *Süddeutsche Zeitung* 8.12.2009, 13.

LOBIN, Henning, Malgorzata Dynkowska und Betül Özsarigöl (2010): „Formen und Muster der Multimodalität in wissenschaftlichen Präsentationen". In Bucher *et al.* (Hrsg.), 357-374.

PETERS, Sibylle (2011): *Der Vortrag als Performance*. Bielefeld: transcript.

PFLÜGER, Jörg (2009): „Auf den Punkt gebracht. Prolegomena zu einer Rhetorik der Präsentation." In Coy/Pias (Hrsg.), 146-216).

PIAS, Claus (2009): „‚electronic overheads'. Elemente einer Vorgeschichte von PowerPoint". In: Coy/Pias (Hrsg.), 16-44.

REYNOLDS, Garr (2008): *Presentation Zen: Simple Ideas on Presentation Design and Delivery*. Berkeley: New Riders.

SCHNETTLER, Bernt, und Hubert Knoblauch (Hrsg., 2007): *Powerpoint-Präsentationen. Neue Formen der gesellschaftlichen Kommunikation von Wissen*. Konstanz: UVK Verlagsgesellschaft.

SCHNETTLER, Bernt, und Hubert Knoblauch (2007b): „Die Präsentation der ‚Wissensgesellschaft'. Gegenwartsdiagnostische Nachüberlegungen". In: Schnettler/Knoblauch (Hrsg.), 267–283.

STEINFELD, Thomas (2009): „Brühwürfel des Denkens. Die ‚Powerpoint-Kultur' hat die Kunst der Rede zerstört". In: *Süddeutsche Zeitung*, 30.11.2009, 11.

TUFTE, Edward (2003): *The Cognitive Style of Powerpoint*. Cheshire: Graphics Press.

TUFTE, Edward R. (2003b): „Powerpoint is Evil. Power Corrupts. Powerpoint Corrupts Absolutely". In: *Wired Magazin* 11/09.

9.2 Präsentationssoftware

Fast Viewer

Adresse: http://www.oneviewer.com/features/index.html

Eigenschaften:

- optimiert für gemeinsames Betrachten von Präsentationen auf einem Laptop

- Abrufen von Präsentationen via Internet
- keine Installation
- Berater- und Präsentationsmodus

Flash Präsentationsmanager
Adresse: http://www.diezwei.de/?uri=praesentation
Eigenschaften:
- basiert auf Adobe Flash
- individuelle Chartzusammenstellung
- Unterstützung von Corporate Design
- technisch unabhängig
- Mehr-Ebenen Strukturierung

FlexPro 7
Adresse: http://www.servicelab.co.uk/servicelab/servicelab. nsf/id/pa_flexpro_analyseverfahren.html
Eigenschaften:
- Präsentations- und Analyseprogramm vor allem für die, die mit technischen Daten arbeiten

Goalscape
Adresse: http://www.goalscape.com/
Eigenschaften:
- verwendbar auf iPhone
- kostenlose Testversion

Google Docs-Präsentationen
Adresse: http://www.google.com/google-d-s/intl/de/presentations/
Eigenschaften:
- Office-Dienst; kompatibel mit Powerpoint-, PDF- und Textformaten
- teambasiertes Arbeiten möglich
- Veröffentlichung von Präsentationen im Web
- Einbindung von Videos

Graneda Dynamic
Adresse: http://www.netronic.de/produkte-fuer-anwender/projekt-struktur-plan.html
Eigenschaften:
- grafischer Editor für Netz-, Baum- und Gantt-Diagramme
- Projektdaten als Projektstrukturplan, Netzplan oder Balkenplan mit Histogramm darstellen und grafisch mit der Maus am Bildschirm weiterplanen

i-Contol
Adresse: http://www.shareware.de/i-control/
Eigenschaften:
- Präsentationen mit Flash, Windows und Real Media

Impress 3
Adresse: http://de.openoffice.org/product/impress.html
Eigenschaften:
- Produkt von OpenOffice
- ähnlich Powerpoint
- kostenlos
- schneller Zugriff auf alle Ansichten aus dem Haupt-Editier-Fenster heraus

InDesign Adobe
Adresse: http://www.adobe.com/de/products/indesign.html
Eigenschaften:
- Dokumente und Präsentationen mit Interaktivität, Animation, Video und Sound
- Wiedergabe mit Adobe Flash direkt aus InDesign

Keynote
Adresse: http://www.apple.com/de/iwork/keynote/
Eigenschaften:
- Produkt für Apple-Betriebssysteme
- verwendbar auf iPhone oder iPod touch
- Animationen, 3D-Effekte, Grafikwerkzeuge
- kostenlos

Liquid Media
Adresse: http://www.liquidmedia.net
Eigenschaften:
- mehrere Monitore ansteuerbar
- Script-basierte Animationseffekte, Zeitleisten-Editor
- 3D-Objekte
- kostenlos

Lotus Symphony
Adresse: http://www-03.ibm.com/software/lotus/symphony/home.nsf/products
Eigenschaften:
- ähnliche Open Office
- gleichzeitig an Texten, Tabellen und Präsentationen arbeiten
- PDF-Funktion

Medi8tor
Adresse: http://www.matchware.com/ge/products/mediator/
Eigenschaften:
- geeignet für multimediale Präsentationen
- Erzeugung von Präsentationen, dynamischen HTML-Seiten und Flash-Projekten
- Erzeugen von exe-Dateien, die auf anderen PCs ausgeführt werden können

Mindmanager
Adresse: http://www.mindjet.com/products/mindmanager-9-win/overview
Eigenschaften:
- Erstellung interaktiver visueller Maps
- Zweige mit Ideen, Notizen, Bildern, Aufgaben, Hyperlinks und Anhängen hinzufügen
- Importieren, Exportieren aus Microsoft Office
- kostenlose Textversion

NotionCube
Adresse: http://www.notioncube-software.com/de/Home.aspx
Eigenschaften:
- Planung und Organisation von Geschäftsideen und Prozessen in 3D
- Visualisierung von Berechnungsvorgängen
- kostenlose Demo-Version

PowerPoint
Adresse: http://office.microsoft.com/de-de/powerpoint/
Eigenschaften:
- das mit Abstand am weitesten verbreitete Präsentationsprogramm
- gute Integration in Microsoft Office-Software
- Erweiterungsmöglichkeiten durch PlugIns
- Große Bibliotheken vorgefertigter Designs und Grafiken verfügbar

Presentation Engine
Adresse: http://www.presentationengine.de/produkt/einsatzbereiche/
Eigenschaften:
- zwei Bestandteile: Editor und Präsentations-Welt
- Stereo-3D-Module
- verbindet Imagefilm und PowerPoint-Präsentation in einem System

Prezi
Adresse: http://prezi.com/
Eigenschaften:

- Präsentation als Leinwand
- Texte, Bilder, Grafiken, Videos oder Flash-Anwendungen
- Anwender legt Reihenfolge fest, in der Elemente herangezoomt werden
- nonlineare Struktur
- einfache Version kostenlos

S5
Adresse: http://yatil.de/s5/
Eigenschaften:

- basiert auf XHTML und CSS
- vom Hersteller und Betriebssystem unabhängig
- ähnliches Layout wie Power Point
- kompatibel mit OperaShow
- läuft in unterschiedlichen Browsern
- kostenlos

Showtime
Adresse: http://www.showtimeonline.ch/index.html
Eigenschaften:

- Konzentration auf Präsentationsinhalt, die optische Gestaltung wird muster-basiert generiert
- integrierte Bildbearbeitung
- Export in Adobe Flash

Sliderocket
Adresse: http://www.sliderocket.com/
Eigenschaften:

- Erstellung von Präsentationen im Web
- Zusammenarbeit von mehreren Autoren möglich
- automatische Versionierung der Folien
- Verwendung einzelner Folien in mehreren Präsentationen

Vioso presenter
Adresse: http://www.vioso.com/de/praesentationssoftware/
Eigenschaften:

- Wiedergabe von Powerpoint-Präsentationen per Beamer auf unterschiedlichen Hintergründen
- Wiedergabe multimedialer Präsentationen

Visual Understanding Environment (VUE)
Adresse: http://vue.tufts.edu/index.cfm
Eigenschaften:
- Erstellung von Mindmaps
- visuelle Repräsentation von Beziehungen zwischen digitalen Ressourcen (z.B. PDF-Dokumente, Webseiten, Abbildungen)
- exploratives Präsentieren

9.3 Online-Ressourcen

PowerPoint-User (http://www.ppt-user.de/):
Blog, Downloads, Newsletter, Dienstleister-Liste
Power Point Learning Community (http://powerpoint.wiziq.com/):
Forum, Tutorien
Power Point Heaven (http://pptheaven.mvps.org/index.html):
Forum, Tutorien
Slideworld (http://www.slideworld.com/slidecategories.aspx):
Forum, Blog, Downloads
Presentationload (http://www.presentationload.de/powerpoint-blog/):
Blog, Downloads, Werkzeuge
Indezine (http://www.indezine.com/):
Blog, Downloads, Templates, Interviews
Dave Paradi´s Blog (http://pptideas.blogspot.com/):
Blog
E11 Help (http://www.e11help.de/):
Blog, Service, Tricks, Tutorien
PowerPoint TV (http://www.ppt-tv.de/):
Blog, Videos
Presentation Magazin (http://www.presentationmagazine.com/Forum/): Forum
The PowerPoint Blog (http://pptblog.tlccreative.com/index.php):
Blog
PowerPoint-Forum (http://www.powerpoint-forum.de/):
Forum
Power-Point-Forum im allgmeinen Office-Forum (http://www.office-loesung.de/index4.php): Forum
Presentation Zen (http://www.presentationzen.com/):
Blog, Hinweise, Tutorien